国家社会科学基金项目"起始年龄和语言学能与英语最终水平的关系研究"（14XYY007）成果

起始年龄和语言学能与二语学习成效的关系研究

李 红 黄赟琳 盘峻岚 张小红 隋海兵 著

科学出版社

北 京

内 容 简 介

本书以中国外语教育为背景,围绕二语学习年龄效应的属性问题,从理论和实证研究入手,从英语语法、词汇与搭配、语音及口语四个语言层面,探索了起始年龄、语言学能与二语学习成效之间的关系,揭示了影响二语学习成效的主要因素及中介因素,解释了年龄与外语学习的关系这一重大理论问题,为构建适应中国外语教育的语言习得理论提供了证据,为中国的外语教育提供了重要的启示。

本书可供从事二语习得、心理语言学、应用语言学及外语教学的教师、研究人员及相关专业的博士和硕士研究生阅读。

图书在版编目(CIP)数据

起始年龄和语言学能与二语学习成效的关系研究 / 李红等著. —北京:科学出版社,2021.6

ISBN 978-7-03-068879-8

Ⅰ.①起… Ⅱ.①李… Ⅲ.①第二语言-语言学习-学习成绩-关系-年龄-研究 Ⅳ.①H003

中国版本图书馆 CIP 数据核字(2021)第 098468 号

责任编辑:常春娥 宋 丽 / 责任校对:贾伟娟
责任印制:李 彤 / 封面设计:蓝正设计

科学出版社 出版
北京东黄城根北街16号
邮政编码:100717
http://www.sciencep.com

北京建宏印刷有限公司 印刷
科学出版社发行 各地新华书店经销
*

2021年6月第 一 版 开本:720×1000 1/16
2021年6月第一次印刷 印张:15 3/4
字数:309 000
定价:98.00元
(如有印装质量问题,我社负责调换)

重庆大学外国语学院学术文库

本书获得重庆大学双一流学科重点建设项目

"外国语言文学一级学科水平提升计划"的支持

前　　言

　　二语①学习的起始年龄（age of onset，AO 或 age of first exposure，AoE）是二语习得研究的重要理论问题，也是社会高度关注的话题。从神经语言学家 Wilder Penfield 和 Lamar Roberts 于 1959 年提出"关键期"这一概念开始计算，学术界对这一问题的研究和探索已有 60 多年的历史。虽然儿童学习二语的长期效果优于成人，但年龄效应的属性和归因始终存在着争议。近年来，学术界对二语关键期的传统观点提出了挑战，对年龄问题的理论阐释已从单一的大脑成熟制约（maturational constraints）的解释转向基于生物的、认知的、心理的或者社会的多视角的解释。

　　语言学能（language aptitude）是人们学习语言的一种专门能力，其理论和研究是近期二语习得的重要课题。语言学能是除起始年龄以外最能预测二语学习是否成功的个体差异因素之一，它与自然学习环境（naturalistic learning contexts）的二语学习有关，也与课堂教学环境（classroom-based/instructed learning contexts）的二语学习②有关。

　　本书从理论和实证研究入手，从英语语法、词汇与搭配、语音及口语四个语言层面，探索起始年龄、语言学能与二语学习成效之间的关系，解释年龄与外语学习的关系这一重大理论问题。同时，本书通过揭示语言学能与中国英语学习早学者、晚学者的学习成效之间的关系，验证基于儿童和成人（或青少年）外语学习认知机制的年龄效应解释，推进中国语言学能的理论和实证研究。

　　本书共分 9 章。第 1 章对年龄问题进行了概述。该章阐述了年龄问题的缘起，剖析了年龄效应研究的几个主要类别及研究结果，论述了起始年龄、语言学能与二语学习成效关系研究的现状。

　　第 2 章从理论的角度阐述了二语学习的年龄效应。该章讨论了关键期假说以及关键期假说之后的理论发展，阐述了基于环境与个体差异的各种年龄效应解释，指出了年龄效应研究存在的问题。

---

　　① 二语（second language，L2）是"第二语言"的简称，泛指人们在掌握了母语之后所学习的第二门语言，包括第三门、第四门乃至第 N 门语言。

　　② 二语可以在不同的环境中学习。如果学习者主要通过在生活或工作中与本族语者的交往学习目标语，其学习环境为自然学习环境；如果学习者主要通过授课的方式学习目标语，其学习环境则为课堂教学环境。为避免混淆，本书将使用二语学习的宽泛意义，既指自然学习环境中的二语学习，也指课堂教学环境中的二语学习；外语学习均特指后者。

第3章阐述了语言学能的理论、测试及研究。该章重点论述了语言学能的理论及模式，分析和呈现了多个学能测试，指出了学能测试存在的问题，并简要地评述了语言学能与二语学习成效关系的研究。

第4章就起始年龄与二语语法学习成效的关系问题开展了系统性综述研究。该章通过元分析发现，起始年龄整体上对语法学习成效有影响，但此效应在不同的学习环境中有很大的差异。

第5章探究了起始年龄、语言学能与二语语法学习成效的关系。该章通过一项实证研究指出，语言学能、学习动机是预测中国英语学习者二语语法学习成效的重要因素，但起始年龄不是预测的重要因素。

第6章研究了起始年龄、语言学能与二语词汇学习成效的关系。该章通过实证研究和分析得出，影响中国课堂教学环境下二语词汇学习成效的不是起始年龄，也不是不同的学习机制，而是不同的语言学能要素及动机、语言使用等社会因素。

第7章考察了起始年龄、语言学能与二语语音学习成效的关系。该章通过实证研究指出，在中国课堂教学环境下，学习者的语言输入、情感与认知等因素共同发挥作用，推动其二语语音学习的发展，年龄效应可能与早学者、晚学者赖以使用的认知学习机制差异有关。

第8章挖掘了影响二语语法、词汇与搭配及语音学习成效的多因子之间的关系。该章采用结构方程模型的方法，发现了语言学能、学习动机、英语使用与中国英语学习早、晚学组的二语语法、词汇与搭配及语音学习成效的交互关系。

第9章考察了语言学能与外语早学者的英语口语学习成效之间的关系。该章通过实证研究发现，语言学能与早学者的口语学习成效之间有低等到中等的相关关系，内隐性学能和外显性学能对早学者的口语学习成效皆发挥了积极的作用。

本书的第1章、第5章、第8章、第9章由笔者撰写，第3章由黄赟琳撰写，第4章由盘峻岚撰写，第2章、第7章由张小红撰写，第6章由隋海兵撰写。笔者对全书的内容进行了修改。科学出版社的审稿专家对书稿提出了宝贵的修改意见，董平荣博士、张峰辉博士对研究设计提出了宝贵的建议，笔者的研究生也做了大量的工作，马莉、穆增宇参与了部分章节的数据采集、文稿撰写及参考文献的整理工作，邱红、高航也参加了部分章节的数据采集工作。在此，谨向所有给予帮助的人致以衷心的感谢！

李 红

2020年7月20日

草于重庆大学城虎溪花园

目 录

前言
第1章 年龄问题概说 1
  1.1 问题的缘起 1
  1.2 年龄效应研究的主要类别 2
  1.3 起始年龄、语言学能与二语学习成效的关系 6
  1.4 本书的目的及主要观点 9
  1.5 结语 10
第2章 年龄效应的表现形式与理论解释 11
  2.1 引言 11
  2.2 二语学习年龄效应的表现 11
    2.2.1 起始年龄 11
    2.2.2 二语学习成效 12
    2.2.3 起始年龄与二语学习成效的关系 13
  2.3 基于关键期假说的年龄效应解释 18
    2.3.1 关键期假说 18
    2.3.2 关键期假说之后的理论发展 20
  2.4 基于环境与个体差异的年龄效应解释 25
    2.4.1 基于社会、心理因素的解释 25
    2.4.2 基于认知发展的解释 26
    2.4.3 基于语言经历的解释 28
  2.5 问题与启示 29
    2.5.1 概念或理论误解与方法难点 29
    2.5.2 研究与教学启示 32
  2.6 结语 32
第3章 语言学能与二语习得：理论、测试及研究 34
  3.1 引言 34
  3.2 Carroll 的学能理论 34

起始年龄和语言学能与二语学习成效的关系研究

- 3.3 Carroll 之后的学能理论及模式 ································· 36
  - 3.3.1 信息加工步骤模型 ·································· 36
  - 3.3.2 语言学能综合体理论 ································ 38
  - 3.3.3 高水平语言学能理论模式 ···························· 40
  - 3.3.4 小结 ··· 41
- 3.4 语言学能的测试及相关研究 ······························· 42
  - 3.4.1 现代语言学能测试（MLAT）······················· 42
  - 3.4.2 Pimsleur 语言学能测量表 ··························· 43
  - 3.4.3 语言（外语）习得的创新认知能力测试 ·············· 44
  - 3.4.4 LLAMA 语言学能测试 ···························· 45
  - 3.4.5 高水平语言学能成套测试（Hi-LAB）··············· 48
  - 3.4.6 中国外语学能测试研究 ···························· 48
- 3.5 学能对二语学习的作用 ··································· 50
  - 3.5.1 课堂教学环境中的学能研究 ······················· 50
  - 3.5.2 显性学习、隐性学习条件下的学能研究 ·············· 51
  - 3.5.3 语言学能与二语学习成效的关系研究 ················ 53
- 3.6 结语 ·· 56

第 4 章 起始年龄与二语语法学习成效关系的元分析 ················ 57

- 4.1 引言 ·· 57
- 4.2 变量及系统性综述研究 ··································· 58
  - 4.2.1 年龄效应 ··· 58
  - 4.2.2 二语学习成效的判断标准 ··························· 59
  - 4.2.3 影响起始年龄与二语语法学习成效关系的因素 ········ 60
  - 4.2.4 系统性综述的必要性 ······························ 64
  - 4.2.5 现有元分析结果及局限 ···························· 65
- 4.3 研究设计 ·· 66
  - 4.3.1 文献检索 ··· 67
  - 4.3.2 筛选标准 ··· 68
  - 4.3.3 样本编码 ··· 70
  - 4.3.4 效应值计算与分析 ································ 70
- 4.4 研究结果 ·· 71
  - 4.4.1 起始年龄与二语语法学习成效的整体关系 ············ 71

          4.4.2　各调节变量的影响程度 ·· 76
    4.5　讨论 ··· 77
          4.5.1　起始年龄与二语语法学习成效的整体效应 ······························· 77
          4.5.2　学习环境差异的影响 ·· 78
          4.5.3　测试任务类型、呈现方式和时间条件的影响 ··························· 80
    4.6　结语 ··· 82
第 5 章　起始年龄、语言学能与二语语法学习成效关系研究 ···················· 84
    5.1　引言 ··· 84
    5.2　二语语法学习成效与语言学能的有关概念及研究 ································· 85
          5.2.1　二语语法学习成效的测量 ·· 85
          5.2.2　语言学能研究的发展及其测量 ·· 87
          5.2.3　探索起始年龄、语言学能与二语语法学习成效关系的研究 ··· 89
          5.2.4　探索其他因素与二语语法成效关系的研究 ······························· 92
          5.2.5　小结 ··· 94
    5.3　研究设计 ··· 95
          5.3.1　研究对象 ··· 95
          5.3.2　实验任务及过程 ·· 96
    5.4　结果与分析 ··· 98
          5.4.1　语法判断测试、LLAMA 及 SRT 数据分析 ······························· 98
          5.4.2　语言学能与英语语法成绩的相关性 ·· 99
          5.4.3　内隐性学能与外显性学能 ··· 100
          5.4.4　回归分析 ·· 100
    5.5　讨论 ··· 101
          5.5.1　起始年龄、语言学能与英语语法成绩的相关性 ···················· 101
          5.5.2　内隐性学能与外显性学能的作用 ·· 102
          5.5.3　英语语法学习成效的预测因素 ·· 103
    5.6　结语 ··· 104
第 6 章　起始年龄、语言学能与二语词汇学习成效关系研究 ·················· 106
    6.1　引言 ··· 106
    6.2　二语词汇学习成效及其测量 ··· 107
          6.2.1　二语词汇知识与词汇能力 ··· 107
          6.2.2　符合年龄效应研究要求的二语词汇学习成效核心指标 ········· 112

  6.2.3 产出性词汇深度知识及搭配知识的测量方法 ……………… 113
 6.3 起始年龄、语言学能与二语词汇学习成效关系的研究进展 ……… 115
 6.4 研究设计 ……………………………………………………………… 119
  6.4.1 研究问题 ……………………………………………………… 119
  6.4.2 受试 …………………………………………………………… 119
  6.4.3 实验任务及过程 ……………………………………………… 120
 6.5 分析与结果 …………………………………………………………… 122
  6.5.1 词汇知识、搭配知识、LLAMA 及 SRT 数据分析 ………… 122
  6.5.2 起始年龄、语言学能与词汇知识和搭配知识的相关性 …… 123
  6.5.3 内隐性学能和外显性学能与词汇知识和搭配知识的相关性 … 124
  6.5.4 其他因素与词汇知识和搭配知识的相关性 ………………… 125
  6.5.5 回归分析 ……………………………………………………… 126
 6.6 讨论与结论 …………………………………………………………… 128
  6.6.1 起始年龄、语言学能与二语词汇学习成效的关系 ………… 128
  6.6.2 二语词汇学习成效的预测因素 ……………………………… 128
  6.6.3 课堂教学环境下起始年龄、语言学能
     对二语词汇学习成效的作用 ………………………………… 129
 6.7 结语 …………………………………………………………………… 131

第7章 起始年龄、语言学能与二语语音学习成效关系研究 …………… 133
 7.1 引言 …………………………………………………………………… 133
 7.2 二语语音学习的年龄效应 …………………………………………… 134
  7.2.1 起始年龄与二语语音学习成效 ……………………………… 134
  7.2.2 语言学能与二语语音学习的年龄效应 ……………………… 137
 7.3 研究设计 ……………………………………………………………… 142
  7.3.1 受试 …………………………………………………………… 142
  7.3.2 测量工具 ……………………………………………………… 143
 7.4 数据分析与结果 ……………………………………………………… 146
  7.4.1 起始年龄与英语语音成绩 …………………………………… 146
  7.4.2 语言学能与英语语音成绩 …………………………………… 148
  7.4.3 英语语音成绩的预测因素 …………………………………… 150
 7.5 讨论 …………………………………………………………………… 150
  7.5.1 起始年龄与二语语音学习成效的关系 ……………………… 151

	7.5.2 语言学能与二语语音学习成效的关系	152
	7.5.3 二语语音学习成效的预测因素	154
7.6	结语	154

第8章 基于结构方程模型的二语语法、词汇与搭配及语音学习成效多因子研究 ... 156
- 8.1 引言 ... 156
- 8.2 理论基础及有关概念表述 ... 157
  - 8.2.1 起始年龄与二语学习成效 ... 157
  - 8.2.2 影响学习成效的其他因子 ... 159
  - 8.2.3 结构方程模型 ... 163
  - 8.2.4 小结 ... 166
- 8.3 研究设计 ... 166
  - 8.3.1 数据概况 ... 166
  - 8.3.2 假设模型及运算步骤 ... 168
- 8.4 建模与分析 ... 169
  - 8.4.1 语法学习成效模型 ... 169
  - 8.4.2 词汇与搭配学习成效模型 ... 172
  - 8.4.3 语音学习成效模型 ... 175
- 8.5 讨论 ... 176
  - 8.5.1 SEM 中的调节效应和中介效应 ... 176
  - 8.5.2 不同语言层面的因子以及因子结构差异 ... 179
  - 8.5.3 早学组与晚学组模型对比 ... 180
- 8.6 结语 ... 181

第9章 语言学能与外语早学者口语学习成效关系研究 ... 182
- 9.1 引言 ... 182
- 9.2 二语口语学习成效的有关概念、测量及研究进展 ... 183
  - 9.2.1 二语口语水平的构成 ... 183
  - 9.2.2 二语口语学习成效的测量 ... 185
  - 9.2.3 语言学能与二语口语学习成效的关系 ... 186
  - 9.2.4 小结 ... 188
- 9.3 研究目的及研究问题 ... 188
- 9.4 研究设计 ... 189

  9.4.1 研究对象 ·············189
  9.4.2 实验任务及过程 ·············189
  9.4.3 评分方式与分析 ·············190
 9.5 结果与分析 ·············192
  9.5.1 LLAMA 及图片描述任务的描述性统计数据 ·············192
  9.5.2 语言学能与英语口语学习成效的相关性 ·············193
 9.6 讨论 ·············195
  9.6.1 语音辨别能力（LLAMA D） ·············195
  9.6.2 机械和联想记忆能力（LLAMA B） ·············197
  9.6.3 语音编码能力（LLAMA E） ·············198
  9.6.4 语言分析能力（LLAMA F） ·············198
  9.6.5 内隐性学能与外显性学能对外语早学者口语学习成效的作用 ·············199
 9.7 结语 ·············201

参考文献 ·············202
附录 ·············233

第 1 章

年龄问题概说

1.1 问题的缘起

二语学习的起始年龄（即首次有意义地接触二语的年龄）是影响二语学习成败的重要因素之一（Granena & Long，2013a）。有大量的研究表明儿童的二语学习效果比青少年或成人更为显著（Bialystok，1997）。二语学习的年龄因素是二语习得研究中的重要理论问题，对语言教育政策的制定也有重要的影响。学术界对二语习得年龄因素的研究有 60 多年的历史。神经语言学家 Penfield 和 Roberts 于 1959 年提出了"关键期"这一概念，其主要的观点是语言学习在 9 岁以前最为有效。9 岁之后由于人类大脑的可塑性减弱，语言学习会变得更为困难。语言学家 Eric Heinz Lenneberg 基于对失语症患者和"野孩"的研究，提出了针对母语习得的"关键期假说"（Critical Period Hypothesis）（Lenneberg，1967）。他认为 2 岁至青春期之前是语言学习的关键期。关键期以后（即青春期以后），语言习得的能力因为大脑功能的"偏侧化"（lateralization）而减弱。这一由大脑的生理性变化导致的左右脑的分工过程（即语言加工的功能主要由脑的左半球负责）使得青春期之后开始的语言学习变得更加困难，也更难以成功（即更难以达到本族语者的水平）。

自关键期假说被提出以后，国内外学界对母语习得存在关键期这一观点怀疑甚少，但对二语学习或者外语学习是否存在关键期则存在较大的争议（见 Muñoz & Singleton，2011；DeKeyser，2013；Birdsong，2006；桂诗春，2004）。近来有研究显示人脑的"偏侧化"即使不在婴儿出生时完成，也在婴幼儿的早期就已经完成（Marzi，1996，转引自 DeKeyser，2014），因此 Lenneberg 提出的由大脑"偏侧化"形成的语言学习关键期的生物性基础受到了挑战。国内外围绕关键期假说的研究有很多，但是研究结论却相互矛盾，甚至关键期的起始期和衰退期也没有一致的结论，关键期的属性和归因已成为二语习得研究的重要问题。Muñoz 和

Singleton（2011）把争议的主要焦点总结为：二语学习是否有一个受大脑成熟制约的关键期或学习机会窗口（大约结束于儿童时期或者儿童末期）？关键期结束后，二语学习是否有根本性的变化？它会变得更困难或更难以成功吗？更为重要的是，与学习起始年龄有关的二语学习能力的变化或者学习效果的变化是由二语学习关键期导致的，还是由与年龄有关的诸多因素导致的（李红、马莉、张小红，2019）？Hyltenstam 和 Abrahamsson（2003：540）强调关键期假说的核心推论是"仅通过接触（mere exposure）某个语言，学习者就能够达到与本族语者相当的语言水平"①。Lenneberg（1967：176）论述道："从语言输入中自然地习得语言的能力在进入青春期后似乎会消失，外语学习不得不依靠有意识的和费力的教或学，关键期后外国口音将难以克服，但任何人都可以在 40 岁时学着用语言进行交际。"

根据 Hyltenstam 和 Abrahamsson（2003）的观点，只有找到在某个年龄期以后（如青春期）通过接触目标语言自然习得二语且达到与本族语者相当的语言水平的学习者，才能构成驳倒关键期假说的证据。不过，很多的研究忽视了"仅通过接触某个语言"这个研究条件的限制。

鉴于"关键期"的诸多争议，近来有很多的学者采用比"关键期"更为中性的"年龄效应"（age effects）来讨论和研究二语习得和外语学习中的年龄问题。随着研究的深入，研究重点已逐渐从验证关键期假说转向探究年龄效应的基于认知的、心理的和社会的理论解释（Hyltenstam & Abrahamsson，2003；DeKeyser，2014），并且研究的视角也更加宽泛。年龄问题研究的近期发展在 2014 年出版的《应用语言学》（Applied Linguistics）国际期刊第 35 卷第 4 期上发表的论文中得到了很好的呈现。7 个专题研究清楚地展现了年龄问题研究的广度和研究的多样性，其研究的视角从单一的大脑成熟制约的解释转向年龄效应的多因素解释，关注年龄因素与母语或二语的关系、年龄因素与语言学能的关系、年龄因素与二语学习者的投入等研究主题。这 7 个研究都向二语关键期的传统观点提出了挑战（Muñoz，2014a）。Birdsong（2018）也认为大脑成熟制约只是二语学习年龄效应的一种解释，它并不能解释二语非本族语化的学习效果的所有变异。

1.2 年龄效应研究的主要类别

自关键期假说被提出以来，国内外针对二语学习年龄效应的研究多达 100 多

---

① 本书中的外文引文，如无特别说明，均为笔者遵照原文自译。

项。遗憾的是，这些研究的结论却相互矛盾，这使得年龄效应的属性和归因更加扑朔迷离。为了更好地理解二语学习年龄效应实证研究的结果，有必要厘清现有研究中的几个主要的类别。

第一，二语学习的速度（rate）与二语学习的成效（attainment）。Krashen等（1979）指出，有关年龄效应的研究结果看起来既不一致又相互矛盾：有的研究显示起始年龄稍早的儿童有二语习得的优势，而有的研究却表明青少年或成人的二语习得效果优于儿童。因此，Krashen等（1979）把年龄效应的实证研究分为两个类型："早期速度优势"（initial rate advantage）与"终期成效"（eventual attainment）。按此区分，Krashen等（1979）将当时的研究结果归纳如下：①在学习时间和语言输入不变的情况下，成人早期的形态和句法发展比儿童快；②年龄稍大的儿童的形态和句法发展比年龄稍小的儿童快；③儿童二语习得的终期成效优于成人（Krashen，Long & Scarcella，1979）。简言之，儿童二语习得的优势在于最终能达到的二语水平超过青少年和成人，而不在于学习的速度。这个区别虽已被很多研究者所接受，但它在研究设计中却往往被忽略（DeKeyser，2014）。探究二语学习是否受大脑成熟制约的研究证据应来自儿童与青少年和成人经长期学习后能达到的最终水平的差异，并非在学习速度上的差异（Birdsong，2006）。因此，国外学者对二语学习速度的研究兴趣在20世纪80年代开始减弱，研究兴趣转向不同起始年龄的二语学习成效（Hyltenstam & Abrahamsson，2003）。

第二，二语学习成效与达到与本族语者相当的语言水平（nativelike proficiency）。二语学习成效指二语学习的长期效果，关注的是二语学习的起始年龄与长期学习结果（或能够达到的最终水平）之间的关系（Hyltenstam & Abrahamsson，2003）。Birdsong（2004）强调虽然达到本族语者的水平是可以观察到的二语学习结果之一，但二语学习成效与达到本族语者的水平不是同义词，并且两类研究的目的也不完全相同。不少以国外移民为对象的二语学习成效研究都一致地发现：起始年龄与二语水平之间有显著的负相关关系。其中最具影响的是Johnson和Newport（1989）的研究。研究以46名母语为汉语或者韩语的英语学习者为受试，按照他们移民到美国的年龄分为3~7岁、8~10岁、11~15岁和17~39岁四个组。研究结果显示：3~7岁组的学习者的语法判断测试成绩均达到本族语者的水平，三个早学组（3≤AO≤15）移民到美国的年龄与其语法判断测试成绩呈负相关，而晚学组（AO>15）的年龄与其语法判断测试成绩之间不相关。Johnson和Newport因此认为研究结果支持关键期假说。但是，这个研究也受到不少的质疑（Bialystok，1997；Juffs & Harrington，1995）。Bialystok和Hakuta（1994）对该研究中的数据进行了重新分析，发现年龄与语法判断测试成绩之间不相关的年龄段不是17岁，而是20岁，也就是说，关键期结束之后的学习者的年龄与语法水平之间也有显著的负相关关系。Bialystok（1997）认为在7~20岁的二语学习者中发现的年龄与语法水平之间的负相关不能归于关键期，造成语法水平下降的原因很可能在于他们学习目标语言的时间有很大的不同。因此，他认为 Johnson 和 Newport（1989）的结果不能支持关键期假说，提出母语与二语语法结构的差异对二语语法习得有重要的影响，并认为儿童在二语学习上优于成人是儿童和成人认知方式的差异所致。DeKeyser（2000）采用语法判断任务和现代语言学能测试（Modern Language Apititude Test，MLAT），以 57 位母语为匈牙利语、到达美国 10 年以上的移民为研究对象，发现到达年龄晚的移民（AO≥16）的语言分析能力和语法判断能力呈正相关；获得语法判断高分的晚学者几乎都具有较高的语言分析能力；但是到达年龄早的移民（AO≤15）的语言分析能力与语法判断能力不相关。基于该研究的结果，作者从儿童和成人（或青少年）不同的认知机制来解释年龄效应，认为儿童和成人二语学习的差异与学习者随着年龄的增长而衰弱的隐性学习能力（implicit learning capacity）有关。

总之，以移民为对象的二语学习成效的研究结果发现儿童达到的二语水平高于成人，但研究并没有回答儿童与成人谁更具有达到本族语者水平的潜力，这正是后一类研究关注的问题。后一类研究希望通过比较儿童与成人到达本族语者水平的潜力，寻找到起始年龄晚的二语学习者在有利的学习条件下能够达到本族语者水平的研究证据。如果能找到这样的证据，就能有力地反驳二语学习的年龄效应受大脑成熟制约的论点。Kinsella 和 Singleton（2014）以 20 名母语为英语的高水平法语晚学者（在学校学习法语的年龄大于 11 岁或者大量接触法语的年龄大于 20 岁）为受试，采用了词汇测试、语法测试、地区口音识别测试及问卷（涉及学习态度、动机、语言经历等因素）的研究方法，考察高水平的晚学者能否到达本族语者的水平。结果显示：起始年龄与词汇测试、语法测试和地方口音识别测试成绩均不相关，但三名受试在所有测试中均达到了本族语者的水平。这三名受试有强烈的学习动机，均与法语母语者结婚并希望能长期居住在法国。Kinsella 和 Singleton 的研究说明晚学者能够达到本族语者的水平，二语学习态度、动机、语言经历等因素是影响晚学者能否达到本族语者水平的重要因素。Abrahamsson 和 Hyltenstam（2009）对 195 位起始年龄在 1~47 岁的西班牙语和瑞典语双语者进行了语音的发音和感知、词汇和句子的感知、语法判断、综合填充以及成语和谚语的测试，较为全面地分析了这些双语者的二语是否达到了本族语者的水平。研究的结论是：对于在 12 岁之前学习二语的学习者来说，只有少数能够真正达到本族语者的水平；对于 12 岁之后开始学习二语的学习者来说，要想完全达到本族语者的水平是不太可能的。Abrahamsson 和 Hyltenstam 认为即使是对于那些年龄很小就开始学习二语的人来说，能够真正达到本族语者水平的人数也要少于人们预想的人数。Nishikawa（2014）采用讲故事、定语从句理解和产出任务考察了 47 名儿童的日语水平能否达到本族语者的水平。研究结果显示，即使在目标语接触量很充分的前提下，起始年龄很小（AO＜4）的学习者也未必能达到本族语者的水平。目前的研究结果显示只有在特别优越的学习条件下，才有少量起始年龄较晚的二语学习者能够达到本族语者的水平，他们或者具有较高的学习动机（Moyer，1999），或者具有融入目标语文化的强烈意愿（Kinsella & Singleton，2014），或者具有较高的语言学能（DeKeyser，2000）。但是，最新的一项基于大数据的研究结果表明：即便是出生后就立即学习两种语言的双语者的二语水平也达不到单语母语者的水平（Hartshorne，Tenenbaum & Pinker，2018）。因此，年龄效应研究的重点是起始年龄与二语学习成效的关系，尤其应重视比较高水平的早学者与晚学者的长期学习结果（Muñoz & Singleton，2011）。

第三，二语的自然学习环境与课堂教学环境。年龄效应研究的讨论常常忽视自然学习环境与课堂教学环境的差异。二语的自然学习环境可以为学习者提供大量的语言输入和真实的语言交际环境，与课堂教学环境在语言环境、学习目的、语言使用等方面都有明显的差异（崔刚，2011）。两种学习环境对学习者的语言输入造成了质与量的不同。不过，年龄效应的研究主要以移民到国外的二语学习者为对象，而以外语学习者为对象的实证研究相对较少。迄今为止，现有的研究已揭示了两种学习环境中年龄效应的差异。赵飞和邹为诚（2008）以中国42位著名外语教育专家的外语学习传记为研究对象，深入地分析了外语学习与起始年龄的关系。他们发现外语学习没有关键期，认为推动外语学习的原因是优秀的师资和良好的学习动机。Li等（2016）考察了外语学习的起始年龄对学习英语单词重音模式的影响。研究的受试分为早学组（在小学三年级或之前开始学习英语）、晚学组（从初中一年级或之后开始学习英语）和本族语者组。研究复制了Guion等（2004）的重音产出实验，分析了两个影响英语单词重音分布的因素：音节结构和词性。该研究发现，早学组和晚学组都没有习得以音节结构和词性为基础的英语单词重音模式，两组之间没有差别，但与本族语者有显著的差异。作者认为，中国课堂教学环境中的英语接触量很有限，起点稍早的学习者并没有年龄的优势，而汉语的重音系统可能对学习者的英语单词重音的学习产生影响。Pfenninger 和 Singleton（2019）分析了外语学习的起始年龄对636名瑞士中学生的听力理解、接受性及产出性词汇、书面及口语任务中的句法复杂性、准确性、流利性以及语法判断的影响。所有受试从小学开始学习标准德语和法语，50%的受试从8岁开始学习英语，50%的受试从13岁开始学习英语。研究结果没有显示出年龄的效应，但是受试的学习环境尤其是家庭的支持对受试的外语学习发挥了明显的作用。早学只对享有大量父母帮扶的同步双语儿童的英语学习有利。该研究认为对二语学习年龄效应的研究需要考察二语学习环境对二语学习过程的作用。Qureshi（2016）就二语学习环境和外语学习环境的起始年龄与二语语法能力关系的研究文献进行了元分析。按照研究文献的划分方式，二语自然学习环境下的早学组的起始年龄小于 15 岁，课堂教学环境下的早学组的起始年龄小于 12 岁。分析结果显示出低度到中度的总体年龄效应值（$d=0.46$；$Zr=-0.40$），但是起始年龄与二语语法能力的关系会随着测试条件和学习环境发生变化：二语自然学习环境中的年龄效应值在口头任务和限时任务中更大；课堂教学环境中起始年龄对早学组和晚学组都没有影响。该元分析的结果进一步揭示了区别自然学习环境与课堂教学环境的重要性。同时，该分析结果也清楚地说明了在二语自然学习环境中获得的研究证据对制定中国外语教育政策的参考作用很有限。

1.3 起始年龄、语言学能与二语学习成效的关系

起始年龄、语言学能与二语学习成效的关系是近期二语习得研究的热点。DeKeyser 试图从儿童和成人（或青少年）不同的认知机制来解释年龄效应，探索语言学能与二语语法学习成效的关系（DeKeyser，2000；DeKeyser，Alfi-Shabtay & Ravid，2010），其理论观点着重强调儿童与成人的二语学习依赖两种不同的学习机制[①]（DeKeyser，2013；Long，2013a）。他认为儿童和成人二语学习的差异与学习者随着年龄的增长而衰弱的隐性学习能力有关，成人要成功地学习二语，就要具备较强的语言分析能力，而儿童从语言输入和交际互动中学习二语的能力则优于成人（DeKeyser，2000，2014）。DeKeyser 的阐述及有关的研究从语言学能的角度解释了二语学习的年龄效应，区分了两种学习机制，被视为语言学能研究领域的一个重要发展（Skehan，2015）。

语言学能或外语学能（foreign language aptitude）指人们学习二语或者外语的专门能力（Carroll，1962，1981；Skehan，2002），它可以使得人们更快或者更为有效地学习二语或者外语（Wen et al.，2019）。这里需要指出的是，语言学能是一个概括性的术语，包含了一系列的认知能力（Wen，Biedroń & Skehan，2017）。在语言学能理论的论述中，语言学能有两个代表性的定义，分别代表学能研究的两种不同的思想。一种是 John B. Carroll 的语言学能理论。根据 Carroll（1962）的早期定义，语言学能是指人们与生俱来且相对稳定的语言学习专门能力，主要包括语音编码能力、语法敏感度、语言归纳能力和联想记忆能力四个要素。这些认知能力可以预测学习者个体在某个特定的时间内和某个特定的学习条件下能否学好一门外语（Carroll & Sapon，1959/2002）。这一观点的主要核心是语言学能

[①] 隐性和显性学习机制源于认知心理学，两者的区分主要在于是否有意识地进行学习。隐性学习指一种从复杂的刺激环境中自然地、无意识地获得其潜在知识结构的过程；显性学习指通过有目的、有意识的努力，不断建立并验证假设，以获取知识结构的学习过程（Ellis，1994，2008）。

的预测作用以及它与二语学习成效的关系，因此 Carroll 的学能定义着重关注的是二语学习的结果，是一种相对静态的语言学能观点（Li，2015）。另一种是 Robinson（2005）提出的学能理论。他把语言学能视为二语学习者在不同的学习环境和不同学习过程中的信息加工所依赖的认知能力。他提出的"学能组合/能力差异框架"（Aptitude Complex/Ability Differentiation Framework）强调学能应解释学习者的认知能力与不同学习环境及不同加工任务之间的相互关系。因此 Robinson 的学能定义关注的是二语学习的过程，体现的是相对动态的语言学能观点。总体上说，语言学能由一系列的认知能力所组成，它们相对稳定，既不同于智力，也不同于其他的个体差异因素，也不是学习的结果（Wen et al.，2017；Li，2015）。

语言学能的理论经过近 60 年的发展，学能概念从早期预测学习者是否适合学习一门外语（readiness to learn）发展为区分学习者是否具有能力学习一门新语言（capacity to acquire another language）的个体因素（Kormos，2013）。Skehan（1998）提出的"信息加工步骤模型"（Stage Model of Information Processing）把语言学能与注意、结构辨别、归纳总结、检索提取等基于信息加工的二语习得认知过程联系起来，极大地推进了语言学能的研究。语言学能现已成为二语习得富有活力的研究领域之一（Li，2015；Granena，2016；温植胜，2005）。李红和马莉（2016）阐述了语言学能概念和研究的三个变化：①从语言学能是固定不变的学习能力的观点发展成为语言学能随着语言训练或学习经历而改变的动态发展观；②从关注初学者的学能要素拓展到注重高水平学习者的学能要素，例如 Carroll 和 Sapon 于 1959 年研发的 MLAT 主要用于预测初学者外语学习的速度能力，而 Doughty 等于 2010 年研发的高水平语言学能成套测试（High-Level Language Aptitude Battery，Hi-LAB）则用于测试高水平学习者的认知能力，包括工作记忆、联想记忆能力、长时记忆检索、处理速度、内隐学习能力、语音感知能力等；③从关注外显性学能发展为既关注外显性学能又关注内隐性学能，例如 Meara 于 2005 年研发的 LLAMA[①]语言学能测试测量了外显性学能和内隐性学能。Granena（2013a）验证了 LLAMA，表明 LLAMA 分项测试 LLAMA B（词汇学习测试）、LLAMA E（声音-符号配对测试）和 LLAMA F（语法推断测试）测量了外显性学能，LLAMA D（语音辨别测试）测量了内隐性学能。这一发展与 DeKeyser（2000）提出的儿童和成人（或青少年）的二语学习依赖不同的学习机制的观点相吻合。不过，值得指出的是，DeKeyser 的实证研究主要关注的是外显性学能，尤其是学习者的语言分析能力。

对二语学习者认知能力的个体差异的研究可以揭示儿童与成人二语学习的差异，阐明起始年龄与隐性学习和显性学习的关系，更好地探索语言学能、起始年

---

① LLAMA 全称为 Language-Learning Aptitude for MA。

龄与二语学习成效（或最终水平）的关系。近期有关起始年龄、语言学能与二语学习成效关系的研究都以有长期目标语国家居住经历的移民为对象，研究结果显示：达到或接近本族语者水平的晚学者都具备较高的语言学能，高学能对晚学者达到或接近本族语者的水平是必要的，对早学者达到或接近本族语者的水平也是有利的（详见李红、马莉，2016）。

DeKeyser 等（2010）以移民到北美国家的英语学习者和移民到以色列的希伯来语学习者为研究对象，考察 3 个年龄组（AO < 18、18≤AO≤40、AO > 40）的语言分析能力与各组语法水平的相关性，研究发现起始年龄晚的两组学习者的语言分析能力与其语法成绩呈正相关，没有发现起始年龄稍早的学习者（AO < 18）的语言分析能力与其语法成绩之间的相关性。

Abrahamsson 和 Hyltenstam（2008）采用听觉和视觉语法判断任务，以 42 位母语为西班牙语的瑞典语学习者为研究对象，探究了起始年龄、语言学能与二语语法学习成效的相关性。该研究结果显示语言学能与早学组（AO≤11）的语法成绩相关，语言学能与晚学组（AO≥13）的语法成绩的相关性则没有达到显著水平。Granena 和 Long（2013b）采用 LLAMA（Meara，2005）考察了 65 名母语为汉语的高水平西班牙语学习者的语言学能与其语音、句法形态和词汇及搭配水平的相关性，研究显示：早学组（3≤AO≤15）的语言学能与其三个语言层面的成绩都不相关；晚学组（16≤AO≤29）的语言学能与其词汇搭配和语音成绩呈正相关，但晚学组的语言学能与其句法形态的成绩不相关，这与 DeKeyser 的结果有明显的差异。研究结果的差异可能是由于研究采用了不同的语言学能测试。Granena 和 Long（2013b）采用了 LLAMA。该学能测试测量了学习者的明晰性语法知识，也考察了隐含性（或自动化）的语法知识，而 DeKeyser 等（2010）采用的专门为以色列大学入学申请而设计的学能测试——与美国大学入学考试（Scholastic Aptitude Test，SAT）相似——仅测量了学习者的明晰性语法知识。

为更好地揭示语言学能、起始年龄与二语学习成效的关系，有研究者提出在研究设计中应区分内隐性学能（aptitude for implicit learning）和外显性学能（aptitude for explicit learning）（Doughty et al.，2010；Linck et al.，2013）；并且这两种语言学能可能对二语学习成效产生不同的影响（Granena，2012）。Forsberg Lundell 和 Sandgren（2013）采用 LLAMA，以 13 名学习法语的瑞典人（AO≥12）为受试，分析了语言学能与二语词汇产出性搭配水平的关系，研究显示：学能分项测试 LLAMA D 与晚学者的产出性搭配测试成绩呈显著的正相关，初步揭示了内隐性学能与词汇搭配水平的关系。Saito（2017）也采用 LLAMA 探究了内隐性学能和外显性学能与 50 名日本大学二年级英语学习者的口语学习成效之间的关系。所有的受试在日本初中、高中和大学接受了 7 年的英语教育，且均没有海外访问或学习的经历。研究结果表明，学习者的外显性学能测试分数（即 LLAMA B、

LLAMA E 和 LLAMA F）与其语音及句法形态的正确性、口语表达的流利性、语法结构的复杂性相关，但研究没有发现内隐性学能测试分数（即 LLAMA D 的分数）与学习者口语产出的成绩相关。作者认为内隐性学能对外语的显性学习过程或结果没有太多的影响（Saito，2017）。

1.4 本书的目的及主要观点

本书以中国外语教育为背景，围绕外语学习年龄效应的属性和归因问题，厘清中国英语学习者的起始年龄和语言学能与英语学习成效之间的关系，重点探索起始年龄和语言学能对英语语法、词汇与搭配、语音及口语学习成效（或能够达到的最终水平）的作用，为构建适应中国外语教育的语言习得理论提供重要的理论分析和研究证据。

外语学习的起始年龄是二语习得研究中的重要理论问题，对外语教育政策的制定影响重大。"外语学习的起始年龄越小越好"的思想与关键期假说交织在一起，这在一定程度上导致了外语学习低龄化的倾向（赵飞、邹为诚，2008）。桂诗春（2012）指出外语学习并非越早越好。有研究表明影响中国学生学习英语音段和超音段特征的不是年龄因素（Li, Zhang & Zhou, 2016）。迄今为止，无论是二语习得的关键期假说，还是年龄效应的归因问题，在国内外学术界都有很大的争议。国外的有关研究多以移民为对象，学习者都有使用所学语言的真实交际环境，与中国主要依赖课堂教学的外语学习有很大的差异，其研究证据不能作为制定中国外语教育政策的依据。目前中国对外语学习的年龄问题还缺乏实验性的对比研究（桂诗春，2012），针对起始年龄、语言学能与英语多个语言层面学习成效的研究更是不多。语言学能是学习语言的一种专门能力，其理论和研究是二语习得的重要课题，是除年龄因素以外最能预测二语学习成功与否的个体差异因素之一（Dörnyei & Skehan, 2003）。语言学能不仅与自然学习环境的二语学习有关，也与课堂教学环境下的二语学习有关（Granena & Yilmaz, 2019）。Li（2015）的元分析显示，在二语的自然学习环境下，语言学能对学习成效的作用达到低等到中等的效应量级；在课堂教学环境下，语言学能对学习成效的作用达到中等的效应量级。也就是说，语言学能对外语学习是否成功具有更高的预测性。中国外语学习者众多，探讨外语学习的起始年龄对外语学习的影响对于中国的外语教育实践而言影响重大，因此探索起始年龄、语言学能与英语学习成效（或最终水平）的关系有重要的意义。

1.5 结 语

　　本章阐述了二语习得年龄问题的来源，指出目前对年龄问题的理论阐释已从单一的大脑成熟制约的解释转向基于生物的、认知的、心理的或者社会的多因素解释，年龄问题的研究视角也更为广泛。本章还分析和讨论了年龄问题研究中三个重要的区分，强调二语的自然学习环境与课堂教学环境中的年龄效应存在差异，指出现有课堂教学环境下的少量研究并未清晰地揭示早学二语的优势。因此，本书认为有探究外语学习年龄效应的必要性。本章还简要地梳理了起始年龄、语言学能与二语学习成效关系的近期研究热点。笔者认为对二语学习者认知个体差异的研究有望揭示儿童与成人在二语学习机制上可能存在的差异，阐明起始年龄与隐性学习和显性学习的关系。不过，有关起始年龄、语言学能与二语学习成效关系的研究主要围绕二语语法的学习成效，涉及二语语音及口语学习成效的研究相对较少，涉及二语词汇与搭配的研究则更少。若要从儿童与成人二语学习机制的差异去揭示年龄效应，就需要探究语言学能与二语语法、词汇与搭配等多个语言层面的学习成效之间的作用，还需要探究儿童与成人在二语学习机制方面的差异能否有效地解释外语学习的年龄效应。

第 2 章

年龄效应的表现形式与理论解释

2.1 引　言

在母语或二语的学习中，人们普遍观察到的一个现象是儿童的学习成效总体上优于青少年或成人。神经语言学家 Penfield 和 Roberts 于 1959 年首次对该现象进行了科学的阐释，认为随着学习者年龄的增长，大脑可塑性会逐渐减弱，二语学习会变得更加困难（DeKeyser，2012a）。随后，Lenneberg（1967）进一步指出了导致大脑可塑性缺失的可能成因，即随着儿童大脑发育成熟而日趋完善的脑半球偏侧化，并提出了针对母语习得的关键期假说。虽然 Lenneberg 提出的关键期假说获得了多数研究者的认可，但二语学习或外语学习中是否有关键期则存在较大的争议。虽然支持和反对二语学习关键期的学者都开展了大量的实证研究来回答上述问题，但研究结论却相互矛盾。这些矛盾部分源于研究者对理论概念的误解，部分源于研究设计上的缺陷（Long，1990，2013b）。为了更好地理解二语学习年龄效应的本质，本章将厘清相关的研究结果，阐述有关的理论解释，并论述存在的理论误解及方法难点。

2.2　二语学习年龄效应的表现

2.2.1　起始年龄

在年龄效应研究中，二语学习者的起始年龄是不可或缺的。起始年龄指学习者首次有意义地接触、学习或使用二语的年龄（Birdsong，2006；Long，2013b）。起始年龄适用于学习者在自然学习环境下和课堂教学环境下开始接触、学习二语的年龄。另一相关术语为到达年龄（age of arrival，AoA）或开始习得年龄（age of acquisition，AoA），主要用于自然学习环境下的二语学习者，指其移居到目标语

（二语）国家的年龄（Birdsong，2006）。值得注意的是，在某些情况下，移居到目标语国家的学习者可能并没有立刻接触到大量的二语。他们可能首先生活在自己的母语社区中，之后才开始与本族语者交流或学习（Flege, Munro & MacKay, 1995a）。为了方便论述，本章主要使用"起始年龄"来讨论年龄效应。

2.2.2 二语学习成效

二语学习成效指二语学习的长期学习结果，常表示为最终水平（ultimate attainment）、最终状态（end state）、稳定状态（steady state）或渐近线水平（asymptote attainment），指学习者达到的相对稳定的二语水平，即学习者的二语知识系统发展处于相对稳定的状态。需要注意的是，首先，最终水平表现因人而异，与是否达到本族语者水平无关（Birdsong，2009；Muñoz，2008）；其次，最终水平用以描述局部特征而非全局概念，即学习者可能在某些语言层面或结构上（如过去式、否定式等）达到最终水平，而在其他层面或结构上（如词汇）仍处于发展状态（Birdsong，2009）。

Long（1990）指出当学习者在目标语国家居住时间（length of residence）达到 10 年及以上时，其二语知识系统才趋于稳定。不少研究者（如 Birdsong，2009；DeKeyser，2012a，2013）也将此年限作为衡量学习者是否达到最终水平的参考指标。但是对于课堂教学环境下的二语学习来说，课堂学习是多数学习者学习和使用二语的主要甚至唯一的途径，并且学校的二语教学课时普遍有限，因此，最终水平或状态更适用于描述自然学习环境下的二语学习，课堂环境下的二语学习成效则需要更多地参考学习者的在校二语学习经历等因素。例如，中国英语学习者在完成本科或研究生阶段的英语课程学习后，多数学习者的英语课程学习也就结束了。针对中国英语学习成效的研究可以考察学习者在本科或研究生课程学习最后阶段（或刚完成课程学习）的英语学习成效。如果二语学习者在目标语国家的居住时间或课堂学习时间过短，其二语知识系统就极有可能仍处于发展状态，那么研究者测量出的水平可能更多地反映了他们二语学习的速度，而非二语学习的长期结果。起始年龄与二语学习速度与成效的关系却截然不同。

Krashen 等早在 1979 年便论述过二语学习速度和终期成效的不同年龄优势：总体上，成人在词法和句法初期发展阶段优于儿童，年龄稍长的儿童也优于稍小的儿童；而从终期成效来看，儿童会逐渐摆脱劣势并超越成人。该论述在研究中得到了广泛的论证和支持（如 Hyltenstam & Abrahamsson，2003；Jia & Fuse，2007；Larson-Hall，2008）。针对成人在二语学习速度上的优势，研究提出了较为一致的解释：在二语早期发展阶段，儿童感知、理解和产出语言的认知能力尚未发展成熟，而成人已具备较为全面的认知系统，因此成人可以更快地掌握二语词法和句法（Birdsong，2009）。

总之，二语学习成效的研究不能将自然学习环境和课堂教学环境下的二语学习混为一谈，这也是导致相关研究结果差异的因素之一。再者，学习者在目标语国家的居住时长或在校学习时间只能作为二语学习成效研究的初始筛选参考，研究者还需进一步了解学习者的二语学习和使用情况。最后，本书以及其他相关文献（如 DeKeyser，2013；Birdsong，2006，2009；Long，1990；Muñoz & Singleton，2011）讨论的年龄效应问题针对的是二语学习的长期结果，有别于二语学习速度的研究。

2.2.3 起始年龄与二语学习成效的关系

二语学习的年龄效应主要体现在学习者的起始年龄与二语学习成效的关系，或以起始年龄划分的早学者与晚学者在二语学习成效的差异上。如第一章所述，年龄效应的研究需要区分两种语言学习环境：①自然学习环境，主要讨论长期居住在目标语国家的二语学习；②课堂教学环境，探讨以学校课堂教学为主的外语学习。因此，本节将分别论述这两种学习环境下的年龄效应表现。

2.2.3.1 自然学习环境下起始年龄与二语学习成效的关系

目前大量的二语学习年龄效应的实证研究主要探讨长期居住在目标语国家（一般为 10 年左右）的学习者在词法、句法以及语音层面的学习成效，研究普遍发现起始年龄与二语学习成效之间存在显著的负相关关系。这种关系在受试起始年龄跨度较大的研究中较为一致，但当考察具体的年龄段时，两者的关系就显得较为复杂。

在起始年龄跨度较大并涉及早学者与晚学者的研究中，二语学习成效总体上随着起始年龄的增长而逐渐降低，普遍存在起始年龄与二语学习成效之间的负相关关系。例如，Flege 等（1995b）考察了 240 名意大利本族语者的英语语音学习情况。学习者均在 2~23 岁移居到加拿大，居住时间至少为 15 年。研究发现，随着学习者起始年龄的增长，他们在朗读句子时表现出的外国口音也随之增强。Hakuta 等（2003）收集了 230 万名以西班牙语和汉语为母语并在美国居住至少 10 年的学习者的大数据，数据分析也发现被调查者自评的英语水平随起始年龄的增长而直线下降。

但是有研究发现，起始年龄与二语学习的成效在不同的年龄段可能呈现出不同的关系。Johnson 和 Newport（1989）较早地发现了起始年龄对早学者和晚学者的不同作用。他们将 46 名韩语或汉语母语者分为四个组，其起始年龄分别为 3~7

岁、8~10岁、11~15岁、17~39岁。研究发现，早学组（3≤AO≤15）的起始年龄与其语法判断测试成绩呈负相关（$r=-0.87$，$p<0.01$），而晚学组（AO>15）中却没有发现两者的显著相关关系（$r=-0.16$，$p>0.05$）。但是该研究未能很好地控制学习者的居住年限。虽然所有受试的平均居住时长为9年左右，但其中4名早学者和7名晚学者的居住时长只有3~6年。这些学习者的二语知识系统极有可能并未达到稳定的状态。此外，该研究没有报告受试参加测试时的年龄（age at testing）。由于该研究受试的起始年龄跨度较大（3~39岁），如果受试参加测试时的年龄跨度也较大，会对起始年龄与二语学习成效之间的关系产生一定程度的干扰。例如，DeKeyser 等（2010）分析了剔除受试的测试年龄前后的数据，得到了不同的研究结果。该研究中的受试为学习英语或希伯来语的俄国移民。剔除测试年龄前，起始年龄小于18岁以及18~40岁的年龄组的语法判断成绩随起始年龄的增长而下降，大于40岁的年龄组则没有发现显著的相关关系。剔除测试年龄后，小于18岁的年龄组的起始年龄与其语法成绩之间的负相关系数有所增大，而18~40岁以及大于40岁的两个年龄组的起始年龄与其语法成绩之间均没有显著的负相关。

还有一些研究同时探索了起始年龄与二语语音、词汇和语法多个语言层面学习成效的关系。Granena 和 Long（2013b）考察了65名母语为汉语、有目标语国家长期居住经历的学习者在西班牙语语音、词汇和语法三个方面的学习成效。结果显示，西班牙语学习者的起始年龄与其语音水平在3~6岁起始年龄组中呈显著的负相关（$r=-0.54$，$p=0.015$），在7~15岁起始年龄组中接近显著负相关（$r=-0.36$，$p=0.067$），而在16~29岁起始年龄组中则不相关（$r=-0.14$，$p=0.566$）。起始年龄与词汇学习成效则表现出不同关系：两者的关系在7~15岁起始年龄组中最显著（$r=-0.59$，$p=0.001$），其次在16~29岁起始年龄组中呈现出相关的趋势（$r=-0.44$，$p=0.066$），在3~6岁起始年龄组中则不相关（$r=-0.22$，$p=0.361$）。起始年龄与词法和句法学习成效的关系与词汇层面较为相似：7~15岁起始年龄组的词法和句法水平随其起始年龄增长而显著下降（$r=-0.43$，$p=0.025$），但下降梯度比词汇方面平缓，在3~6岁以及16~29岁起始年龄组中则没有发现两者有相关关系（$r=-0.09$，$p=0.687$；$r=-0.17$，$p=0.498$）。Flege 的另一项研究（Flege, Yeni-Komshian & Liu, 1999）也发现了起始年龄与二语学习成效之间在不同年龄组和语言层面上的不连续性。他们选取了240名以韩语为母语的学习者为受试。受试到达美国的年龄在1~23岁，他们在美国居住的平均时间达到15年。与其他研究不同，Flege 等没有对受试进行分组，而是利用 Gompetze-Makehm 分布（Gompetze-Makehm distribution）和最小二乘法找出受试的学习成效在整个年龄组中的分布情况。结果显示，相比一阶函数，三阶函数更符合受试的语法和语音成绩的分布情况，即受试的起始年龄与其二语学习成效在三个年龄段中表现出不同关系。具体表现为：

在英语语音层面，到达年龄在 1~5 岁的学习者之间的成绩差异较小，6~15 岁年龄段的学习者的语音成绩随到达年龄的增加而直线下降，而 16 岁之后学习者的下降梯度趋于平缓；英语语法层面的表现相似，但在 15 岁之后语法成绩分布更加离散，个体差异较大，但不连续性不及语音层面明显。因此，现有的研究表明，不同的起始年龄段和语言层面可能表现出起始年龄与二语学习成效的不同关系。

综合现有的自然学习环境下二语学习的年龄效应研究，在考察起始年龄与二语学习成效的关系时，不仅需要分析两者的总体关系，还应考量其在不同起始年龄组中及不同语言层面上的表现，并且控制可能产生的干扰因素，如测试时受试的年龄、在目标语国家居住的时间或在学校学习二语的时间及经历等。因为不同的受试选择标准和对其他因素的处理也可能影响研究结果的一致性。本章 2.5.1 节将详细讨论年龄效应研究中的此类方法难点和注意事项。

2.2.3.2 课堂教学环境下起始年龄与二语学习成效的关系

与自然学习环境不同，课堂教学环境下二语学习者主要依靠学校的课程进行二语学习，且教师普遍为非本族语者，因此学习者接受真实的二语输入、使用二语进行语言交际的机会相对较少。另外，由于社会、经济、文化等差异，不同国家或地区的二语课程设置或教学模式可能不同，学习者的学习动机等因素也有差异，这些差异可能在一定程度上导致课堂教学环境下起始年龄与二语学习成效的关系与自然学习环境下两者的关系不尽相同。

现有的研究通常参考二语学习者接受学校教育的年限或课程学习的小时数，即按照相应的课程设置将二语学习的年限折算为学习时长（如每周 2 个小时的课程学习时间，除去假期后，3 年的学习时间则大致为 240 小时）。二语学习的成效则常常操作为经过 6~10 年或 500~700 小时学习后所测量出的二语学习成绩。不过多数研究并未发现早学的年龄优势（Huang，2015）。例如，Mayo（2003）对西班牙学习者的英语语法及元语言知识进行了考察。研究对比了起始年龄早学组（$8 \leq AO \leq 9$）与晚学组（$11 \leq AO \leq 12$）学习英语 6 年后的学习成效，并发现晚学组的英语语法及元语言知识的平均成绩均显著高于早学组。MacKay 和 Fullana-Rivera（2007）也以西班牙的英语学习者为受试，考察其经过 726 小时（即 7 年半的课程）学习后起始年龄与英语语音产出水平的关系。研究结果显示，早学组和晚学组（起始年龄分别为 8 岁和 14 岁）的英语语音产出成绩之间并不存在显著差异，晚学组还呈现出较优趋势。相比前两项研究，Muñoz（2014b）采用起始年龄跨度更大（$3 \leq AO \leq 15.5$）的受试组，通过电影情节复述任务分析了西班牙的英语学习者口语产出的流利度、准确率、词汇多样性及结构复杂度，但研究结果未发现起始年龄与上述单项成绩具有相关性，只有英语输入量与某些评分项目成绩显著相关。国内的研究亦发现了类似的结果。黄怀飞（2011）针对中国英语课堂教学情况，对比了从幼儿园、小学一至三年级、小学四至六年级、初中一年级开始英语学习的 4 组被试的大学英语四级（College English Test Band 4）成绩，结果显示 4 组学习者在大学英语四级总成绩和听力、阅读、写作分项成绩中均没有显著差异，只有在口语分项成绩上，幼儿园和小学一至三年级学习组显著优于其余两组。但控制母语影响、二语输入及其他个体差异（主要为动机和学习策略）因素的影响后，口语分项成绩中的年龄效应随之消失。其他国内学者的研究也没有发现起始年龄早的外语学习者在学习成效上有年龄的优势（如 Li，Zhang & Zhou，2016；李红等，2018；赵飞、邹为诚，2008），研究结果与 Qureshi（2016）揭示的二语语法学习的年龄效应的元分析结果一致。

不过台湾学者 Lin 等（2004）发现测试二语水平任务的难易程度可能会影响年龄效应的结果。他们测量了 66 名台湾大学生辨别英语最小配对的能力，发现在没有噪音干扰的情况下，早、晚学者均取得了良好成绩，其音素识别能力没有显著的差异。但是当识别任务难度增加之后，即加入噪音干扰后，初中之前开始英语学习的早学者的成绩显著高于晚学者。Larson-Hall（2008）针对日本的英语学习者的研究不仅显示了任务难易程度对年龄效应的影响，还揭示了二语学习的时长对年龄效应的影响。该研究通过听觉语法判断测试及音素识别任务对比了日本大学生早学组（9≤AO≤11）和晚学组（12≤AO≤13）的英语学习成效。其中语法判断任务使用了基本的、较为简单的语法结构（如词序，见 Larson-Hall，2008），而音素识别任务重点考察了日本学生较难区分的/r/、/l/及/w/音素。研究结果显示，如果不区分具体英语学习的时长，早学组与晚学组的语法判断成绩并不存在显著的差异，而早学组的音素识别任务的成绩要显著优于晚学组。研究还显示，当学习时长为 800 小时的时候，早学组与晚学组的听觉语法判断测试和音素识别任务的平均成绩均没有显著的差异；当学习时长为 1600~2200 小时的时候，早学组的语法判断成绩显著高于晚学组，而早学组的音素识别成绩则在学习时长为 1200~2200 小时的时候高于晚学组。

虽然课堂教学环境下多数的研究并没有发现早学者与晚学者在二语学习成效上的差异，起始年龄与二语学习成效也没有显著的负相关关系，但笔者认为不能以此说明课堂教学环境下不存在二语学习的年龄效应。首先，一些研究中受试的二语学习时间较短（例如 6 年或 500 小时）。笔者认为由于课堂教学环境下学习者获得的二语输入的量和质往往不及自然学习环境下，6 年的学习时间与自然学习环境研究中的 6 年难以匹配，因此研究结果更可能反映的是学习的速度，而不是长期的学习效果。其次，一些研究中使用的二语水平测量任务过于简单（如不含噪音的语音最小配对辨别任务），或易受长期训练和答题策略的影响（如大学英语四级考试），可能弱化了早学者的年龄优势。另外，Huang（2015）的综述研究显示，现有的不少研究都源于欧洲两项大规模研究项目——巴塞罗那年龄因素项目（Barcelona Age Factor Project）及巴斯克项目（Basque Project），并主要针对西班牙的英语学习者。由于西班牙语与英语同属于印欧语系（Indo-European languages），因此某些语言结构可能相同。因此，笔者认为今后的研究可以更多地选择学习时间更长的受试，并探索母语和二语差异较大的课堂教学环境下的二语学习者的年龄效应，如中国、日本或韩国本族语者的英语学习的年龄效应。

综上所述，二语学习的年龄效应普遍存在，主要体现为起始年龄与二语学习成效之间的负相关关系或早、晚学者的二语学习成效的显著性差异（早学者优于晚学者），但具体表现形式有所不同。结合目前自然学习环境和课堂教学环境下的相关研究，起始年龄与二语学习成效的关系可大致分为以下几种模式（图2.1）①。

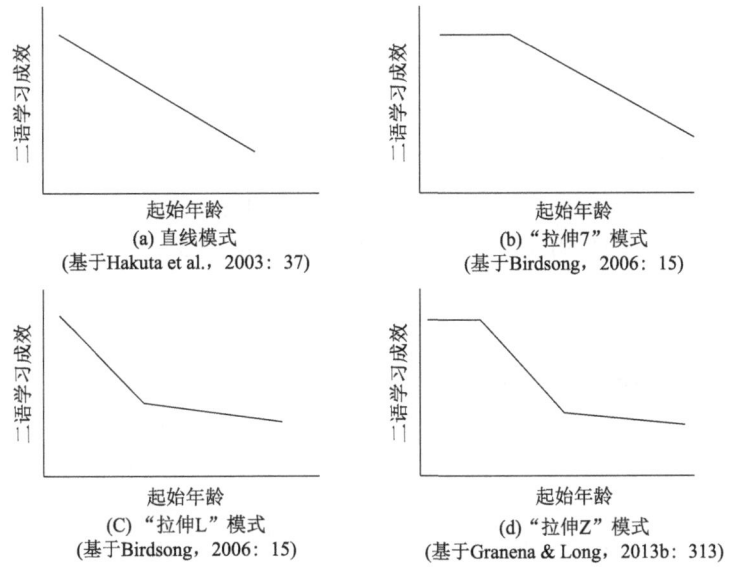

图 2.1　起始年龄与二语学习成效的关系模式

（1）直线模式：二语学习成效总体上随起始年龄的增长而下降。

（2）"拉伸 7" 模式：二语学习成效在某一起始年龄点之前不受起始年龄的影响，之后则随其增长而逐渐下降。

（3）"拉伸 L" 模式：二语学习成效首先随起始年龄增长而下降，但在某一年龄点后下降不明显，趋于平缓。

（4）"拉伸 Z" 模式：二语学习成效在最小起始年龄区间内与起始年龄没有

---

① 这里反映的是二语学习年龄效应的总体分布模式，但在具体起始年龄区间上的下降梯度或平缓程度在各研究中有所不同，在不同的语言层面也可能存在差异。

显著关系，之后随其增长而下降，在某一年龄点后下降梯度减小，趋于平缓。

研究者把上述模式作为支撑年龄效应某一理论的依据，或基于这些模式提出不同的理论解释，其中基于关键期假说的解释影响最大，也最具有争议。

2.3 基于关键期假说的年龄效应解释

关键期假说（Lenneberg，1967）自提出以来引起了广泛的讨论，至今影响深远。人们甚至一提起年龄效应便自然地把它与该假说联系起来。但 Lenneberg 的关键期假说[①]是用来描述母语学习的关键期问题，并没有直接阐述二语或外语学习的关键期问题。当它被引入二语学习的年龄问题的研究中时，研究者对其的理解和解释不尽相同，或经过研究对原假说进行了进一步的发展。这些不同的解读和发展导致了不同版本的关键期假说。值得注意的是，有的解读偏离了原假说，忽略了一些重要限定。因此，无论是支持还是反对关键期假说，年龄问题的研究都应追根溯源，了解关键期假说对语言学习的阐述，将其与后期发展的版本区别开来，以便更好地理解基于关键期假说的二语学习年龄效应解释，并开展后续的研究。

2.3.1 关键期假说

"关键期"这一术语来自生物学研究，是生物学家用以描述动物某些行为或能力发展的重要时期。Lenneberg（1967）基于失语症康复及"野孩"的相关研究，首次将此概念运用于语言学习中，指出儿童的语言习得受大脑成熟机制影响，存在语言习得的关键期，由此提出母语习得的关键期假说。值得注意的是，作者在书中未对关键期假说做出明确或直接的定义。因此研究者根据他对语言发展的相关描述来理解该假说的主要理论论述。这些论述投射出该假说蕴含的一些限定条件，但是这些条件往往容易被忽视，进而造成误解。

根据 Lenneberg 的论述，关键期假说蕴含的主要信息可总结为以下四个要点。首先，Lenneberg 对语言的产生和发展阶段进行了明确的描述。他认为，儿童 2 岁和 3 岁时生理成长达到一定的成熟度而产生语言；3 岁至青少年早期，个体对外界刺激（如语言输入）似乎最敏感，仍具有组织大脑功能的灵活性和可塑性，

---

① 为方便讨论，本书中的"关键期假说"和"Lenneberg 的关键期假说"均表示 Lenneberg 于 1967 年发表的著作《语言的生物学基础》（*Biological Foundations of Language*）中的理论假设及其相关论述，不代表该理论后续的发展版本，而"关键期理论"指书中论述的所有认为语言学习存在关键期的理论假设。

并以此处理和理解语言,因此母语学习在这一时期仍可以达到良好效果;进入青春期后,大脑中语言发展所需的自我组织和调节能力急速下降,在此时期后发展的语言技能存在缺陷(Lenneberg,1967)。由此可见关键期假说预设了在关键期前后进行语言学习可能产生的不同效果,即起始年龄与语言习得成效的关系表现出不连续性,关注的则是个体在语言习得关键期之后的语言学习能否得到良好的发展,并将年龄相关的限制归因于大脑可塑性的变化。因此,起始年龄与语言学习成效之间的负相关关系,或如图 2.1(a)显示的直线模式并不能作为验证关键期假说的有力证据;某些起始年龄较晚的学习者在某些语言层面上的表现优于较早的学习者亦不能作为反驳关键期假说的证据,因为该假说关注的是学习者长期的学习成效是否真正达到本族语者的水平。这里也涉及个体差异引起的不同水平的语言发展,后文会对此进行讨论。

其次,关键期假说主要论述自然环境下的语言习得,而非正式的课堂语言学习或专门的语言训练。这一点 Lenneberg 在书中有明确提及:"进入青春期后仅从语言输入中自然地习得语言的能力似乎消失。"(Lenneberg,1967:176)作者还将语言习得与动物的某些行为或能力的发展(如小鸟唱歌、猴子的社交行为等)进行了类比,指出"这些行为模式都是自然产生和发展的,独立于特殊训练过程和外在反应的塑造"(Lenneberg,1967:127)。因此,无论是支持还是反对关键期假说的研究,都应区分不同的学习环境;尤其是涉及二语学习时,更应区分有大量目标语输入的自然学习环境和输入相对缺乏的课堂教学环境。

再次,关键期假说强调语言的产生(the emergence of languages)在年龄分布上表现的相对一致性,但同时也注意到个体语言发展存在的差异。Lenneberg 指出,由于学习者的内在特征和所处的环境因素的交互影响,语言在早期阶段并非持续地发展,而是在不同的阶段表现出不同的发展速度,个体在语言产生的具体年龄和最终达到的语言水平上也可能有所不同。

最后,Lenneberg 对二语学习只做了简要的论述,认为青春期之后的二语学习也可以达到较高的水平,但不能认为这个观点与其理论假说相矛盾。一方面,不少的学习者即使在 20 岁以后也可以学习好二语,并用二语进行交流,但是青春期之后,"语言学习障碍"(language-learning-blocks)可能增加,外国口音不易克服,学习者也不能仅通过语言输入自然地学习语言,而是要通过有意识的、分析式的方式进行学习。另一方面,二语学习的高水平也可能得益于早期母语学习的经历。Lenneberg 认为不同的自然语言具有许多类似的基本结构和特征。如果利于语言学习的大脑组织通过儿童早期的母语学习得到了发展,那么二语学习赖以发展的条件则仍然存在。由此可见,关键期假说主要针对母语的产生和发展,二语或外语学习情况则不在其解释的范围以内。但在该假说的理论框架下,青春期以后的二语或外语学习也可以因为母语的学习经历达到一个较高的水平。

关键期假说对语言产生和发展中学习环境和个体差异等因素都进行了论述，但后期基于该假说的理论发展对这些因素的阐释却有所不同。

2.3.2 关键期假说之后的理论发展

研究者基于 Lenneberg 的关键期假说发展出不同的语言学习关键期理论。后续发展的关键期理论在大脑成熟机制是否以及如何影响二语学习的阐述上有所不同。Johnson 和 Newport（1989）根据二语学习是否受关键期影响，将这些理论分为两大类：运用观假设（Exercise Hypothesis）和成熟状态观假设（Maturational State Hypothesis）。

运用观认为儿童具有良好的语言学习能力。如果这种能力在儿童时期得以激活并使用，那么后续的语言学习将不受年龄的影响；相反，如果这种能力没能在儿童时期被使用，它将随着年龄的增长而逐渐下降，甚至消失。成熟状态观则强调儿童具有语言学习的优势，这种优势会随年龄的增长而逐渐下降或消失。由此可见，两种观点在母语学习的年龄问题上较为一致，但在二语学习是否受成熟期制约的观点上存在争议：根据运用观，如果学习者在儿童时期进行了母语学习，其良好的语言学习能力则能得以保持，学习者还可以把这种学习能力用于二语的学习中，即使学习者在成人期开始学习二语，也极有可能取得与儿童相似的成效。但是，根据成熟状态观，大脑的成熟状态会影响人们所有的语言学习，即使学习者在儿童时期通过母语学习激活了其语言学习能力，这种能力都将随着大脑的成熟而逐渐下降，即儿童的二语学习成效优于成人。Hyltenstam 和 Abrahamsson（2003）基于 Johnson 和 Newport 的研究，还从学习者是否能达到本族语者水平的角度对两种观点进行了区分：运用观下的母语晚学者不能达到本族语者的水平，而二语晚学者则很有可能达到本族语者的水平；而根据成熟状态观，任何语言（包括母语、二语、三语等）的学习都须在早期进行，关键期之后的语言学习则不能达到本族语者的水平。

由于大量的研究发现了二语学习的年龄效应（即起始年龄与二语长期成效的负相关关系），因此成熟状态观更为关键期理论的支持者所接受。但上述两种理论观在某种程度上存在着紧密的联系，两者之间并非完全对立（Hyltenstam & Abrahamsson，2003）。针对母语学习关键期的研究结果往往比较极端，如 Curtiss（1977，2014）报告的两名母语晚学者 Genie 和 Chelsea。由于不同的原因，Genie 和 Chelsea 在儿童时期没有任何语言的输入。他们分别在 13 岁和 31 岁才被发现并开始各自的学习语言，但结果显示他们的语言学习过程极其困难：Genie 只达到 2 岁儿童的语言水平，Chelsea 甚至不能掌握初级的语法结构。相对地，关键期之后的二语学习则没有发现类似的极端情况。晚学者的学习成效虽然总体上不及早学者，但也能取得较好的成绩，有的甚至达到了早学者的学习水平。Mayberry（1993）直接将美国手语（American Sign Language）母语的晚学者（9≤AO≤13）和二语的晚学者（8≤AO≤15）进行了比较，发现二语晚学者在句子加工任务中比母语晚学者的成绩更好。因此，有研究者（如 Hlytenstam & Abrahamsson，2003）指出，二语晚学者的学习成效明显优于母语晚学者，但又达不到本族语者的水平。简言之，虽然成熟状态观强调母语和二语学习均存在成熟期的制约，但也在一定程度上承认早期母语使用的作用。

虽然目前基于关键期假说的二语学习年龄效应解释普遍支持成熟状态观，但具体理论阐述仍然存在较大差异。Birdsong（1999）根据关键期的归因阐释，总结了 6 种主要的二语学习关键期理论；Long（2005）则指出不同学者在关键期影响范围上有不同的论述；Singleton（2005）更是列举了 14 种用于解释二语学习年龄效应的关键期理论。这些理论发展虽一致认为语言学习受成熟期的限制，但在关键期的具体起始和结束时间、归因以及影响范围等方面论述不一。例如，Ruben（1997）认为语言学习关键期结束时间很早，语音学习的关键期在幼儿 12 个月大时便已结束；Long（1990，2005）则认为儿童 6 岁之前都可能达到本族语者的语音水平；Scovel（1988）最初认为关键期只对二语的语音学习有影响；而 Spadaro（2013）指出二语的词汇学习亦受成熟期的限制。由于篇幅有限，这里将不再对不同学者的具体理论进行一一阐述，笔者主要总结并分析了几种影响较大的关键期假说的发展。

2.3.2.1 敏感期假设

敏感期假设（Sensitive Period Hypothesis）被视为弱式的关键期假说，在二语习得学界影响较大。二语习得研究者常将"敏感期"与"关键期"互用，但两个概念隐射的内涵实则不同。

Oyama（1979）首次考察了"关键期"和"敏感期"概念的历史来源和发展，指出"关键期"源于早期动物行动学（ethology），尤其是小鸡、鱼、猫等动物中存在的印刻现象（imprinting）[①]的研究。这些动物在特定时期对周围环境高度敏感，须在此时期内接受环境刺激才可形成某些行为特征，如小鸭在出生后必须在短时期内接触到移动的生物，印刻现象才会发生。研究者将这一时期称为"关键期"，指出它是由生物基因决定的、对环境刺激极度敏感的发展阶段，且这些刺

[①] 印刻现象由习性学家康拉德·洛伦兹（Konrad Lorenz）在 1935 年最早提出，狭义上指雁、鹅、鸭等雏鸟在孵化后短暂期内尾随最初看到的活动生物，并对其产生依恋之情的现象；目前广义上则可用于任何阶段性的、迅速的早期经验或学习（Brink，2011；钟启泉，1985）。

激对其行为产生起着主要的、永久性的影响作用（Brink，2011）。因此，人们常将"关键期"与"先天的""无法学习的""直觉的""基因决定的"等概念联系起来。然而Oyama等学者认为人类语言学习尤其是二语学习与其他动物的早期学习不同，"关键期"及相关的概念并不能非常准确地表现其特点，指出应使用与之对应的"敏感期"描述二语学习的年龄效应。

"关键期"与"敏感期"的概念均认同二语学习能力受成熟期的制约，认为儿童早期的语言输入对语言学习具有重要作用，但在成熟期制约的具体表现和影响程度上有所不同，主要体现在以下两个方面：①二语学习能力随着年龄的增长呈下降的走势；②个体差异的作用（Hyltenstam & Abrahamsson，2003；Long，1990，2013b）。首先，"关键期"的行为发展往往在早期短时间内突然开始（sudden onset），并在某一阶段迅速结束（abrupt offset/closure），此后的行为发展与前期完全不同；行为发展与年龄呈现出"拉伸 7"模式，见图2.1（b）。Lenneberg（1967）在关键期假说中也明确地指出，语言学习能力在青春期后就迅速下降，甚至消失。但一些研究者（如Eubank & Gregg，1999；Long，1990，2013b；Oyama，1976，1979）注意到，语言学习也在早期某一阶段对环境刺激（语言输入）极为敏感，但敏感期之后语言学习能力仍具有一定的弹性，语言学习能力可能随着年龄的增长而平缓地下降（gradual offset），而并非像动物行为发展一样立刻结束或突然消失。因此，语言学习的"敏感期"可能持续的时间较长，"很可能持续到童年后期、青春期或者青少年时期"（Hyltenstam & Abrahamsson，2003：556）。其次，如上文所述，动物行为发展的"关键期"往往与"由基因决定""无法学习"等概念相联系，在特定时期内是否获得环境刺激则成为决定性的因素。动物之间几乎不存在个体层面的行为变化。语言学习则不同，外部环境的变化、认知发展、学习动机等个体差异都会对语言学习效果产生影响。

基于"关键期"与"敏感期"的不同内涵和人类语言学习的特征，有学者（如Oyama，1976；Long，1990，2013b）指出用"敏感期"来描述语言学习的年龄效应更为合理，进而提出了二语学习的敏感期假设。与关键期假说提出的青春期后语言学习快速、急剧下降的模式不同，在敏感期假设的预设下，语言学习在高敏感度期之后、敏感期结束之前有平缓的下降过程，不同学习者之间取得的学习效果存在个体差异。这就形成了"拉伸Z"模式，如图2.1（d）和图2.2。

由图2.2可见，起始年龄对二语学习成效的作用在各个年龄段有所不同。根据敏感期的内涵，二语学习成效主要受起始年龄的影响：从出生开始的初期是学习者对环境刺激（语言输入）最敏感的阶段，在此期间二语学习者也最有可能达到高水平。在此之后，学习成效会随起始年龄的增长而缓慢下降，直至敏感期结束。敏感期结束后，二语学习能力随起始年龄增长而下降的坡度更加平缓，不再突出。这是因为这一时期的二语学习只部分地受限于起始年龄，而更多地受到学习年限、母语和二语的使用、动机、语能等因素的影响（DeKeyser，2012a；Granena & Long，2013b；Long，1990，2013b）。但针对这几个阶段的具体起止年龄，研究者提出了不同的划分方式。例如，Long（1990，2005，2013b）认为二语学习存在多个敏感期，不同语言层面的敏感期具有不同的开始与结束时间：在二语语音层面，0~6岁的二语学习者最有可能达到本族语者的水平，6~12岁时语音学习能力逐渐下降但仍有可能达到本族语者的水平，12岁之后则不可能达到本族语者的水平；在词法与句法层面，0~6岁仍然为最有可能达到本族语者水平的起始年龄段，6岁至青少年时期（15、16或17岁）二语学习者的语言学习能力逐渐减弱但仍有可能达到本族语者的水平，16或17岁之后的词法和句法学习则无法达到本族语者的水平。

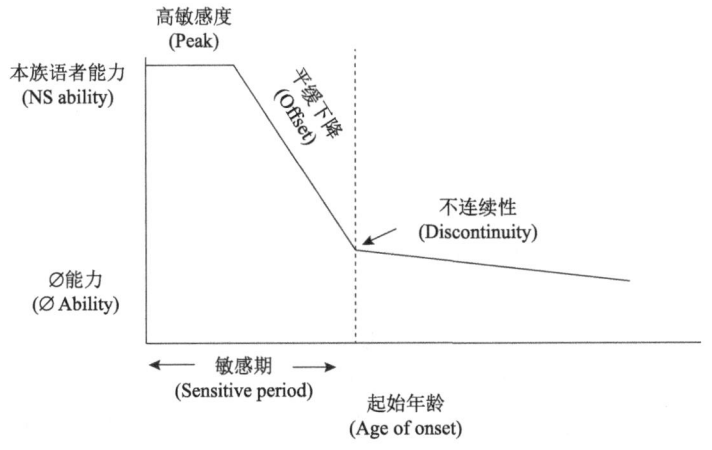

图 2.2 基于敏感期假设的"拉伸 Z"模式（Granena & Long，2013b：313）

值得注意的是，虽然源于动物行为学的关键期与描述语言学习的敏感期的理论内涵差异较大，关键期假说与敏感期假设也有所不同，但两个理论对二语学习的论述却不易区分，因此两者在研究中被频繁地互用。

2.3.2.2 基于普遍语法的关键期理论

关键期相关理论的核心观点是语言学习受大脑成熟期的制约，但研究者对产生的原因提出了不同的解释。Lenneberg 认为语言学习能力会随着成熟期而减弱甚至消失，成熟期对语言学习的这种制约可能与大脑的偏侧化有关。大脑偏侧化后无法有效对语言知识进行再适应和再组织。后续有研究显示，偏侧化早在婴幼儿的早期便开始了，5岁左右即结束（Long，2013b；Singleton，2007），因此该解释很快就被反驳了。其他的研究者也尝试从不同的角度解释成熟期的起因及其影响，其中基于普遍语法（Universal Grammar，UG）的阐释引起了生成语言学家和二语习得研究者的关注，并以此产生了新的关键期理论。

基于 UG 的关键期理论大多受 Bley-Vroman（1990）提出的根本差异假说（Fundamental Difference Hypothesis，FDH）的启发。根据该假说，儿童母语学习与成人外语（或二语）学习存在本质上的差异，即儿童可通达 UG，并利用领域特定的语法体系（domain-specific acquisition system）学习语言，而成人在外语学习时已经掌握了一门语言，无法获得 UG 规则，只能运用一般性抽象的解决问题的知识体系（general abstract problem-solving system）进行学习。虽然该假说主要用于解释成人的外语学习特征，但它为二语学习的年龄效应解释提供另一种角度。Meisel（2007，2009，2011）在 Bley-Vroman 的论述基础上，进一步将儿童语言学习与成人二语学习的根本差异归因为成熟期变化。他指出，儿童可以利用语言学习机制（Language Acquisition Device）进行母语学习，但是随着年龄的增长，语言学习机制则发生相应的变化，二语学习者在某个年龄段后逐渐难以获得语言规则的核心，即 UG 规则，从而难以达到本族语者的语法水平。值得注意的是，Meisel 的论述与 Bley-Vroman 的 FDH 并不完全相同。首先，Meisel 认为大脑的成熟变化导致了语言学习机制的变化，也是引起儿童母语学习和后期二语学习根本差异的主要原因。其次，Bley-Vroman 对比的是儿童的母语学习与成人的二语学习，Meisel 则将产生根本差异的起始年龄提前，认为从 4 岁左右开始二语学习便会产生非本族语者的语言特征；另外，他还指出，童年后期及以后开始学习二语的人并非完全失去 UG，只是无法获得参数化（parameterized）的 UG 规则。因此，Meisel 的观点本质是基于 UG 的关键期理论，只是导致关键期存在的原因是成熟期引起的语言学习机制的变化，而非成熟期本身，但这种变化在不同语言层面可能有不同的表现。

2.3.2.3 源于学习机制差异的关键期理论

FDH 也启发了 DeKeyser 对二语学习年龄效应的解释，不过 DeKeyser 将关注点放在儿童和成人（或青少年）不同的学习机制上，并以此提出源于学习机制差异的理论假设。在他的一项研究（DeKeyser，2000）中，晚学组（AO≥16）的语法成绩与其语言学能显著相关，而早学组中两者无显著的相关，且几名高水平的晚学者都具有较强的语言分析能力。此外，DeKeyser（2000）认为不同的语法结构受起始年龄影响的程度不同：早、晚学者均能很好地掌握凸显性（salience）强的语法结构（如基本词序等），而许多晚学者却不能很好地掌握凸显性弱的语法结构（如冠词等）。另一项针对不同语言学能的研究（DeKeyser，Alfi-Shabtay & Ravid，2010）也发现了类似的结果。基于此，DeKeyser 指出，儿童和成人二语学习的差异与学习者随着年龄的增长而衰弱的隐性学习能力有关，儿童主要依赖隐性学习能力学习语言，而成人（或青少年）则主要依赖分析性的显性学习能力

（explicit learning capacity），具有高分析能力的二语晚学者可以通过外显学习机制（explicit learning mechanism）补偿其减弱的隐性学习能力。

DeKeyser 的理论将二语学习的年龄效应归于随年龄增长而逐渐减弱的隐性学习能力，为年龄效应的归因问题提供了新的视角，也一定程度上促进了语言学能、起始年龄与二语学习成效关系的研究。语言学能在早期研究中被视为一个整体构念（a unitary construct），是课堂教学下二语学习速度的有力预测因素之一（Dörnyei & Skehan，2003；Granena，2013a）。随着语言学能构念的不断发展（如多维度学能，见 Granena，2012）及测量工具的开发（如 LLAMA，见 Meara，2005），一些研究者开始探索起始年龄、语言学能及其各要素与自然学习环境下二语学习成效之间的关系（如 Abrahamsson & Hyltenstam，2008；Granena & Long，2013a，2013b），但目前研究结果尚不统一，需要开展进一步的研究以更好地验证 DeKeyser 提出的理论假设对年龄效应的解释力。

上述理论和观点都在不同程度上有别于关键期假说，尤其是针对成熟期制约的属性及成因问题。例如，基于 UG 的理论认为成熟期制约与学习者无法通达 UG 有关，而 DeKeyser 提出的理论将成熟期制约与学习者的隐性学习能力的下降联系起来，将年龄效应与认知因素相结合，似乎介于强势关键期理论与其他理论解释之间，但其解释力仍有待进一步的探讨。除上述理论外，一些研究者也关注其他可能影响语言学习成效的因素，试图从学习环境和个体差异等角度来解释二语学习的年龄效应。

2.4 基于环境与个体差异的年龄效应解释

一方面，语言是人类用以交流与表达思想的工具，那么语言学习必然受环境因素的影响，如语言输入、教学环境等；另一方面，语言学习本质上是一个学习过程，个体心理、认知等方面的差异也会导致不同的学习成效。因此，一些研究者试图探究这些因素对二语学习成效的影响，为二语学习的年龄效应问题提供新的理解和阐释。

2.4.1 基于社会、心理因素的解释

目前探讨较多的社会、心理因素包括语言输入、二语学习动机、情感和态度因素等。早期的相关解释主要针对二语学习者的语言输入，认为成人在二语学习过程中接触到的语言输入在数量和质量上都不同于儿童获得的语言输入。一方面，儿童获得的语言输入往往为简化的语言形式，而成人在交流中获得的语言输入多

为完整的语句；另一方面，儿童在语言学习过程中往往能接触到多方面的语言输入，而成人可能只在有限和固定的场景下接触和使用二语，如工作和日常简单交流。例如，Flege 等（1995b）考察了 240 名移居至加拿大的意大利英语学习者的英语学习成效，发现起始年龄（$2 \leqslant AO \leqslant 23$）与英语外国口音评分显著相关，并能解释 59% 的外国口音评分成绩的方差。但通过进一步分析学习者的英语使用情况、学习动机等情况，研究者发现学习者的英语使用情况因起始年龄的不同而产生变化：早学组（$AO < 12$）对英语的使用频率高于意大利语，晚学组（$AO \geqslant 12$）对两种语言的使用频率差异缩小，即起始年龄越小，英语使用越频繁。另外，早学组与晚学组的语言使用环境也有所不同：大部分 15 岁前移居至加拿大的学习者立刻进入当地学校就读，可以向本族语者（包括教师或同学）学习英语，而多数 15 岁之后移居的成年男性往往在外与其他意大利人一起工作，女性则在家工作（Flege，2018a）。基于此，他提出，研究中起始年龄对二语学习成效的影响（相关性或预测性）实际上很可能与二语学习者获得的目标语输入或使用的目标语有关。

动机和情感因素也与二语学习成效息息相关。有研究者（如 Jia & Aaronson，2003；Moyer，1999，2004）指出，相较于儿童或早学者，晚学者往往自我意识较强，对融入二语群体中的需求较弱，对二语文化的认同程度也较低，因此这些因素也间接影响了晚学者的二语学习成效。Moyer（1999）分析了 24 名学习者的德语语音学习成效，发现其起始年龄与外国口音、动机与口音成绩显著相关（$r=0.62$，$p=0.001$；$r=-0.65$，$p=0.001$；$r=-0.56$，$p=0.007$），但起始年龄对语音成绩没有预测的作用。因此，Moyer 认为起始年龄不是影响语音学习成效的独立因素，而是与其他因素（如动机）一起产生了效应。

基于社会、心理的年龄效应解释使得后续的年龄效应研究越来越关注起始年龄以外的因素，发现了动机和输入在二语学习中的重要性，但它也遭到了一些学者的质疑。例如，Moyer 的研究中受试均为起始年龄大于 11 岁的晚学者，无法确认动机在整个起始年龄段中的作用（DeKeyser & Larsen-Hall，2005）。另外，目前并没有直接的证据说明儿童本质上比成人二语学习的动机更强，或者比成人获得更多更好的语言输入。

2.4.2　基于认知发展的解释

基于认知发展的解释可大致分为两大类：一类将年龄效应归因于年龄增长而引起的认知变化，另一类则认为年龄效应与儿童和成人在二语学习中使用不同的认知机制有关。

Bialystok 和 Hakuta 的一系列研究（Bialystok & Hakuta，1999；Hakuta et al.，2003；Wiley，Bialystok & Hakuta，2005）根据1990年美国人口普查的数据，考察了母语为西班牙语或汉语的英语学习者的英语学习成效，发现其自评的英语水平随起始年龄的增长而直线下降，因此指出二语学习的年龄效应由一般的认知变化引起。他们认为二语学习受一般的认知机制（general cognitive mechanism）而非语言学习模块（language learning module）的控制，而认知机制会随着年龄的增长而产生相应的变化，从而导致二语学习成效的变化。随着年龄的增长，学习者的认知机制可能发生如下变化：对任务中的时间因素更敏感，需要更多的时间回忆呈现过的单词对；需要更多的时间对新知识进行编码并形成长时记忆；对细节的记忆能力变弱，逐渐倾向于记忆整体或大意（Bialystok & Hakuta，1999）。他们认为正是这些认知能力的减弱引起了年龄相关的二语学习成效的差异。Schumann 等（2004）也从神经科学的角度对语言学习机制提出了质疑，认为并没有特殊的语言学习机制，语言学习需要整个大脑的参与，二语学习成效的差异只是由个体大脑结构的不同而引起的。Schumann 等进一步分析了大脑结构成分可能影响哪些认知能力的发展，并进而影响二语的学习与使用，包括学能、动机（Schumann 认为动机属于认知范畴）、记忆以及注意等。例如，注意力和工作记忆衰减与年龄相关的大脑黑质纹状体多巴胺（nigrostriatal dopamine）减弱现象有关。虽然 Schumann 等的研究不是专门针对二语学习的年龄效应，但他们对学习成效个体差异进行的认知理据的分析为年龄效应的解释提供了重要的启示。

其他基于认知的年龄效应解释则从语言学习的认知机制角度出发，提出儿童与成人不同的二语学习成效是因为儿童与成人采用了不同的认知机制进行语言学习。Lenneberg（1967）在论述关键期假说时便讨论过儿童与成人的语言学习方式的差异。有研究者基于 Lenneberg 的观点对儿童与成人的学习方式进行了深入的分析。例如，如前文所述，Bley-Vroman（1990，2009）提出的 FDH 就详细论述了儿童与成人在语言学习中使用的不同认知机制，指出儿童主要依靠专门的语言学习能力，而成人因无法获得 UG，只能利用一般的解决问题的能力进行二语学习。Felix（1985）提出的"竞争假设"（Competition Hypothesis）则认为成人与儿童一样可获得 UG，但成人解决问题的一般能力与语言学习机制相互竞争，并逐渐取代了语言学习机制；Newport（1990）关注儿童与成人记忆能力和方式的不同，提出"少即多假设"（Less Is More Hypothesis），认为儿童因短时记忆能力有限而更多地关注和处理分解的语言片段，而成人记忆存储能力较强，往往尝试记忆和处理复杂的整块知识；Ullman 则提出"陈述性/程序性记忆模型"（Declarative/Procedural Model，DP Model）（Ullman，2001，2004，2005；Ullman et al., 1997），指出年龄增长可能引起语言学习中程序性记忆向陈述性记忆①的转变，认为随着学习者年龄的增长，促进程序性记忆的大脑结构逐渐受到影响，而程序性记忆对达到二语高水平或本族语者水平至关重要。

2.4.3 基于语言经历的解释

与母语学习不同，学习者在学习二语时已有了语言学习的经历，但对母语的掌握程度不同。因此有研究者（如 Flege，2005；MacWhinney，2005）认为学习者已建立的母语知识可能对二语学习产生影响。随着年龄的增长，母语使用越来越频繁，母语知识体系也逐渐完善，母语的知识体系对二语学习的影响也越来越大，因而二语学习的年龄效应可能与母语固化现象（entrenchment）有关。

Flege 在针对二语语音发展的语音学习模型（Speech Learning Model，SLM）中提到，学习者的母语与二语语音体系互相影响，而影响的具体方式和表现与二语学习的起始年龄有关（Flege，2005，2018b）。在其后续的研究中，Flege 进一步提出了"交互假设"（Interaction Hypothesis），指出学习者的母语与二语之间的交互影响模式之所以与二语的起始年龄相关，是因为随着二语学习者起始年龄的增长，母语语音体系的发展逐渐趋于完善，二语语音受母语语音影响的程度加深，即学习者更容易将二语元音和辅音处理为母语中一些音的变体，因而难以形成独立的二语语音系统；因此，起始年龄本身并不是引起儿童与成人二语语音学习成效差异的因素，而是与之相关的母语语音体系的发展状态，即母语语音固化的程度（Flege，1999；Walley & Flege，1999；Baker et al.，2008）。同理，MacWhinney（2005，2006）提出的"统一竞争模型"（Unified Competition Model）结合了母语固化观及"寄生性"迁移观（parasitic transfer），也分析了母语对二语学习年龄效应的影响。当学习者建立起巩固的母语语言体系时，其二语学习会产生"寄生性"（parasitism），即学习者容易将二语知识"寄生"或附着于已有的母语知识。例如，学习二语词汇时仅将其作为母语对应的词汇形式。MacWhinney 认为二语学习成效从 5 岁开始便随学习者起始年龄的增长而缓慢下降，下降会一直持续到其成年时期。

由此可见，目前研究者对二语学习的年龄效应提出了多种解释，从社会、心理、认知、语言经历等多方面开展了有意义的探索。笔者希望本章对现有理论解释的梳理与分析有助于更好地开展后续的研究。

---

① 陈述性记忆主要用于学习、表征和使用与具体实例或事件相关的知识（语义和情景知识）；程序性记忆主要用于学习新的或控制长期建立的认知技能和习惯，尤其是与序列相关的认知技能，也被称为隐性记忆（Ullman，2005）。

2.5 问题与启示

迄今为止，年龄效应的属性和归因在二语习得学界仍然存在着较大的争议。争议的产生部分源于研究者对理论的不恰当解读以及研究方法上的难点。笔者将简要地分析这些误解与难点，并讨论二语学习年龄效应的相关理论对今后研究与教学的启示。

2.5.1 概念或理论误解与方法难点

2.5.1.1 概念或理论误解

二语习得学界对二语学习的年龄问题开展了 60 多年的研究，产生了许多与之相关的理论和解释，也产生了不少不当的解读，应加以认真的关注。

（1）儿童语言学习优势与年龄效应：二语学习速度与学习成效的区别在前文中已有论述，而儿童二语学习的优势主要针对二语长期学习的效果而非二语学习的速度，即儿童二语学习的成效总体上优于成人。这种长期的学习成效优势才是本章讨论的年龄效应问题所关注的内容。

（2）年龄效应与关键期假说及相关理论：年龄效应描述的是起始年龄与二语学习成效总体上的负相关关系，已有大量的研究揭示了这种关系。关键期假说及其后续的理论发展是基于关键期对年龄效应的理论解释，是年龄效应的解释角度之一，但各理论解释之间仍存在差异。因此，年龄效应并不等同于关键期假说或其他与关键期相关的理论假设，更不等于随成熟期限制而产生的神经学变化，即起始年龄与二语学习成效之间是否存在负相关关系不能作为支持或反对关键期存在的证据。

（3）关键期假说及其发展：Lenneberg 提出的关键期假说主要阐述母语学习的关键期。之后发展的相关理论将其用于二语学习，产生了多种不同的关键期理论的变体。这些变体之间以及它们与原假说之间对年龄效应的阐述存在差异，如关键期的起止时间、产生原因、具体影响结果等。因此，对某个关键期理论变体的反驳证据并不能成为否定其他关键期理论的理据。

（4）关键期理论与其他理论解释：关键期理论引发了大量的相关研究，在二语习得界颇具影响。但随着年龄效应研究的深入，许多研究者也从社会、心理、认知等角度提出了其他的理论解释。这些解释都在不同程度上促进了对年龄效应本质的探索，但目前还没有形成定论。值得注意的是，关键期理论及其他从社会、心理等角度提出的解释都致力于探寻导致年龄效应的主要因素，但是它们并非完全排除其他因素对二语学习成效的影响。例如，关键期理论虽然将大脑的成熟期限制归为年龄效应的主要成因，但同时关键期理论也承认学习动机、语言使用、认知机制等个体差异对二语学习成效的影响，尤其是个体差异对于成人二语学习成效的作用。

（5）起始年龄与年龄效应解释：在二语学习年龄效应的研究中，起始年龄往往被作为变量之一，以分析其与二语学习成效之间的关系。值得注意的是，二者之间的相关性只能说明二语学习的成效随起始年龄的增长而变化的趋势，不能将起始年龄视为解释年龄效应产生的因素，即起始年龄本身不是年龄效应产生的原因，而是与之相关的某种或某些因素。不同的理论提出的解释因素各不相同。例如，关键期假说将年龄效应归因为学习者进入成熟期后大脑结构的变化，基于认知的解释理论认为年龄效应是与年龄相关的认知能力或机制的改变，基于语言经历的解释则强调随着年龄增长而逐渐固化的母语知识体系对二语的影响。

2.5.1.2 方法难点

二语学习的年龄效应研究虽历时较长，但研究揭示的二语学习成效随起始年龄增长而变化的具体表现却存在差异，呈现出几种不同模式（图2.1）。这些差异也可能与研究方法的差异有关，也进而折射了相关研究的方法难点，主要体现在以下5个方面。

（1）年龄效应研究不仅限于分析起始年龄与二语学习成效的总体关系，还需要考察不同起始年龄组的二语学习情况，比如早学组与晚学组的对比，甚至是更为细致的起始年龄划分。Granena 和 Long（2013b）在研究中根据起始年龄将受试分为三个组，即3~6岁、7~15岁、16~29岁，以更深入地探索产生学习成效差异的起始年龄。这就需要大量的受试样本，以确保每个组中样本数足以支持数据分析结果的可靠性。另外，划分受试组要求起始年龄跨度较大，但有些学习环境中学习者的起始年龄相差较小，尤其是在外语学习环境中，学习者一般从某个学习阶段（如小学或初中）统一开始外语学习，较难找到15岁或16岁之后的起始年龄组。

（2）研究结果易受不同的语言学习环境的影响。一方面，自然学习环境与课堂教学环境下学习者使用二语的频率以及获得的语言输入不尽相同。前者往往意味着更多的与目标语本族语者交流的机会，从而获取更多语言输入，而后者中的语言学习多数情况下没有与目标语本族语者交流的机会，获得的二语输入往往来自非本族语的教师。另一方面，起始年龄研究要求考察二语学习者长期学习的结果而非学习速度，但区分标准在两种不同的学习环境中可能不同。在自然学习环境下，研究者一般认为二语学习者应至少在目标语国家生活10年（具体年限在不同的语言层面可能有所变化），其二语水平才趋于稳定，即达到最终水平或取得学习成效（DeKeyser，2013；Long，1990）。但是这一标准并不适合课堂教学环境下的二语学习，因为课堂教学学习课时有限，学习者往往无法获得足够多的语言输入，因此目前还没有研究者普遍接受的学习年限标准，也很难找到与自然学习环境下学习10年的学习者相匹配的受试。因此，年龄效应研究需要将两种学习环境区分开，并针对不同环境下的学习者特征采取相应的研究设计。目前课堂教学环境下的年龄效应研究相对缺乏，仍需要大量的实证考察，尤其是针对学习年限更长、二语水平更有可能达到相对稳定状态的外语学习者的实证研究。

（3）受试的语言学习经历较难掌握和控制。研究者往往通过问卷等形式来采集受试的语言学习背景。不过问卷调查的方式未必能全面地反映学习者的真实语言学习经历。例如，自然学习环境下的二语学习者即使在儿童时期就移居到目标语国家，他们移居后的语言输入和使用情况也不完全相同，有的主要生活在自己的本族语者社区，主要用母语进行交流，有的则很快融入目标语的二语环境，接受来自目标语本族语者的语言输入，使用二语进行交流（Flege，2018a）；同理，课堂教学环境下的二语学习者可能在入学前或者在课堂教学后通过其他途径进行学习。这些不同的学习经历就需要研究者在问卷设计的环节给予专门的考虑。

（4）研究中用于参照的目标语本族语者的水平标准较难确定。研究中往往含有对照组，通常由说目标语的单语者（monolinguals）组成，用以对比其与二语学习者的测量水平，或分析哪些学习者可达到或者接近本族语者的水平。然而，有研究者（如Birdsong，2009）指出，二语学习过程中两门语言容易相互影响，将二语学习成效与单语者的语言水平相比较不能排除母语的影响。因此，更好的方法是采用出生后便同时进行双语学习的双语者（simultaneous bilinguals）作为对照组。此外，二语水平测量任务所涉及的知识结构也会影响本族语者的水平。由于地区方言或教育水平等差异，本族语者本身可能在某些知识结构上就有较大差异，容易导致部分二语学习者与本族语者的测试成绩有所重叠，使得研究中将其理解为达到本族语者水平，从而增加了起始年龄研究结果的复杂性（DeKeyser，2013）。

（5）不同的水平测试方法、任务形式以及不同的语言结构都可能引起研究结果的不同。在二语语法成效测量方面，多数研究采用语法判断测试，但任务完成时间限制以及呈现形式可能有所不同。语法判断测试不同的完成时间以及刺激语句的准确性可能导致测量的语言知识类型的不同（Ellis，2005；Godfroid et al.，2015；Loewen，2009）。在二语语音成效测量方面，语音水平测试任务的不同形式也可能导致不同的研究结果（Huang，2014；Liu，2011；Marinova-Todd，2003；Saito，2013）。例如，Saito（2013）发现，相比于控制性语音产出任务（单词与句子朗读），起始年龄更能预测日本学习者在自发性语音产出任务（图片描述）中的英语语音成绩。此外，不同的语言结构受起始年龄影响的程度也可能不同。例如，DeKeyser（2000）的研究结果显示，一些复杂的、不够凸显的语法结构更容易受年龄因素的影响。因此，研究中测量工具的选择或实验设计需要考虑这些因素。

2.5.2 研究与教学启示

虽然现有的研究已经证实儿童的二语学习成效总体上优于成人，但其具体的表现形式有所不同，年龄效应成因的解释也存在争议。基于概念或理论误解与方法难点的分析，后续研究可做出相应的改善，以更深入地探析年龄效应的本质。首先，年龄效应研究应更多地关注其解释，关注可能影响二语学习成效的因素，而非局限于验证二语学习是否有"关键期"，更不能简单地探索起始年龄与二语学习成效之间的关系。虽然对这两者关系的探索有助于判断学习成效开始下降的具体年龄，并推断出与之相关的变量变化，但这类研究不是论证关键期假说或其他解释理论的充分证据。对理论解释的验证还需要深入地研究与起始年龄增长相关的因素变化，如基于关键期的理论解释需要探索成熟期引起的具体变化，而基于语言学习经历的解释应进一步考察母语知识发展对二语学习的影响程度。因此，研究中应更加关注起始年龄以外的学习者个体差异，如动机、语言使用和输入、语言学能、普遍认知能力等。其次，研究中不能忽视不同的二语学习环境、学习成效测试任务以及语法结构的影响。如前文所述，学习环境不同，映射的学习者的语言输入和使用等情况也不同，不同的测试任务以及语法结构中年龄效应的具体表现也有差异。因此，研究中应将不同环境下的二语学习者区分开，在测试任务设计上尽量平衡不同的测试任务和语法结构。

年龄效应的研究对二语教学实践影响深远。早期研究结果使大众将年龄效应简单地理解为"儿童的语言学习优势"或者"语言学习越早越好"等概念，却忽略了其限制条件和本质问题。一方面，不同的教学环境应更多关注与之相关的研究结果，不能简单地将自然学习环境下的研究结果用于课堂教学环境中，而应针对学生的特点开展相应的教学活动。另一方面，目前学界对年龄效应的成因还未有定论，但许多研究已发现影响二语学习成效的个体差异因素，如语言使用和认知机制等。教学中应更多地关注这些因素，充分调动学习者的二语学习动机，增加学习者的语言使用频率，或者为不同起始年龄段的学习者设计适合其学习方式的教学活动。

2.6 结　　语

二语学习的年龄效应研究由来已久，研究中普遍发现儿童的二语学习成效总体上优于成人,但是年龄效应的本质或成因尚存较大的争议。起始年龄与二语学习成效总体上的负相关关系在很多的相关研究中都得以证实,但两者的具体表现形式还存在差异,二语学习成效开始出现下降的具体年龄也不同。这些差异也衍生了不同的理论解释,其中基于关键期假说的解释影响较大,但争议也最大;其他的理论解释则从社会、心理、认知和语言经历的角度阐述了年龄效应的归因。二语学习是一个复杂的、受多方面因素影响的学习过程,不能忽视学习者已有的母语知识体系,更不能排除个体差异的影响。因此,年龄效应可能无法用单一的因素进行解释,而是在生理、社会、心理、认知等多种因素的共同作用下产生的,只是每个因素的重要性或贡献率在不同的语言层面或结构中有所不同。后续的研究则需要在加深理论理解和改善方法的基础上进一步探索年龄效应的本质。

第 3 章

语言学能与二语习得：理论、测试及研究

3.1 引　　言

语言学能或外语学能是人们学习二语或者学习外语的专门能力（Carroll, 1981; Skehan, 2002）。语言学能的研究源于 20 世纪 20 年代中期，它在二语习得研究和教学中的重要作用早在第二次世界大战期间就得以奠定。虽然到了 20 世纪 70 年代语言学能的研究受到质疑，但经过几十年的发展，特别是随着人类对认知心理学及认知神经科学研究的推进和不断发现，研究者可以从新的理论视角和实证研究层面对语言学能进行更加富有成效的研究和探索。语言学能研究从二语习得领域的边缘位置回到其中心位置，现已成为二语习得最富有活力的研究领域之一（Skehan, 2012; Wen, Biedroń & Skehan, 2017; Granena, 2016）。本章将主要回顾和分析对语言学能研究产生了重要影响的学能理论及模式，简要介绍国内外学者和研究团队开发的学能测试及开展的相关研究，重点分析和呈现 LLAMA，并分析学能测试存在的问题。本章还将综述语言学能对二语习得作用的研究，包括语言学能与二语学习成效关系的近期研究。

3.2　Carroll 的学能理论

美国认知心理学家 J. B. Carroll 最早对外语学能进行了深入的研究，其相关研究始于 20 世纪 50 年代（Dörnyei & Skehan, 2003）。Carroll 和他的合作者 S. Sapon 研究和设计的 MLAT 如今仍然用于预测外语学习者是否具有成功学好一门外语的能力。Carroll（1981）认为学能是人们学习外语时表现出来的不同能力。有些人对外语学习尽管没有特别大的兴趣或者也没有什么积极性，却能够轻松、快速地学会外语，而有些人虽然对外语学习兴趣盎然且积极性相当高，但学习起来却相当费劲。因此，Carroll 强调语言学能可以使某些外语学习者比其他人更快、更好

地学会一门新的语言。Carroll 认为人的整体智力（general intelligence）中有一个负责语言学习的特殊部分，即语言学能，它有别于其他的认知能力。这种认知能力不仅在人的一生中相对稳定，而且任何方式也难以对其加以改变。换言之，任何训练和实践也很难提高一个人的语言学能。他甚至还认为语言学能不同于智力（intelligence），也不同于言语智力（verbal intelligence）。Carroll 强调语言学能不是二语习得的先决条件（例如，无论语言学能的高低，所有的二语学习者都能达到一定程度的二语水平），但作为一种能力，语言学能有助于提高外语学习的速度或达到的水平，并降低外语学习的难度。Carroll 和 Sapon（1995/2002）认为语言学能是一系列的认知能力，能够预测外语学习者在某个特定的时间内、某个特定的学习条件下能否学好一门外语，并且这些认知能力与学习者所接受的语言教授方式（instruction type）或者学习环境无关。因此，Carroll 学能理论的核心在于阐述语言学能对二语学习的预测力以及语言学能与二语学习成效的关系。

Carroll 和 Sapon（1959/2002，转引自 Dörnyei & Skehan，2003）对他们设计的 MLAT 开展了大规模的试测和研究。他们在 5000 名语言学习者中组织了 40 多次测试，收集学习者语言课程结束时的成绩，分析 MLAT 中相互关联度高的学能分项测试，找出与语言课程成绩高度相关的分项测试。通过仔细的分析后，Carroll 和 Sapon 删去那些与语言课程成绩不相关的分项测试，同时也删去相互关联度高的分项测试，最后得出最能预测语言课程成绩的学能测试。在此基础上，Carroll（1962）提出了著名的外语学能四要素模式（Four-Factor Aptitude Model）。他认为外语学能由以下四个要素构成：①语音编码能力（phonemic coding ability），即具有编码和记忆不熟悉的声音的能力。这种能力能够将声音与代表它们的符号联系起来，并且记住这种联系，从而记住不熟悉的听觉材料。语音编码能力在强调口语教学的课堂中尤为重要。之前的研究通常只采用一些简单的语音分辨任务，如最小的语音对子辨别任务，但是 Carroll 认识到仅感知和分辨语音是不够的，语音编码涉及的是对一连串的语音进行辨别并对语音进行分析的过程。这个分析过程促进了听觉材料的编码与提取。②语法敏感性（grammatical sensitivity），即识别单词（或者其他语言单位）在句子中的语法功能的能力。这一能力在强调语法分析的外语课堂中非常重要。③归纳性语言学习能力（inductive language learning ability），即从语言的实例中推断或归纳出句法或词法规则，并依据这些推断造出新的语句的能力。语言归纳能力强的学习者不太依赖教师或者课本所教授的规则。④联想记忆能力（associative memory ability），即在母语和二语词汇之间建立联想记忆的能力。虽然这种记忆能力属于机械性的记忆能力，但它对于二语的词汇学习却非常有益。

值得注意的是，Carroll 提出的外语学能四个要素之间有着重要的联系。首先，语音编码能力反映了听觉在外语学习中的作用，同时也与记忆有密切的关系。其次，语法敏感性和语言归纳能力都涉及学习者对语言材料的加工过程，但两者也有不同。语言归纳能力可以使学习者超越从语言实例推断出来的语言规则，因此，相比而言，语言归纳能力比语法敏感性更具有主动性。最后，联想记忆能力强调的是学习者的记忆里关于母语词汇与二语词汇之间建立的联系。联想记忆能力体现了 20 世纪 60 年代在心理学中占主导地位的联想记忆观。

简而言之，Carroll 对语言学能的突出贡献体现在外语学能四要素的理论构建和 MLAT 的研制上，该两项贡献对语言学能的研究和发展产生了深远的影响。不过，笔者需要指出的是，由于 Carroll 构建的四要素语言学能理论以及 MLAT 专注于揭示语言学能对二语学习的预测性，该学能理论没有关注语言学能对二语习得的解释力，并忽视了语言学能与二语学习过程的联系，使得学能研究在 20 世纪 70 年代初期转入平静。

3.3　Carroll 之后的学能理论及模式

3.3.1　信息加工步骤模型

20 世纪 90 年代，Skehan 将语言学能研究引入应用语言学界，并从多个方面推动了外语学能理论的发展（Skehan, 1998；温植胜, 2005）。第一，Skehan（1998）深入地研究了学能的起源，论证了外语学能与母语学能的密切关系，扩大了学能测试题的应用范围，将其应用于外语学习。第二，Skehan 充分肯定了 Carroll（1962）提出的学习模式，认为该模式对自然学习环境下的二语学习有很强的预测能力，对正式课堂教学环境下的二语学习也有很强的预测能力，因此该模式被视为研究外语学习者个体差异最有效的理论之一。第三，Skehan 针对 Carroll 提出的外语学能四个构成要素，将其中的语法敏感性、语言归纳能力归结为一个因素，称之为语言分析能力（language analytic ability），并将语言分析能力定义为对语言规则进行推断与总结的能力（温植胜, 2005）。更为重要的是，Skehan（1998, 2002, 2012）还将学能的三个要素（语音编码能力、语言分析能力、记忆能力）与注意、结构识别、归纳总结、检索提取等基于信息加工的二语习得认知过程相联系，提出了"信息加工步骤模型"，又被称为"宏观二语习得学能模型"（Macro-SLA Aptitude Model）（Wen, Biedroń & Skehan, 2017）。Skehan 指出，"语音编码能力"和"记忆能力"（主要指工作记忆，不同于 Carroll 学能四要素理论中的联想记忆能力）极有可能与语言输入加工的第一阶段即"注意"（noticing）联系紧密；"语言分析能力"（结合 Carroll 模式中所提到的语法敏感性、语言归纳能力，再加上工作记忆）可以对编码后的语言材料进行中央处理，并对语言结构进行加工，以至形成语言规则，如辨认与识别、总结与归纳，甚至重构等。另外，"记忆能力"可以储存新习得的语言材料，还可以储存、检索和提取长时记忆中的语言材料，甚至还可以检索和提取以冗余方式储存的形式化的语言材料，达到语言输出及表达的流利性与自动化。语言分析能力与记忆能力构成学界所熟悉的语言"双编码系统"（Dual-Code System），成为从认知角度解释二语习得过程的重要理论。Skehan 提出的"信息加工步骤模型"试图把语言学能的各个要素与二语习得的认知加工过程联系起来（表 3.1），突破了 Carroll 的学能理论只关注语言学能对二语学习效果预测性的局限，重视语言学能对二语学习者在信息加工过程中可能存在的个体差异的解释力，同时强调了工作记忆在语言学能理论中的作用。

表 3.1 Skehan 的信息加工步骤模型（基于 Skehan，2012；Wen et al.，2017）

二语加工步骤	学能构成要素
语言输入加工（如切分）	*注意力的控制* *工作记忆*
注意	语音编码能力 *工作记忆*
语言结构识别	语音编码能力 *工作记忆* 语言分析能力
复杂化/重构	语言分析能力 *工作记忆*
反馈处理	语言分析能力 *工作记忆*
避免错误	*检索记忆* *工作记忆*
自动化	*检索记忆* *组块能力*
词汇化	*组块能力*

注：斜体表示不同于 Carroll 学能理论的学能构成要素

虽然信息加工步骤模型在理论层面有较大的影响力，但是它目前还停留在理论推导的阶段（Wen et al.，2017）。Skehan（1998，2002，2012，2015）的理论阐述以及后续的研究没有明确测量该理论新增的学能要素的方法，也未开展相关学能测试的设计和研究。因此，Skehan 提出的语言学能理论为将来的学能研究提供了一种发展思路和进一步研究的内容（戴运财、蔡金亭，2008）。

3.3.2 语言学能综合体理论

21世纪初，语言学能理论出现了新的发展契机。Robinson（2001，2005，2012）提出的"学能综合体/能力差异框架"（Aptitude Complex/Ability Differentiation Framework）重点强调语言学能应解释学习者的认知能力与不同的教学条件或不同的学习任务之间的相互关系，旨在考察学习者认知能力的个体差异对二语习得的影响。Robinson 提出的学能理论框架由两个相互影响的假设组成：①基于 Snow（1987，1994）的理论观点，学能综合体假设（Aptitude Complex Hypothesis）认为二语学习者的一系列基本认知能力可以相互组合，形成学能综合体，以满足不同学习任务的需求。Robinson（2005）进一步提出了加工速度、结构辨认、语音工作记忆容量、语法敏感性等 10 种最基本的认知能力。这些认知能力又相互组合，形成了"注意到差距"（Noticing the Gap）、"偶然性言语记忆"（Memory for Contingent Speech）、"深层语义加工"（Deep Semantic Processing）等 5 种学能综合体。②基于 Deary 等（1996）的研究，能力差异假设（Ability Differentiation Hypothesis）认为二语学习者的认知能力存在差异，学习者的某些认知能力强于或弱于其他的认知能力（如"注意到差距"的能力强，而"偶然性言语记忆"能力弱），因此学习者在认知能力上的差异将会导致其学能综合体的差异，进而导致习得结果之间的差异。

图 3.1 呈现的是由 4 个圆圈组成的学能综合体理论图式。最内圈显示的是该理论的核心部分，即 10 种最基本的认知能力。第二个圈代表的是由不同的认知能力组合而成的 5 种学能综合体。第三个圈是不同教学条件下的任务学能，如是否是单向任务、任务是否提供了准备的时间、任务是否有背景知识等。最外圈为语用/交互能力/特性，如学习者是否具有情感智力或者交互智力，强调语用能力与认知能力的交互作用。

Robinson 提出的学能综合体理论试图为二语学习过程中学习者所表现出的个体差异提供解释，这与 Skehan 的信息加工步骤模型有相同之处。同时，学能综合体理论更加精细地呈现了人的认知能力的复杂结构（Wen，Biedroń & Skehan，2017），也体现了语言学能概念的动态观，而这种动态观与 Snow（1992）的研究是一致的。Snow 强调学能不是天生就拥有的恒定不变的智力，他认为学能是在个体特性与学习场景的有机作用下形成的。因此，不同的学习条件会激发出不同的、多种多样的学能。此外，学能综合体理论反映了一系列学习者变量与特定的二语学习任务、特定的教学方法所需要的认知需求之间的相互关系（戴运财、蔡金亭，2008）。因此，该理论强调了学习者在不同的学习环境和学习任务中需要利用不同的学能组合，教师可以针对具有不同认知能力的学习者采取不同的教学方式，达到教学任务与学习者学能组合的匹配。但是，学能综合体理论所涉及的学能结构非常复杂，变量之间的关系还需要进一步研究，对有些变量还缺少有效的测量方法，整体上还不具备可操作性。

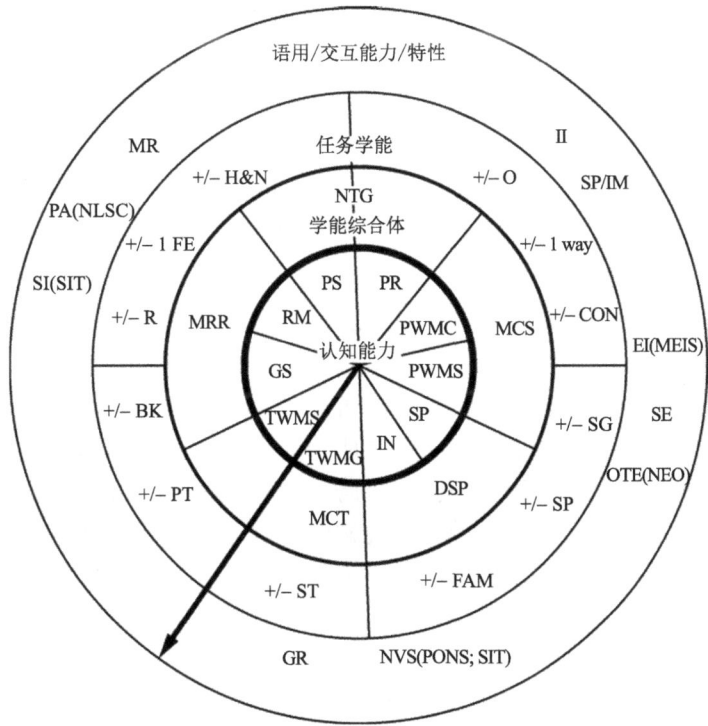

图 3.1　语言学能、二语发展与学习环境的交互关系（Robinson，2005：52）

注：①PS=Processing Speed 加工速度；PR=Pattern Recognition 结构辨认；PWMC=Phonological Working Memory Capacity 语音工作记忆容量；PWMS=Phonological Working Memory Speed 语音工作记忆速度；SP=Semantic Priming 语义启动；IN=Lexical Inferencing 词义推断；TWMC=Text Working Memory Capacity 语篇工作记忆容量；TWMS=Text Working Memory Speed 语篇工作记忆速度；GS=Grammatical Sensitivity 语法敏感度；RM=Rote Memory 机械记忆。②NTG=Noticing the Gap 注意到差距；MCS=Memory for Contingent Speech 偶然性言语记忆；DSP=Deep Semantic Processing 深层语义加工；MCT=Memory for Contingent Text 条件性语篇记忆；MRR=Metalinguistic Rule Rehearsal 元语言规则排练。③O=Open Task 开放式任务；1 way=1-Way Task 单向式任务；CON=Convergent Task 达成一致式任务；SG=Same Gender Participants 同性别参与者；SP=Same Proficiency Participants 同水平参与者；FAM=Familiar Participants 相互熟悉的参与者；ST=Single Task 单一任务；PT=Planning Time 构思时间；BK=Background Knowledge 背景知识；R=Reasoning 推理；FE=Few Elements 几个元素；H&N=Here-and-Now 此时此地。④II=Interactional Intelligence 交互智力；SP/IM=Self Presentation 自我呈现/Impression Management 印象管理；EI（MEIS）=Emotional Intelligence 情感智力（Multifactor Emotional Intelligence Scale 因素情绪智力量表）；SE=Self-Efficacy 自我效能感；OTE（NEO）=Openness to Experience 经验开放性（Neuroticism, Extroversion, Openness Personality Inventory 神经质、外向性、开放性人格量表）；NVS（PONS；SIT）=Nonverbal Sensitivity 非言语敏感度（Profile of Nonverbal Sensitivity Test 非言语信息敏感度量表；Social Interpretation Test 社会理解能力测试）；GR=Gesture Reading 手势解读；SI（SIT）=Social Insight 社会洞察力（Social Insight Test 社会洞察力测试）；PA（NLSC）=Pragmatic Ability 语用能力（Nonliteral Speech Comprehension 非字面语言理解）；MR=Mind Reading 读心术

3.3.3 高水平语言学能理论模式

随着认知科学研究的深入，语言学能的理论又有了新的发展。美国马里兰大学高级语言研究中心有一支由二语习得研究专家和认知科学家组成的研究团队，他们构建了旨在解释与预测二语高水平的语言学能理论模式（Doughty et al., 2010），并以该学能理论为基础，研发了 Hi-LAB（详见本书 3.4.5 小节）。研究团队指出之前的学能理论与测试没有关注成功的二语学习者的语言学能，尤其是在语言关键期之后开始学习二语的成功学习者，而现有的学能理论模式无法对学习者达到高水平的这个认知过程进行描述（Doughty, 2013）。研究团队根据少量起始年龄晚的二语学习者（指关键期之后开始的二语学习）也能达到接近本族语者水平的研究结果（DeKeyser, 2000; Abrahamsson & Hyltenstam, 2008）提出了能够接近本族语者水平的晚学者都具备语言学能的假设。Doughty（2013）认为杰出的语言学习能力可以被视为一种学能，语言学能既是二语学习者成为成功学习者的潜质，也可能成为二语学习者能达到的最高水平的天花板。同时，语言学能也与其他因素（如学习环境、学习者的努力程度）共同作用，优化二语的学习过程，提升二语的学习成效。Doughty 等（2010）强调高水平二语学习者的学能构成可能有别于语言水平较低的学习者的学能构成，于是将高水平二语学习者的学能构成定义为由一般性的认知能力和语言的感知能力所构成的组合体（表 3.2）。

表 3.2 高水平语言学能构成及测试内容

学能构成成分		测试内容
工作记忆执行功能	更新	运行记忆广度测试
	抑制控制	反向扫视测试
	任务转换	任务转换数字测试
语音短时记忆		字母广度测试
		非词广度测试
联想记忆		成对联想测试
长时记忆提取（启动）		ALTM 同义词测试
隐性学习		序列反应时测试
加工速度		序列反应时测试
听觉感知敏锐度		音素辨别测试：印度语、英语
		音素分类测试：俄语

注：ALTM=Available Long-Term Memory 有效长时记忆

如表 3.2 所示，该理论模式的学能构成成分包括工作记忆执行功能、语音短期记忆、联想记忆、长时记忆提取（启动）、隐性学习、加工速度、听觉感知敏锐度（auditory perceptual acuity）等。高水平语言学能理论模式的语言学能构成充分反映了当代认知科学的观点，体现了工作记忆在模式中所起的主要作用。该理论模式还将隐性学习纳入语言学能的概念，区分了隐性学习和显性学习两个不同的认知过程，被视为学能理论的一个重要发展（Skehan，2012）。该理论模式的另外一个特点是理论构建和学能测试的设计和研究同时推进，为该学能理论的发展和测试的验证研究提供了更为广阔的空间。

3.3.4 小　结

从上述对 Carroll 之后提出和构建的主要学能理论及模式的讨论中可以清楚地发现，学界对语言学能的概念有了新的认识。语言学能已经从早期仅仅表述学习者是否适合学习一门外语，发展成为学习者是否具有学习一门新语言的能力，并逐渐成为与学习者的个体认知特质有紧密联系的概念（Kormos，2013）。各学能理论及新模式也表明外语学能并不像人们早期认识的那样只是一个简单的整体概念，而是一个由许多要素和成分组成的、错综复杂的概念。具体来讲，学能理论及模式的发展反映了语言学能概念的三个变化（李红、马莉，2016）：①从固定不变的静态观发展为动态的观点。Carroll（1962）认为学能是"相对稳定的"，不会随着学习经历而改变，而 Robinson 提出的学能综合体理论则认为语言学能不是恒定不变的，学能综合体反映的是二语学习者与特定的学习任务、教学方法所产生的认知需求之间的相互关系，代表了一种相对动态的语言学能观点。②从最初关注初学者的学能要素发展为重视研究高水平学习者的学能构成。自学界开始区别二语的学习速度和学习成效以来（更多的论述见本书 1.2 小节），研究关注的重点是学习者所能达到的最高水平。高水平语言学能理论模式专注于描述高水平二语学习者的认知学习过程。③从仅专注显性学习过程发展为专注显性学习和隐性学习两个不同的认知过程。随着对显性学习能力和隐性学习能力的研究的不断深入，隐性学习能力在二语学习中，尤其是在学习的高级阶段发挥的作用得到了更多学者们的关注。新的学能理论和测试也增加了对隐性学习能力的论述和测试，如高水平语言学能理论模式、LLAMA D 分测试（详见本书 3.4.4 小节）也测量了学习者的隐性学习能力。最后，继 Carroll 语言学能理论之后发展的学能理论及模式已从 20 世纪 60 年代在心理学占主导地位的联想记忆观发展为反映当今认知科学研究进展的工作记忆观。信息加工步骤模型和高水平语言学能理论模式都不同于 Carroll 语言学能理论的联想记忆观，两个理论都明确了工作记忆在学能理论体现中的重要性。

随着认知神经科学研究的不断推进和研究发现的不断积累，语言学能理论将有望引入新的视角。Yang 等（2015）的研究发现成功的二语学习不仅与较强的听觉感知能力有关，还与更加有效、更加灵活的大脑联结网络有关；研究同时还观察到学习者接受明晰的语法规则讲解时的脑联结网络与接受隐含的语法规则讲解时的脑联结网络不同。该研究揭示的由显性学习与隐性学习过程带来的不同脑联结网络为未来语言学能理论的构建提供了新的可能性（Wen at el., 2017）。

3.4 语言学能的测试及相关研究

虽然语言学能在二语习得中的重要性得到了学界的一致认可，但如何测量语言学能却并非易事。早在20世纪20年代，美国就出现了一些预测外语学习能力的考试，并作为高中外语学习的分班测试来使用。在第二次世界大战期间，美国国防部决定培养外语人才以应对战争的需求。在筛选外语培训人员的过程中，他们让所有人员参加一门外语的试学课，然后根据其课程考核的结果挑选成绩最好的前20%~30%的人员接受正式的外语培训。当然这种选拔方式最大的缺陷是耗时、费力。于是，美国军队研究设计了"军队语言学能测试"（Army Language Aptitude Test, ALAT）和"国防部语言学能测试"（Defense Language Aptitude Battery, DLAB），用于外语人才的选拔和教学班级的编排。相比而言，DLAB比ALAT有更高的预测效度（Stansfield & Winke, 2008）。

如同早期的语言学能测试一样，20世纪的语言学能测试多用于政府机构或者其他的国际组织选拔外语人才和编排外语教学的班级（Stansfield & Winke, 2008）。近十多年来，随着学能理论的发展以及大量的实证研究的开展，多种学能测试相继得以研发。笔者将对几个影响较大的学能测试题进行较详细的回顾和讨论，并梳理中国研究者围绕中国外语学习者开展的学能测试研究。

3.4.1 现代语言学能测试（MLAT）

其实，Carroll对外语学能研究更重要、更实用的贡献还在于他在语言学能测试方面的研究（Skehan, 2012）。他设计了一系列试题试图找出潜在的外语学能要素，在外语学习者中广泛地进行测试，并根据测试结果研究不同学能测试之间的关系，分析学能测试与外语成绩之间的关系。最后Carroll与同事Sapon等在1953~1959年研究设计了一套实用价值大、综合性强的MLAT（Carroll & Sapon, 1959/2002）。该测试能成功地预测二语/外语学习者参加外语强化课程的学习结果(相关系数为 0.4~0.6)。现在该测试已被美国和加拿大的各类政府机构广泛采用,主要针对大学生和成年人。该测试包含五大部分。第一部分是数字学习(number learning):主要测试学习者的联想记忆能力。该测试先让学习者通过磁带学习库尔德语数字体系中 1~4 的数字表达法,以及这些数字的"十"位、"百"位的表达法,然后让测试者听译一组由这些数码所构成的数字,如 412、324、13 等。第二部分是音标拼写(phonetic script):主要测试学习者的音素编码能力。该测试先让学习者学习某些英语音素的书面表示法,然后测试其学习效果,如"标出你所听见的单词:Tik、Tiyk、Tis、Tiys"。第三部分是拼写提示(spelling clues):主要测试学习者的本国语言词汇量及语音编码能力,是一项速度极快的分项测试。它要求学习者辨认出根据语音而拼写的英语单词,如 ernst 表示 earnest,然后从一组单词中选出它的近义词。第四部分是句中词(words in sentences):主要测试学习者的语法感知能力。其中一种典型的题型是:在给出的两个句子(其中一个句子有一个单词标有下划线,另一个句子有 5 个单词标有下划线)中,要求测试者判断出哪个词在句子中的功能与第一个句子中标有下划线的单词完全相同。第五部分为双语对应词汇(paired associates):主要测试学习者的联想记忆能力。该测试先让学习者浏览一组库尔德语与英语相对照的词汇表,并用这些词汇进行刺激与反应操练,然后运用多项选择题测试学习者对这些词汇的掌握程度。

从上述对 MLAT 的介绍中可以发现 MLAT 并没有测试 Carroll(1962)著名的外语学能四要素模式中的"语言归纳能力"。Carroll 认为增加此项目会使测试过于冗长,且增加的预测效度微不足道(Stansfield & Winke, 2008)。另外,MLAT 的每个测试并不是测试单一的学能构成要素(Skehan, 2012),如第一部分数字学习就测试了两个语言能力的构成要素,即语音编码能力和联想能力。遗憾的是,MLAT 揭示的是语言学能对二语/外语学习的预测性,它还不能揭示相关性系数背后所隐藏的学习者内部的各认知机制如何对二语/外语学习产生影响这一本质性的问题。

3.4.2 Pimsleur 语言学能测量表

另一个有影响力的学能测量工具是 Paul Pimsleur 等人于 1966 年研发的 Pimsleur 语言学能测量表(Pimsleur Language Aptitude Battery, PLAB)。受到 Carroll 成果的影响,Pimsleur 带领科研团队经过 8 年的潜心研究,开发了这一套主要针对 13 岁到 19 岁的中学生的语言学能测试。该套测试与 MLAT 大致相似,但是测试重点是听觉能力,而非记忆能力(Dörnyei & Skehan, 2003)。Pimsleur 认为美国中学生二语学习成绩不佳是听觉困难(auditory difficulties)造成的,因此通过

PLAB 的测试可以较早地诊断美国中学生外语学习中的困难并对其进行纠正。PLAB 也涵盖了语言学能的多项测试，其中包括：①辨音测试；②声音与代码间的关联测试；③单词的能力测试；④语言分析能力测试；⑤词汇测试。除此之外，PLAB 将学生语言学习之外各科成绩的平均绩点及学生的学习动机也列入其中。Pimsleur 想通过 PLAB 这样的测试最大化地预测学生的语言学习能力。他认为语言学能由语言智力、听觉能力和动机三个因素共同构成（Stansfield & Winke, 2008）。在课堂教学环境下，外语学能只是预测外语学习成功与否的重要因素，但不是唯一的因素。Stansfield 和 Winke（2008）也指出高学能不一定能激发高动机，而高动机可以激发学习者使用更多的学习策略，花费更多的时间进行外语学习，从而结合学习者拥有的学能最大化地开发其外语学习的潜力。因此，在预测学习者的外语学习能力时，不仅要使用语言学能测量表，还应该使用动机测量表以及一些与学能有关的变量对学习者进行调查分析。

尽管 PLAB 试图弥补 MLAT 的不足甚至代替 MLAT，但在较重要的指标方面，如预测效度，PLAB 均未能超越 MLAT。所以，MLAT 仍然被认为是目前影响最大、预测效度最高的语言学能测试题（温植胜，2005）。

3.4.3 语言（外语）习得的创新认知能力测试

Grigorenko 等（2000）开发了语言/外语习得的创新认知能力测试（Cognitive Ability for Novelty in Acquisition of Language/Foreign Test，CANAL-FT），其设计理念是二语学习的关键是创新（novelty）能力和处理歧义（ambiguity）的能力。该测试以人类智商理念（智商由分析、创新和实践能力决定）为基础，强调在外语学习中处理新信息、新材料和模糊、不确定性的言语或材料的能力。更具体来说，该测试着重测量学习者对语言材料的记忆和推断能力，测试条件分为两种：即时和延时。测试时，研究者循序渐进地给测试者介绍了一门人造语言（即 Ursulu），然后要求他们完成一系列小的学能测试。CANAL-FT 测试外语学习中语言知识的 5 种习得过程（即通过上下文学习新词、理解段落意义、联想配对学习、语句推理、语言规则学习），整个测试涵盖了 4 个语言层面（即词汇层面、形态层面、语义层面和句法层面），以两种输入、输出方式（即视觉模式和听觉模式）进行处理，并通过两种回忆任务（即时回忆和延时回忆）来检测语言学习的信息编码、存储、检索三个阶段的效果。该测试共由 9 个部分组成，其中 5 个部分涉及即时回忆，另外 4 个部分涉及延时回忆，即时和延时回忆的任务相同（戴运财、蔡金亭，2008）。第一部分（即时与延时回忆）通过上下文学习新词。将 24 个小段落通过视觉和听觉的方式呈现给考生，然后要求考生学习段落中的新词。新词的含义要从给出的 5 个选项中找出。第二部分（即时与延时回忆）测试考生对整个段落的理解。第三部分（即时与延时回忆）测试连续配对学习。该部分要求考生将英文和 Ursulu 词组进行配对。通过对 60 对词组的学习，考察考生持续配对的关联学习能力。第四部分（即时与延时回忆）测试语句推理。首先为考生提供 20 组 3~5 句的 Ursulu 语句和相应的英文翻译，然后要求考生从 5 个新句子中选出最正确的句子进行翻译（双向翻译）。第五部分（即时回忆）考察考生在语言规则学习方面的能力。测试先提供 Ursulu 的词汇、语法和语言规则的范例，然后通过 12 个试题来测量考生是否掌握了 Ursulu 的基本规则。

  CANAL-FT 学能测试具有两个特点：第一，它充分吸收了当代动态测试的理念（增加了延迟测试）；第二，测试中使用人造语言 Ursulu，以模拟语言为基础（温植胜，2005）。Grigorenko 等（2000）的研究初步证明了该测试的有效性，不过也发现 CANAL-FT 与智力测试有重叠。目前该测试还缺乏对大样本、不同水平以及不同语言学习者的信效度验证，在学界使用还较少。因此，CANAL-FT 应该被看作学能测试研究进一步发展的基础，而不是最终的结果。

3.4.4　LLAMA 语言学能测试

  LLAMA 语言学能测试是近年来学能测试的重要发展。该测试可以在网上免费下载（http://www.lognotstics.co.uk/tools/llama/）。它是在 MLAT 的基础上发展而来的（Meara，2005），包括四个部分：LLAMA B、LLAMA D、LLAMA E 和 LLAMA F。LLAMA 与 MLAT 有以下不同点：①LLAMA 的材料由图片、中美洲方言和印第安人的方言组成，独立于受试的母语或二语；②LLAMA 结合计算机技术，以更加便捷的形式呈现测试材料，四个分测试全部在电脑上进行，评分也在电脑上进行；③增加了测试隐性学习能力的 LLAMA D 分测试。下面笔者将对 LLAMA 的各分测试进行介绍。

  （1）LLAMA B：词汇学习测试。该分测试的目的是测量学习者在短时间内学习新词汇的能力，反映学习者的机械和联想记忆的能力。该分测试共有 20 个新单词（选自中美洲方言中的真实词汇），呈现在电脑屏幕的中央，分别对应 20 幅图片（图片形象、简易，见图 3.2）。学习者需要结合图片尽可能多地学习这些新词。在正式测试前，研究者为测试者安排了两分钟的学习阶段。在测试中，电脑屏幕上每显示一个单词，学习者就需要找到该单词所对应的图片。

  （2）LLAMA D：语音辨别测试。该分测试的目的是让学习者辨认口语中的语音规则的能力。该分测试的听力材料皆来自印第安语的花名或者物品名，录音通过电脑合成。程序开始后，首先为学习者播放 10 个新单词，然后在测试阶段会再次播放这些单词以及其他未出现过的干扰项，要求学习者识别出之前听到过的单词（图3.3）。如果学习者能够识别出所听到的语音序列，那么当听到同一个单词时就很有可能辨别出来。语音辨别能力不仅有助于二语的词汇学习，还有助于二语的语法学习。该分测试没有设置学习阶段。

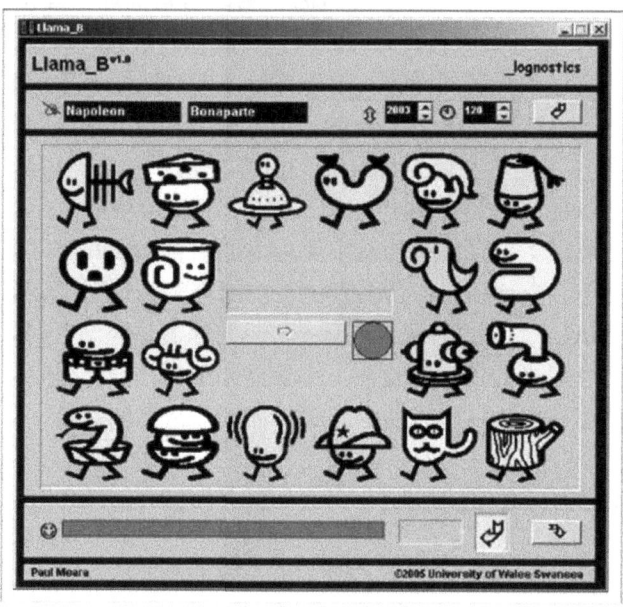

图 3.2　LLAMA B 界面

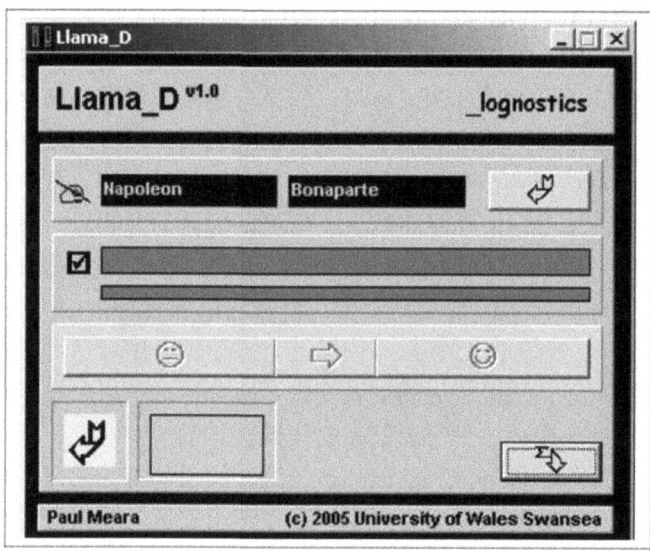

图 3.3　LLAMA D 界面

（3）LLAMA E：声音-符号配对测试。该分测试是测试学习者在声音与符号之间建立联系的能力，测量编码和记忆不熟悉的语音的能力，即语音编码能力。学习者需要找出所听到的共22个音节以及与其对应的符号。学习者每听完两个音节的声音后，需要在电脑屏幕上呈现的众多符号中找出对应的符号（图3.4）。在正式测试前，该分测试设置了两分钟的学习阶段。

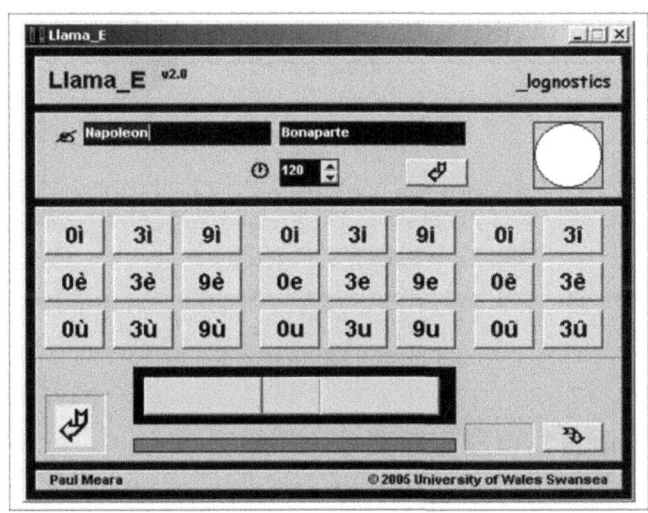

图 3.4　LLAMA E 界面

（4）LLAMA F：语法推断测试。该分测试旨在测量学习者推断一种未知语言的规则的能力，即考查学习者的语言分析能力。在该分测试的学习阶段（共 5 分钟），学习者点击电脑屏幕上的每个小方块后（共 20 个），屏幕将呈现出一幅图片和描述图片的句子（图 3.5）。在测试阶段，屏幕呈现出一幅图片和描述图片的两个句子，其中一个句子语法正确，一个句子语法错误，学习者需要根据之前的学习判断出正确的句子。

Granena（2013a）验证了 LLAMA 的信度，并探讨了 LLAMA 的内在结构。研究采用了 186 名具有不同母语背景的受试（分别为中文、西班牙语、英语），其中女性 107 名（占 57.5%）、男性 79 名（占 42.5%），平均年龄为 25 岁。研究结果表明，LLAMA 的内在一致性和时间稳定性都属可接受范围，其信度较高，测试结果与测试者的母语及性别无关。该研究通过一系列因素分析，断定 LLAMA 可测量语言学能的两个不同维度：语言分析能力（外显性学能）和语音序列学习能力（内隐性学能）。该学能测试的两个不同维度为今后进一步探索语言学能对二语学习的作用提供了更为广阔的空间。

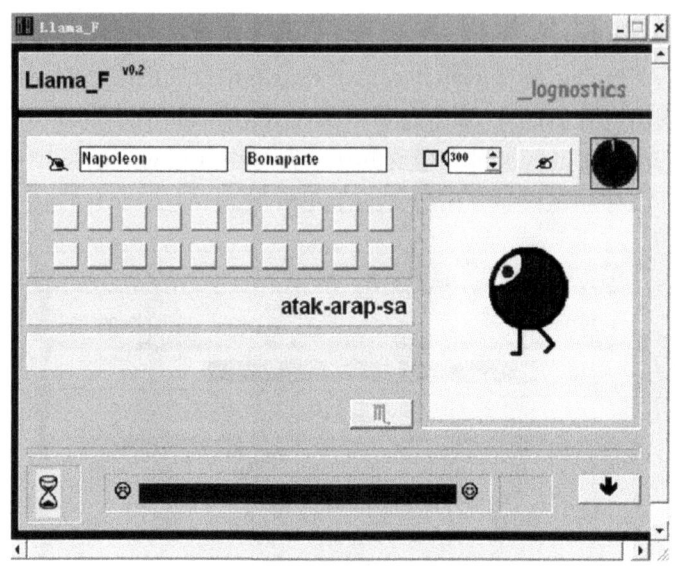

图 3.5　LLAMA F 界面

3.4.5　高水平语言学能成套测试（Hi-LAB）

学能测试开发和研究的最新成果当属 Doughty 等（2010）开发的 Hi-LAB。该测试的研发旨在验证 Doughty 等（2010）提出的能够接近本族语者水平的晚学者都具备语言学能的假设，关注高水平二语学习者的认知过程。该成套测试包含了在认知科学研究中广泛采用的运行记忆广度测试、任务转换数字测试来测试工作记忆，采用序列反应时测试来测量学习者的认知能力与语言感知能力（表 3.2）。Linck 等（2013）采用该成套测试对不同水平的二语学习者进行了研究，发现它能够区分出非常成功的及较成功的二语学习者，并且发现最为有效的分测试是：成对联想测试、字母广度测试以及序列反应时测试。Doughty（2013）对该测试的验证也表明 Hi-LAB 可以有效地区分出非常成功的高水平二语学习者。

尽管 Hi-LAB 有较高的结构效度，但是目前与之相关的研究还在进行之中，因此，该成套测试还需要更多的时间才能进入实际的应用阶段。另外，Hi-LAB 不包含传统学能测试中所包含的具有重要预测效度的语音编码能力和语言分析能力测试（Robinson，2012）。

3.4.6　中国外语学能测试研究

中国的学者对外语学能测试做了不少有意义的探索，并结合汉语的语言特点，尝试设计出符合中国外语学习者的语言学能测试。吴一安等（1993）指出由于中国文字是图形文字而非字母文字，中国学习者对字母文字的敏感性远远低于母语是字母文字的学习者，因此，中国学习者在做国外的学能测试（如 MLAT）时会明显处于劣势，测试的可靠性可能会因学习者的英语水平受到一定的影响。英语水平较高的学习者，其 MLAT 的得分可能会高，但是他们的语言学能未必就强；反之，英语水平不高的学习者，其 MLAT 的分数尽管不高，但他们的语言学能不一定就弱。

刘涛等（2005）对语言学能的一个重要组成要素"语法敏感性"问题进行了实验研究。被试是四川大学英语专业本科四年级的 30 名学生。研究基于 Carroll 及 Skehan 的语言学能理论设计了学能测试题。试题共有 8 个部分，共 7 种题型（包括生造词、主语判断、英汉排歧义句、句子扩展、句子缩减、句子中的词、段落阅读）。测试题采用汉语和英语两种语言，但指导语及提示语均使用的是汉语。该研究发现在母语为汉语的外语学习者中存在语言学能的倾向，语法敏感性的确为其中的构成成分，但是汉语语法敏感性不能作为一个指标用于测试外语学能的倾向。这个结论与前人研究结论相悖。研究还认为 4 种题型（即生造词、英汉排歧义句、句子扩展和段落阅读）可能是测试中国学生外语学能的有效试题。

刘骏和蒋楠（2006）制定了适用于中国学生的外语学能倾向量表的草案，并对该套量表的可靠性、有效性进行了验证研究。他们的研究采纳了 MLAT 中数字学习和词汇学习的题型，同时参考了 PLAB 中语言逻辑分析的题型，共包括 4 个部分的测试题（即语音识别、数字学习、词汇学习以及语法分析）。除此之外，该研究还以汕头大学 301 名大学英语一年级的学生为对象，收集了受试对自己外语学习的能力和积极性的自我评估。该研究发现：尽管能力测试分数与三项英语成绩（英语科目的入学分班成绩、上学期的期末成绩以及前两项成绩的平均值）有显著的相关性，但是相关系数偏低（分别为 0.154、0.306 和 0.272），低于国外同类研究的相关系数，如 Carroll（1981）的相关系数为 0.40~0.60，Ehrman 和 Oxford（1995）的相关系数为 0.50，Gardner（1980）的相关系数为 0.41，等等。刘骏和蒋楠（2006）还对该草案提出了修改意见。

夏慧言（2011）对自己设计的一套适合母语为汉语的二语学习者的外语学能测试套题进行了研究。测试参照 MLAT 和 PLAB 的题型设计了部分题型。以"法-汉"结合与"韩-汉"结合设计了输入语不同、题型相同的两套外语学能测试题。研究的受试是天津科技大学 2007 级的 182 名本科生，他们来自三个学院的四个专业（分别为食品工程、艺术设计、英语及日语）。该研究通过逐步线性回归分析发现韩-汉学能测试题不能够预测学生的外语学习成绩，而法-汉学能测试题具有预测效度。但这次研究受试样本偏小，拼写提示部分的题量偏小，因此直接影响了该测试的信度和效度。

李兰荣（2013）开发了测量语言归纳能力和语法敏感性的外语学能试题，研究的对象是 34 名中国某重点高校英语专业三年级的本科学生。该研究运用查询的方式获取了学生第一学期的高级英语阅读和高级英语写作的期末考试成绩，并搜集了他们的英语专业四级考试（Test for English Majors Band 4）的成绩。测试题有两个部分，即语言归纳能力试题和语法敏感性试题，分别模仿 PLAB 的第四部分"语言分析能力测试"和 MLAT 的第四部分"句中词"。但第一部分设计的试题太容易，无法区分学生的语言归纳能力。第二部分也有多个试题区分度为负数。最后，研究者在对试题进行质量分析和信度分析的基础上，对不合格的题目进行了删减。

Li 和 Luo（2019）针对母语为汉语的成人外语学习者设计了外语学能测试，并对测试进行了初步的验证研究。该外语学能测试以 Carroll 的外语学能四要素模式为理论框架，以 MLAT 和 PLAB 学能测量表的测试内容为基础，采用汉语和人工合成语言，设计了 6 个分项测试，分别为：①数字学习（number learning）；②拼写提示（spelling clues）；③音标拼写（phonetic script）；④对应词汇（paired associates）；⑤句中词（words in sentences）；⑥语言分析（language analysis）。研究者在两所高中和一所大学中开展了验证研究，共有 160 学生参与了测试。分析结果显示，大多数分项测试信度较高。

尽管中国学者在近十几年来结合中国外语学习者的母语背景设计和研究语言学能量表，但是，由于研究人数少、研究规模小、量表测试题目设计难度大等问题的制约，相关研究仍处于探索阶段，研究结果不具广泛的参考价值，其影响也有限。

3.5 学能对二语学习的作用

3.5.1 课堂教学环境中的学能研究

Wesche（1981）研究了不同的学能组合与不同的课堂教学方法的问题。该研究的二语学习者为加拿大政府语言培训项目的公务员。Wesche 按照他们在学能测试各部分中的得分将他们分为分析型组和记忆型组，对两组分别实施了相应的相匹配（matched）和不相匹配（mismatched）的教学方法，即以分析为特征的教学法和听说法。结果发现，分析型组的学习者在以分析为特征的课堂教学中，学习效果比在听说法的课堂教学中更好，而且学习者的满意程度更高。同样，记忆型组的学习者在听说法的课堂教学中的学习效果比在分析法的课堂教学中更好，学生的满意程度更高。该研究的结果表明：结合学生的学能特征进行教学是非常重要的。Skehan（1986）的研究结果也表示学能测试结果的两种不同类型的学习者，即分析型和记忆型，都可能成为成功的语言学习者。最近有研究者探讨在相同的学习环境下或者相同的二语水平条件下，不同的学能组成会发挥不同的作用，如高强记忆力和弱分析能力（Granena，2012）。

在相同条件下，学能分数高的学习者的二语学习更快、学习成绩更好。Ehrman 和 Oxford（1995）在为美国政府的对外服务学院（Foreign Service Institute，FSI）做的一项大型研究计划中讨论了外语学能与交际课堂的关系。他们的研究探讨了学习者一系列个体差异因素（包括学能、学习策略、学习风格、个性特征、动机和焦虑）与口语水平、阅读水平的关系。研究表明，在交际学习环境下，学能各项指标与学习成绩呈高度相关；水平测试的结果与外语学能相关系数最高（相关系数为 0.5），并远远高于其他个体差异因素。Harley 和 Hart（1997）对通过沉浸式课堂（immersion classroom）学习二外法语的中学生的研究也表明学能与语言学习的各项指标相关。一些实验性的正式学习环境研究也得出一些相似结论，de Graaff（1997）、Robinson（1997）以及 Williams（1999）的研究均表明学能测试的分项得分不同，其学习的结果也不同。

3.5.2　显性学习、隐性学习条件下的学能研究

Krashen（1981）指出学能仅与有意识的学习（learning）相关，与习得（acquisition）不相关，即学能只与显性学习（explicit learning）相关，与隐性学习（implicit learning）不相关。Krashen 的观点虽受到了学界的质疑，但当时直接反驳这一观点的实证研究却非常少，仅有 Robinson（1996）和 de Graaf（1997）提供了反面证据，研究显示语言学能与显性学习和隐性学习条件下的学习结果均呈正相关。近年来有更多的研究考察学能，尤其是语言分析能力对显性学习和隐性学习的作用。研究者对二语学习者在显性学习和隐性学习条件下学习一种或多种语法结构或词汇过程中语言学能的作用进行了比较，并分析了二语学习者的语言学能对其学习二语目标结构或词汇成绩的作用（李红、马莉，2016）。这里的显性学习条件指的是为受试提供目标结构的语言规则或显性反馈，让受试有意识地寻求目标结构的语言规则，而隐性学习条件指的是为受试提供目标结构的输入或隐性反馈，但不解释目标结构的语言规则。

Erlam（2005）把受试分为演绎式教学组（deductive instruction group）和归纳式教学组（inductive instruction group），让他们学习法语的直接宾语代词。研究者为演绎式教学组讲授语言规则，并要求受试通过口头和笔头任务产出直接宾语结构，

而要求归纳式教学组通过学习产出直接宾语代词结构。受试每次学习时长为45分钟，共 3 次。然后研究者通过听力、口语、阅读、写作等多种任务测试受试的目标结构成绩，结果显示：演绎式教学组受试的语言学能与其各项任务测试成绩均不相关，而归纳式教学组受试的语言学能与其听力和写作任务的成绩均呈正相关。

Sheen（2007）以不同母语背景的 91 名成人英语学习者为受试，探讨语言分析能力对不同类型的反馈作用。研究者为第一组受试指出错误，提供正确的形式并解释语言规则（即显性学习条件）；为第二组受试指出错误，提供正确的形式，但不解释语言规则（即隐性学习条件）；为第三组受试（对照组）则不提供任何反馈。研究使用了自行设计的语言分析能力测试，要求受试根据人工语言的词汇和句子以及相应的英语翻译学习人工语言的规则，并通过选择题测试其学习结果。研究发现，两个实验组的即时冠词测试成绩均显著高于对照组，并且两个实验组的即时、延时测试成绩均与其语言分析能力呈正相关。该结果表明：具有高语言分析能力的二语学习者在显性学习条件和隐性学习条件下都能注意并理解反馈和语言规则，并且学习条件的外显性越强，语言分析能力发挥的作用就越大。

Hwu 和 Sun（2012）考察了 93 名西班牙学生的语言学能对其学习西班牙语心理动词的作用。研究者采用句子写作和句子改错任务测试了受试心理动词的学习成绩。结果显示：在显性学习条件下，文本记忆能力与受试的即时测试成呈正相关；在隐性学习条件下，文本记忆能力与受试的即时、延时测试成绩都呈正相关，并且与受试的延时测试成绩的相关性更高。作者认为隐性学习条件的学习效果持续性更好。

VanPatten 和 Borst（2012a，2012b）的两项研究除了目标语言和结构不相同外，其他条件均相同。研究结果显示，受试在显性学习条件下学习德语宾格标记时，其语言学能与其宾格标记测试成绩呈弱正相关，但在学习西班牙语附着代词时，受试的语言学能与其测试成绩不相关。在隐性学习条件下，两项研究均未发现受试的学能与其目标结构测试成绩之间的相关关系。

Yilmaz（2013）考察了母语为英语的土耳其语学习者的语言学能对其学习位置格和复数的作用。研究者为一组受试指出目标结构的错误并提供正确的表达形式，为另一组提供正确的语言输入。研究通过口语产出任务、理解任务和识别任务对受试的目标结构进行了测试。该研究分析显示：显性反馈组的语言学能与其目标结构测试成绩均呈正相关，但隐性反馈组的语言学能与目标结构测试成绩不存在显著相关。作者认为只有当学习者具有较高的语言分析能力时，显性反馈的作用才优于隐性反馈。

苏建红（2012）探讨了显性、隐性教学与语言分析能力及二语显性知识（explicit knowledge）、隐性知识（implicit knowledge）习得的交互作用。研究结果表明：对于显性和隐性知识学习，高语言分析能力者好于低语言分析能力者。在显性教学条件下，低语言分析能力者优势更大；而在隐性教学条件下，高语言分析能力者的优势更明显。

上述多数研究结果显示：在显性学习条件下，二语学习者的语言学能与其语法结构或词汇测试的成绩之间呈正相关，这与 Li（2015）的元分析结果一致。在显性学习条件下，高学能者更能够注意到语言结构或反馈并对其进行分析，从而取得更好的学习效果，但也有研究没能发现这种相关性（VanPatten & Borst, 2012b）。Skehan（2015）指出语法知识点越凸显，外语学能的影响越大，学习者就更能高效地对语言知识进行加工。因此，笔者认为该研究结果可能受到语言结构凸显性（salience）的影响。与德语宾格标记相比，西班牙语附着代词的规则更加复杂，语言结构不够凸显。即便研究者为受试解释了语言规则，西班牙学习者也可能无法利用规则去分析复杂的语言结构，因而其语言学能可能无法发挥作用。

在隐性学习条件下二语学习者的语言学能与其语法结构或词汇成绩之间是否有相关性呢？对此问题，上述研究的结果差异较大。笔者认为教学时长或许是其中的一个干扰因素。教学时间较长的几项研究（Erlam, 2005; Sheen, 2007; Hwu & Sun, 2012）都显示二语学习者的语言学能与其语言测试成绩相关，而其他几项教学时间非常短的研究则没有显示该相关关系，并且 VanPatten 和 Borst 的两项研究都没有进行延时后测。Long（2007）指出，短时间的学习可能更有利于显性反馈产生影响，但在长时间的学习中隐性反馈可能比显性反馈的效果更好。

隐性学习条件下研究结果的差异还有可能是研究采用的不同学能测试所致。多数研究通过 MLAT 的句中词部分来测量学习者的语言分析能力。该部分测试要求受试判断词汇在句子中的语法功能，它偏重测量学习者的外显性语言学习能力。另外，不少研究检测学习者的学习结果时也偏向于测量他们的明晰性语言知识，而不是测量隐含性知识。

3.5.3 语言学能与二语学习成效的关系研究

二语学习成效是二语学习的长期结果，指二语学习者达到的某一相对稳定的二语水平（Birdsong, 2004）。虽然有的二语学习者可以最终达到近似于本族语者的水平，但二语学习成效不应被理解为达到近似本族语者水平的同义词（Birdsong, 2004）（详见本书 1.2 小节关于二语学习成效与达到本族语者水平的区别）。许多研究表明，语言学习者无法完全掌握二语的语法（Johnson & Newport, 1991; Sorace, 1993; Johnson et al., 1996）。由于语法的可选择性和不完全性（optionality and incompleteness）导致了语法的不确定性（indeterminacy）。因此，研究者关注的二语的学习成效并非二语学习的最终状态。二语学习成效的内涵也包括二语知识的变化或者增长（如词汇量的增长、发音的变化等），但变化的部分并不包括二语学习者所掌握的语法结构等基本的语法知识和能力。研究者认为通过二语学习者的长期学习，二语学习者的语法知识则可以达到一个相对稳定的水平。因而研究者将二语学习成效巧妙地处理为二语学习者达到的某一稳定的二语最终水平。这种稳定承认了语法的多变性（variability）以及学习者主观的不确定性（uncertainty of intuition）。因此，大部分研究者并没有采用长时间的跟踪调查方法，而是直接以在二语国家居住的时间为衡量依据。Johnson等（1996）认为至少在二语国家居住5年，而Birdsong和Flege（2001）认为至少需要10年的居住时间，学习者的二语知识系统才趋于稳定。

近期研究大多以长期居住在目标语国家的移民为研究对象，探讨语言学能与二语学习成效的关系。有研究发现语言学能尤其对起始年龄晚的学习者的形态句法学习有影响（DeKeyser，2000；DeKeyser，Alfi-Shabtay & Ravid，2010）。同时，对于起始年龄早、晚两组不同的二语学习者而言，学能的不同构成要素会对其二语学习的成效有不同影响（Harley & Hart，1997）。还有研究表明语言学能对于起始年龄早、晚两组不同的二语学习者的形态句法学习有相似的影响（Abrahamsson & Hytenstam，2008）或者没有影响（Granena & Long，2013a）。可见，相关的一些研究结果还不一致。

Harley和Hart（1997）的研究被认为是最早开始关注不同二语起始年龄的学习者的学能与二语学习成效关系的研究。该研究对加拿大通过沉浸式课堂学习二外法语的中学生进行了研究。他们的研究对象分别是从一年级开始学习法语和从七年级开始学习法语的中学生。该研究发现对于从一年级开始的学习者而言，法语成绩更多和语言学能中的机械记忆能力相关，而从七年级开始的学习者更多与语言学能中的语言分析能力相关。研究还表明从一年级就开始学习的学习者的语言学能并不比从七年级开始的学习者高，这也证明了Carroll（1981）的观点，即认为语言学能不仅是相对稳定的，而且很难通过任何方式的训练和实践得以提高。但是，这两组中学生所接受的沉浸式课堂教学方法有所不同，即一年级全面采用记忆式教学，七年级采用语言分析式教学，这很有可能干扰了该研究的结果。

DeKeyser（2000）从儿童和成人（或青少年）不同的认知机制阐述了年龄效应，探索语言学能与二语语法学习成效的关系（其理论分析见本书2.3.2.3小节）。他认为儿童和成人二语学习的差异与随着年龄的增长而衰弱的隐性学习能力有关：儿童主要依赖隐性学习能力学习语言，而成人（或青少年）则主要依赖分析性的显性学习能力学习语言（DeKeyser，2000；DeKeyser，2003）。成人要成功学习二语，就要具备较高的语言分析能力，但语言分析能力不是预测儿童成功学习二语的重要因素（DeKeyser，2000）。DeKeyser的研究把语言学能与二语的年龄效应联系起来，区分了两种学习机制，是学能研究领域的一个重要发展（Skehan，2015），为二语学习年龄效应的研究提供了新的视角，但其解释力仍有待进一步的探讨，尤其是针对课堂二语学习者的解释。

目前关于语言学能与二语学习成效关系的研究主要集中于讨论学能在形态句法中的作用，较少研究探讨学能与词汇及搭配、语音或者口语产出之间的关系。为达到较高的口语水平，二语学习者不仅需要学会使用不常见的词汇（Crossley，Salsbury & McNamara，2015），同时也要保证发音（Bundgaard et al.，2012）及句法形态的准确度（Mora & Valls-Ferrer，2012）。基于以上两点的考虑，Saito（2017）提出以下假设：①语音编码能力（即 LLAMA E 所测量的能力）高的二语学习者，其二语口语发音及句法形态的准确度更高；②语言分析能力（即 LLAMA F 所测试的能力）高的二语学习者，其二语词汇及语法的复杂度更高；③联想记忆能力（即 LLAMA B 所测量的能力）以及语音识别能力（即 LLAMA D 所测量的能力）高的二语学习者，其口语表达流利性更高。为验证上述假设，Saito（2017）使用 LLAMA，以来自日本高校不同学科的 50 名大二英语学习者为研究对象，对其语言学能及口语产出水平之间可能存在的关系展开了探索性的研究。所有受试都已经自七年级起在外语课堂教学环境中接受了 7 年的英语教育，并且也没有过任何海外的留学经历，课外的英语使用也十分有限。该研究结果表明：①学习者的语音编码能力与其发音及句法形态的正确性相关；②学习者的联想记忆能力与口语流利性及语法复杂性相关；③学习者的语言分析能力与二语词汇的丰富性及常见词汇的使用频率相关；④所有学能测试均未表现出与词汇适当性存在相关关系。总之，Saito 认为在外语课堂教学环境下的显性学习中，二语学习者的外显性学能与其口语产出水平相关，而内隐性学能没有表现出相关性。不过，这里需要注意的是该研究所考察的日本英语学习者的学习起始年龄都较晚。因此，该研究的结论是否适合于课堂教学环境下的早学者还有待后续的研究。

Skehan（1989）认为学能与自然环境中的二语习得关系更为密切，原因在于在自然环境中的二语习得者有机会接触到更多的语言输入，从中发现语言输入的规律并对其进行归纳。Granena（2013a）也认为内隐性学能对在二语的环境中浸润多年且具有丰富的语言使用经历的二语学习者的关系更大，内隐性学能对这类二语学习者的语言学习成效有更强的预测作用。Granena（2016）认为外显性学能和内隐性学能分别与认知心理学的双加工理论（Dual-Process Theories）中的两大信息加工处理的认知风格相关。外显性学能与理性-分析（rational-analytical）的信息加工处理的认知风格一致，是基于意识层面，具有分析性的、有规则可依的、需要努力的、较慢的信息加工处理体系；而内隐性学能与经验-直觉（experiential-intuitive）的信息加工处理的认知风格一致，不基于意识层面，具有整体性的、联想性的、毫不费劲的、较快的信息加工处理体系。Saito（2017）的研究也显示内隐性学能对显性学习的影响很小。随着近年来学界对显性学习能力和隐性学习能力研究的不断深入，隐性学习能力在二语学习中，尤其是学习的高级阶段中的作用将会日益凸显（李红、马莉，2016）。

3.6 结　　语

本章围绕重要的学能理论及模式以及主要的学能测试，回顾了语言学能对二语习得的作用的研究，着重分析了语言学能与二语学习成效关系的最新研究。通过本章的论述和分析可以得知，语言学能与二语习得的相关研究正处于重要的发展阶段。笔者认为，未来的研究应该关注以下几个方向。

（1）中国课堂教学环境下的语言学能研究。中国语言学能研究起步较晚，早期多以理论介绍为主（戴运财、蔡金亭，2008；刘润清，1990；温植胜，2005），实证研究较少，并且大多是研究语言学能对外语学习的作用（戴运财，2006；顾伟勤，2008）。语言学能、起始年龄和二语最终水平的国外研究均以移民为研究对象，其学习语言的自然环境与中国的课堂教学环境完全不同。通过揭示语言学能与不同外语学习起始年龄者的语法结构、词汇等的关系，有望提出基于儿童和成人外语学习认知机制的年龄效应解释，推进中国语言学能的理论和实证研究。

（2）学能-教学措施交互研究。语言学能研究面临的一大质疑是学能与公平原则相悖，学能测试结果若使用不当可能打击学习者的自信心，造成负面效应（温植胜，2005）。学能-教学措施交互研究是有意义的一个研究领域。开展该领域的研究首先要注重学能档案的建立，帮助学习者了解自己在语言学习方面的优势与弱势。研究者可以结合学习者的学能测试结果，探讨与不同学能组合相适合的教学方式。遗憾的是，目前的研究（Erlam，2005；Sheen，2007；Wesche，1981）还没有将其应用到外语教学中。若能加强该领域的研究，则有望帮助教师根据学生的学能情况选择最有效的教学方法，进而提高教学效率。

（3）学能测试的验证研究。近年来学能测试有新的发展，如上文提及的CANAL-FT、LLAMA 和 Hi-LAB 等学能测试。但是学界还需继续加强对学能测试的验证研究，对新的测试题进行大样本的信度和效度验证，为学能研究提供可靠的测量工具。

（4）语言学能的纵向研究。近来有研究发现，工作记忆和短时记忆对二语学习的作用会随着学习者二语水平的增长而逐渐减弱（Serafini & Sanz，2016），初步揭示了语言学能的相对动态性。如前文 3.3.1 小节所述，Skehan 尤其强调语言学能的各个要素在二语习得不同认知加工过程中的作用，因此学界还需要开展语言学能的纵向研究，在多个时间的维度上，综合考察语言学能在二语习得的各认知加工过程中的作用（DeKeyser，2019）。

第4章

起始年龄与二语语法学习成效关系的元分析

4.1 引　　言

二语学习的起始年龄研究是二语研究中历史最长的研究主题之一，人们出于经验和直觉普遍认为儿童比成人在语言学习上更有优势，开始学习语言的年龄越早，最终学习成效越好，因而起始年龄是影响二语习得成效的最显而易见的因素。学界虽然就起始年龄效应达成了一种现象共识，即随着起始年龄的延后，学习语言（母语、二语乃至N语）的成效呈稳定下降的趋势（Mayberry & Kluender, 2018），但是对这种现象所揭示的年龄效应的属性和归因却一直存在争议：有学者认为起始年龄效应是指语言学习机制随年龄增长产生的阻碍导致成年学习者普遍不能达到本族语者的水平，起始年龄是影响二语习得成效的重要因素，是达到本族语者水平的必要条件（Johnson & Newport, 1989; Long, 1990; DeKeyser, 2000），另一些学者则认为起始年龄之于学习成效是表象而非原因，它既非充分也非必要条件，语言学习成效受诸如输入质与量、学习经历、母语背景及学习者的动机、学能等个体差异的影响（Flege, 2009; Bialystok, 1997; Singleton, 2005; Birdsong, 2006; Muñoz & Singleton, 2011）。二语研究学界在60余年的研究中积累了上百个研究成果来加深对年龄效应的讨论，但就它与二语学习成效的关系和它对学习成效的影响程度却没有一个清晰的结论。不仅一些验证性的实证研究结果与原研究结论有明显的分歧，如Birdsong和Molis（2001）对Johnson和Newport（1989）的研究的复制，甚至针对同一研究的数据，也由不同的解读得出相异的结论，如Bialystok（2002）对DeKeyser（2000）、Vanhove（2013）对DeKeyser等（2010）研究数据的再分析。这正符合Laudan（1977）对典型的哲学"问题"的定义，即"问题"是一种凸显的、真实存在且广为人知的事实，这一事实关乎需要加以解释的有趣现象（Granena & Long, 2013a）。因此学界需要围绕这一"问题"的解答进行系统性综述，既明确实证研究的总体发现，又解释不同研究之间的差异所在。本章将通过元分析方法来达到这一目的：根据已有的实证研究结果来确定起始年龄对二语语法最终成效的整体效应如何，以及这一整体效应还受到哪些因素的影响。通过元分析这种基于第一手研究量化结果的系统性综述，为这一"问题"提供较为客观和综合的回答，为后续研究提供方向上的参考。

4.2 变量及系统性综述研究

4.2.1 年龄效应

关于年龄与语言学习的关系，最为人熟知的就是 Lenneberg（1967）提出的关键期假说，它将大脑偏侧化视为影响语言习得的生理原因，认为由此导致的随着年龄增长而出现的成熟制约使得语言习得成效式微。Johnson 和 Newport（1989）的实证研究结果证实了起始年龄与学习成效之间的强线性负相关，且这种负相关在生理成熟制约结束时呈不连续趋势，因而支持了成熟制约解释。DeKeyser（2000）验证了儿童和成人在二语学习中学习机制的差异，进而提出年龄效应仅存于对语言抽象结构的隐性学习中。二语学习者在某一时期后随着年龄增长带来的生理制约而不再依赖隐性学习机制，代之以显性学习机制（详见本书 2.3.2.3 小节）。年龄效应的生理成熟制约属性被 Long（2005，2013b）反复强调。Long 认为存在多个敏感期制约着语言（母语和二语）的发展，并用实证研究结果证明了语音、词汇和形态句法三个不同的语言领域存在依次的敏感期，从 6 岁甚至更早开始，持续作用到 16~17 岁（Granena & Long，2013b）。

针对起始年龄效应属性的分歧主要围绕这种效应的起止点所描述的模式（shape）。Birdsong（2006）讨论了基于以往研究量化结果拟合出的模式后认为，该效应在一个有明显变化的拐点之后，呈延续到生命终点的下降趋势。支持的研究（如 Birdsong & Molis，2001；Hakuta，Bialystok & Wiley，2003）证明了这种持续下降的趋势并未在关键期假说提出的青春期结束时终止，而是延续到成人以后，据此研究者认为语言能力退化存在于整个生命过程中，二语学习在青春期前和后均受到年龄的影响，因此不存在某一段拥有起止点的关键期或者敏感期。Nikolov 和 Djigunović（2006）综述了一系列针对青春期后才开始学习英语、德语、匈牙利语的来自 30 种不同母语背景的高水平晚学者的研究。这些研究结合访谈和自我评价的质性数据与语言表现的量化数据，证明了晚学者可以达到本族语者水平，进而质疑了关键期假说的合理性。另有大批学者认为年龄效应并非只受到生理能力下降的影响，还受到目标语输入的质与量、学习经历、母语背景及学习环境等诸多因素的影响（如 Harley，1986；Flege，2009；Muñoz & Singleton，2011；Pfenninger & Singleton，2019）。

4.2.2 二语学习成效的判断标准

研究起始年龄的意义在于它对二语学习成效的预测性，本书第 2 章和第 5 章对二语学习成效的内涵及测量进行了阐述，在此笔者着重讨论学习成效的判断标准。

二语学习成效研究对学习者的成效普遍通过"缺损模式"（Deficit Model）（Birdsong，2005a）来考察，它关注于描述和解释二语学习者的语言表现与本族语者的差距，将本族语化（nativelikeness）作为二语学习成效的上限，为研究提供了重要的参考构念。但是，以本族语化作为参照的"缺损模式"最大的局限就是容易将二语学习者的表现和学习机制混淆：学习者与本族语者不同的语言表现并不能证明他们使用的学习机制不同；同样，与本族语者相同的语言表现背后也不一定就是相同的学习机制。因此并非所有的与本族语化有差距的语言表现都可以被视为有缺陷的学习机制的证据。

从实证研究方法的角度，本族语化标准也需要谨慎使用。Long（1990）建议测试任务要有广泛性和挑战性，以避免内容上的"小众"和难度上的"天花板"，学习者在某一测试中表现出的本族语化水平并不一定经得起进一步的测试，因此要准确地反映学习成效的上限标准，测试任务在设计上就需要精细化。但是这样的精细化又不可避免地带来本族语化过度使用与解释的不可靠。Birdsong（2005a）认为越是细分严格的任务和测试手段，越不能科学地反映二语学习成效，因此不应将所有的与本族语化在语言表现上的差距作为有缺陷的语言学习机制的指示，而是要认识到二语学习者有别于本族语者的语言表现是双语的结果特征，而非学习失败的证明。

Muñoz 和 Singleton（2011）对起始年龄相关研究中将本族语化作为评判二语学习成效的标准也提出了质疑：本族语化的文化特性和自身定义的困难使得它很难成为评判二语学习成效的标准，而二语学习者的身份意识和自信心的建立也不适合将其作为评判的标准。很多实证研究也发现了起始年龄很早的二语学习者与本族语者的语言表现有差异。在 Abrahamsson 和 Hyltenstam（2009）的研究结果中，起始年龄小于 1 岁的二语者也与本族语者的词汇语法表现不一致，Flege 等（1999，2002）的研究结果也证实了这种不一致；Paradis 等（2016）仅针对早学者（起始年龄平均为 4.2 岁）的研究也发现他们在动词形态的产出和语法判断准确度上达不到母语对照组的水平。

即使是达到或者接近本族语者水平的高水平二语者，其二语表现也存在与本族语者的差异，而高水平二语者与本族语者语言表现上的趋异性（divergence）本质上反映了二者语言系统内部结构的差异（Coppieters，1987）：在由 UG 解释的形式特征上差异较小，在涉及语法的使用与认知方面的差异更大。这种趋异性决定了在学习成效实证研究中选择和设计测试任务时，要达到可以反映学习者使用二语语言系统的目的，而非检查二语者与本族语者表现是否一致。趋异性也为起始年龄与学习成效关系的归因提供了其他解释，即二语学习者的学习成效不能达到本族语者水平，除了受到生理成熟的制约，也可能受双语背景的影响。将本族语化作为学习成效的标准不是建立二语语言知识系统的最适合的方法，甚至更进一步来说，以非趋同性（nonconvergence）为特征的二语学习者的语言系统应该有其自身的权利（White，2018）。从这点上看，围绕学习成效参照标准的讨论为二语学习研究提供了另一个认识角度，即学界需要思考以本族语化作为参照标准得出的二语学习"越早越好"的观点是否能帮助广大晚学者达到使用目标语进行交际和理解的目的。将二语学习者无法达到的本族语化水平作为学习目标，不仅不具可行性，而且可能挫伤晚学者的信心，更无助于为他们二语的成功学习提供解决方案（Yates & Kozar，2017）。在外语学习中，以流利双语者的双语成效作为标准来衡量学习者的学习成效，比使用本族语者的单语成效作为衡量标准，应该更恰当、更有现实意义（Muñoz，2008）。同时，二语学习成效的研究还应重视比较高水平的早学者与晚学者的二语学习结果（Muñoz & Singleton，2011）。

4.2.3 影响起始年龄与二语语法学习成效关系的因素

在关于起始年龄与二语语法学习成效关系的实证研究中，研究方法的差异也影响了研究结果和由此得出的关于年龄效应的结论。DeKeyser（2013）指出方法上的挑战主要来自两个方面：一是研究受试的选择，二是测试材料的使用。这些涉及研究方法的特征差异中有以下几项直接影响着研究结果，是起始年龄与二语学习成效关系中不可忽视的影响因素。

4.2.3.1 二语的自然学习环境与课堂教学环境的差异

二语的自然学习环境与课堂教学环境的差异在讨论年龄效应时容易被忽略，但是这两种不同的外部环境带来了输入上质与量的不同，对起始年龄与学习成效的关系有着重要的影响（Muñoz，2008）。在二语的自然学习环境或者双语教育环境中，学习者通过与目标语大量的日常接触或者浸润式的学习，可以达到与本族语者相似的水平；而课堂教学环境则主要为授课式的外语学习环境，通常根据教学大纲设定的学习时间有限，在目标语输入和课堂内外可获得的有效语言互动在质与量上相较于二语的自然学习环境十分有限，此外教学质量上的差异也较为明显（Nikolov & Djigunović，2006）。这些差异使得对不同环境下的起始年龄效应的认识变得更为复杂。

二语的自然学习环境下针对起始年龄的研究呈现出不同的结果。除了前述的 Johnson 和 Newport（1989）、DeKeyser（2000）等的研究，起始年龄与二语语法成效的负相关还在另一些研究中找到了证据（如 Patkowski，1980；Kim，1993；Seol，2005；DeKeyser，Alfi-Shabtay & Ravid，2010 等），但反对关键期假说的研究结果（如 Birdsong & Molis，2001）在晚学者的表现中也发现了与起始年龄的负相关关系，从而认为起始年龄效应并不局限于某一时期而是作用于整个学习过程，因而不存在学习二语的某段关键时期。

与二语的自然学习环境下普遍揭示的研究结果不同，课堂教学环境下的研究并未清晰地支持早学优势。Larson-Hall（2008）针对 200 名母语为日语的英语学习者（大学生）的研究发现，学习者接受英语授课的时间最低每周不到 4 个小时，他们在语法判断测试任务中的得分显示了起始年龄与语法判断测试成绩的负相关性（$r=-0.38$），但在语音测试任务中则无显著相关。研究者以 12 岁为分界点将受试分为早学组（$n=61$）和晚学组（$n=139$）后，两组得分对比结果显示早学组在语音测试任务上的得分显著高于晚学组，但在语法判断测试任务中并无显著优势。通过加入对输入量的考察，研究者认为在与目标语接触量有限的外语环境下，年龄效应仍然存在，但这种效应需要在达到一定的输入量后（≥1600 学时）才会显现出来。Muñoz（2011）为确保对长期成效的考察，选择了学习时长均超过 10 年（平均时长为 13.9 年）、起始年龄在 1~15.5 岁的学习者作为研究对象，发现起始年龄与学习成效之间并无显著相关。该研究将学习者以 12 岁为界分为早、晚学组后，对比结果也未发现有显著的组间差异。作者因此认为起始年龄对外语学习成效没有显著影响，但学习时长和课内外目标语的接触量对学习成效则有显著的影响。该研究与 Larson-Hall（2008）的结论并不完全一致。Larson-Hall 认为在达到一定的输入量后起始年龄效应作用下的早学优势才会显现，即使这种优势差异在达到更长时间（≥2500 学时）后又消失了。对此作者的解释是因为样本量集中在输入量的中间段（1000~2500 学时），才产生了这样的统计结果。但 Muñoz 的研究中大多数学习者均达到了 2000 学时，样本量增加后的结果也没有显现出早学的优势，作者认为需要增加晚学组的样本量（研究中仅有 16 人）来进一步验证这一结果。

笔者认为起始年龄在不同的学习环境中对学习成效的影响差异可能基于两方面的原因：①接触目标语的质量差异。如前所述，外语学习通常学习时间有限，目标语输入和课堂内外有效语言互动的质与量与自然习得或浸润式的自然学习环境相比十分有限，教学质量上的差异也较明显。②认知能力的作用。儿童的二语学习可能更适合发挥其隐性学习能力。这种能力除了受到与年龄相关的生理制约之外，学习者在 7 岁以后认知能力的变化也使得其二语学习更赖于有意识的陈述性记忆（即显性学习），而不是依赖儿童时期建立在大量输入之上的程序性记忆（即隐性学习）（Paradis，2004）。在输入量有限的课堂教学环境中，体现早学优势的隐性学习机制发挥的作用有限（Ellis，2002；DeKeyser，2000），更多是与显性学习机制相关的认知能力为外语学习提供持续的促学作用（DeKeyser，2013）。

4.2.3.2　测试类型、呈现方式、时间条件的影响

在起始年龄与学习成效关系的讨论中，学习速度和成效之间的区别早在 20 世纪 70 年代就已经有了概念和实证上的分析（见本书第 2 章中的讨论），但在从认知视角考察年龄效应的研究中，对隐性和显性学习进行区分才刚起步，还存在一些概念上的误区（DeKeyser，2013）。具体说来，实证研究结果发现儿童只是在二语环境中体现出了隐性学习机制的优势，而在典型的课堂教学环境中晚学者并不比儿童的学习成效差（Muñoz，2006），因为晚学者可能利用显性学习机制来获得较高的学习成效（DeKeyser，2000），因此要更好地理解和分析起始年龄效应与学习成效关系的实证研究结果，还需要注意区分在研究中使用的测试方法所针对的学习机制的性质。

首先，测试任务的类型（分为理解或者产出类型）可能影响二语学习者语法学习成效的表现。Alarcón（2011）针对传统语言学习者（heritage learner，即从出生就开始接触二语的早学者）和二语学习者（从课堂才开始接触二语的晚学者）学习西班牙语语法性（gender）的研究发现，当两组学习者达到高水平后，在书面理解类型任务中均较少出现语法性的错误，但是二语学习者即使已经达到了高水平，在口语产出类型任务中仍然存在语法性问题；传统语言学习者在两种类型任务中的表现没有差异，但二语学习者在理解类型任务上的表现优于产出类型任务。因此作者认为测试任务的类型对两组学习者的组间对比差异和晚学者的组内表现差异都有影响。

其次，测试任务的呈现方式（modality，分为听觉或者视觉方式）也可能对学习者的语法学习表现产生影响。McDonald（2000）的两个平行实验发现两种不同母语背景的晚学者在听觉和视觉这两种不同的呈现方式的语法判断测试任务中的表现有差异，说明晚学者在进行在线加工时对语法特征的解码和加工能力方面存在困难。Johnson（1992）用视觉呈现方式复制了与 Johnson 和 Newport（1989）的研究中使用的听觉呈现方式相同的语法判断测试材料，结果发现晚学者在视觉呈现方式任务中的表现优于听觉方式任务中的表现。晚学者在测试的呈现方式上获得了相对于早学者的表现优势，这可能是因为与年龄相关的水平变化更容易受

到听觉方式的影响，因此在使用听觉方式的语法判断任务中表现欠佳并不能作为学习者语法知识欠缺的证明，因为该任务还可能涉及语音解码能力和语音快速处理信息能力。

另外，测试方法中使用的时间条件也影响着学习者的表现。Granena（2012）的结果显示了学习者在限时和不限时这两种不同的时间条件下的表现有差异：晚学者在不限时条件下比限时条件下的成绩高出约 20%。

测试方法的类型、呈现方式和时间条件上的差异直接影响着学习者在接受测试时进行在线加工所使用的知识的性质（隐性或显性）。Ellis（2005）分析了不同任务对隐性和显性知识的测试构念效度：口头语法判断测试+复述、口头叙述和限时语法判断测试这三项任务对隐性知识的测试效度高，而不限时语法判断测试和元语言知识判断测试任务则是针对显性知识的测试。随后在针对起始年龄与隐性和显性知识关系的测试结果中，限时语法判断测试与起始年龄的相关性最为显著（即起始年龄越晚的学习者，这项任务的成绩越差），另外两项针对隐性知识的测试任务（口头复述和口头讲述）与起始年龄的相关性未达到显著程度；但是针对显性知识的两项测试任务（不限时语法判断测试和元语言知识判断测试）与起始年龄的相关性均不显著。Bowles（2011）为 Ellis（2005）的研究中的不同测试任务针对的隐性或显性知识性质提供了进一步的证据：学习者在限时语法判断测试任务中的得分均显著低于不限时语法判断测试任务，这说明了时间条件对任务完成的准确度产生了不可忽略的影响。其中最大影响效应值来自晚学组（二语学习者），数值近两倍于本族语组，超过早学组（传统语言学习者）两倍多，说明晚学者更多地依赖使用显性知识来完成不限时语法判断测试任务。Kim 和 Nam（2017）针对实证研究中测试的任务类型、呈现方式和时间压力条件对隐性知识测量的构念效度做了进一步的验证。限时语法判断测试与口语诱导模仿测试（oral elicited imitation tests）均为针对隐性知识的有效测试手段，但产出类型的口语诱导模仿测试比理解类型的限时语法判断测试对隐性知识的测试效度更高；为口语诱导模仿测试增加考查时间压力条件（限时或不限时）、为限时语法判断测试增加考查任务呈现方式（视觉或听觉）后，结果显示限时条件下的口语诱导模仿测试和听觉方式呈现的限时语法判断测试对隐性知识有更高的测试效度。

在关于起始年龄与学习成效关系的实证研究中，如果实验任务更多针对的是显性而非隐性知识，则晚学者相对于早学者就可能有语言表现上的优势，但是这种由任务类型、呈现方式和时间条件产生的优势并不一定能反映知识的真实性质，根据前述 DeKeyser（2000）的年龄效应仅存在于针对抽象结构的隐性学习的观点，任务针对的显性知识特点使得晚学者表现出了学习成效优势，而与起始年龄相关的早学优势就会变小，年龄效应就有可能被低估。

4.2.4 系统性综述的必要性

在二语研究中，针对某一主题的研究进行综述一直是学界了解研究由来、进程和方向的重要途径。广为熟知的传统性综述多为针对某一研究主题下已有的研究发现进行的回顾和定性分析，如叙述性综述、权威导读、综合书目回顾、史学综述、综合回顾、批判综述等。这类综述提炼研究主题下的实质性发现，梳理第一手研究的理论和方法贡献，是不可或缺的研究传统（Norris & Ortega，2006）。在起始年龄与二语学习成效的关系这一研究主题下已有大量传统性综述研究成果，如 Krashen 等（1979）、Long（1990）、DeKeyser 和 Larson-Hall（2005）、Birdsong（2006）、Nikolov 和 Djigunović（2006）、Muñoz 和 Singleton（2011）、DeKeyser（2012a，2013）等。这些以期刊论文或著作形式发表的综述总结了围绕年龄效应的理论争议和实证研究的方法局限，对介绍这一主题的研究发现、引导未来的研究关注点具有重要影响。虽然这些综述各有侧重点，但通用的方法都是针对各自汇集的第一手研究、采用叙述性的或计票式的方法来解释年龄效应对语言学习成效的影响，得出各自的结论。这种综述方法可能存在以下局限。

首先，第一手研究的样本选取缺乏基于明确标准的一致性，这可能造成对相关研究成果的覆盖不全面。在一些吸引了长期研究兴趣、累积了相当数量成果的研究主题下，这个问题尤其明显。由于缺乏公开和透明的甄选标准，还可能使读者无法判断选取的样本是否存在偏倚，因此影响第一手研究之间的可比性，造成综述结论的信度存疑。

其次，对第一手研究的评价主观性强。不同的综述研究者可能对同一研究采用不同的评价标准。研究者在进行叙述性综述时，虽然自身具备了具体研究领域的专业知识储备，但毕竟不能完全摆脱因个人记忆不全面和自身观点有偏倚而导致的疏漏，还有可能更多关注在语言表达上说服力强的研究成果或者发表在更有影响力的期刊上的研究。这些受主观因素影响的综述得出的结论可能欠缺可靠性和严谨性（Plonsky，2015）。

最后，综述结论大多是基于第一手研究的结论，可能偏离第一手研究的数据特征和结果，这是这一类综述最大的问题（Norris & Ortega，2006）。具体来说就是，在解释研究发现时，对样本误差方差和样本规模差异导致的结果波动缺乏考虑，普遍过度倚重解释零假设显著测试（Null Hypothesis Significance Testing，NHST）结果。零假设显著测试最根本的问题是将研究结果简单地处理成了基于 p 值的统计显著和非显著的二分，但统计结果上的显著性并不能完全反映出变量之间作用效应量的大小和性质上的重要性。过度倚重零假设显著测试的结果可能造成一些在统计上显著的结果被过度关注（比如当实际效应本可忽略时，却因为样本量大而呈现出显著性的这类结果），另一些统计上非显著的结果却可能被忽略，虽然这些结果经过统合分析后有可能发现实践意义和统计意义上的重要性（Plonsky & Oswald，2012）。

要对二语研究主题下的研究成果进行更客观、更全面和更严谨的综述，可以使用元分析（meta-analysis）这一系统性综述方法来补充传统的叙述性综述的欠缺（Han，2015）。元分析是美国教育学家 Gene Glass 在 1976 年首先命名的一种统合（synthesis）研究方法。它通过汇集、分析和解释某一研究主题下的量化数据，运用统计方法来描述和分析这些数据所揭示的特征（Lipsey & Wilson，2001）。相较于叙述性综述，元分析更关注第一手研究的数据而非结论，更重视变量之间的效应量级（magnitude of effect）而非统计显著性。它聚焦于方法的严谨性，为相同研究主题下的多个研究结果，有时甚至是矛盾的结果的比较提供了一种更全面和精确的观察视角（Hedges，1986）。

4.2.5 现有元分析结果及局限

直到 20 世纪末 21 世纪初元分析才被正式引介和应用到二语的研究中（如 Ross，1998；Norris & Ortega，2000），到 2004 年仅 5 项研究发表，2005~2007 年有 12 项研究发表，2008 年有 14 项研究（Oswald & Plonsky，2010）。随着学科的发展和实证研究的累积，二语研究学界越来越重视运用这种系统性的综述方法来梳理某一研究主题下一定数量的实证研究结果，整合研究发现，辨识方法利弊，得出综合结论，以达到促进后续研究的目的（Norris & Ortega，2006；Oswald & Plonsk，2010）。根据 Luke Plonsky 个人网站[①]上的统合研究目录，到 2018 年 8 月，这一类的研究论文和著作章节已超过 280 篇，其中不乏颇有影响的元分析研究成果（如 Abraham，2008；Li，2010，2015；Brown，2016；Boulton & Cobb，2017 等）。中国外语研究界也在近十年间开始介绍统合研究和元分析方法（如蔡金亭、王婷婷，2008；蔡金亭，2012），并运用元分析方法产出了研究成果（如施珊珊、倪传斌，2009；吴雪、雷蕾，2018）。

关于年龄效应迄今较有影响的元分析是 Querish（2016）针对起始年龄与二语语法学习成效关系的元分析。作者基于 26 个第一手研究成果（其中二语研究 $k=20$，外语 $k=6$），得出以下主要结论：①两个主要观测变量，即起始年龄与语法学习成效之间确有效应（对比研究 $d=0.46$，小量级效应；相关研究 $Zr=-0.40$，中量级效应）[②]；②在学习环境（二语/外语）[③]、测试条件（限时/不限时）和任务呈现方式（听觉/视觉）这三个调节变量即影响因素中，除外语学习环境（对比类 $d=-0.09$，

[①] 参见 https://lukeplonsky.wordpress.com。
[②] d 值为对比效应值，d 值为正，说明早学组比晚学组表现更好，Zr 值为相关效应值 r 的费雪转换值（Fisher's Z-transformation），Zr 值为负，说明起始年龄越早的学习者表现越好。
[③] 根据 Querish（2016）的原意，"二语"特指在自然学习环境中的学习，"外语"特指课堂教学环境中的学习。本章元分析的研究问题、调节变量设定以及相关结果和讨论均遵循这一概念。

相关类 $d=0.02$）外，其余均呈现出中到大的效应量级；③第一手研究存在方法上的欠缺，具体表现在缺乏针对测试工具信度的报告，以及基本统计值的报告不规范、不完整、未使用高级统计方法等方面。

但该研究还存在以下局限：首先，外语环境下的第一手研究数量较少（$k=6$），削弱了关于学习环境影响结论的可靠性；其次，对调节变量的考察缺乏针对显性与隐性知识和学习机制差异的讨论。因此本章拟从这两个方面对元分析研究进行验证和扩展：首先，通过增加检索中文数据来源，尝试扩展外语环境下的第一手研究，尤其是中国关于起始年龄的实证研究；其次，基于儿童二语学习加工机制多为隐性的知识加工，而成人分析能力更强故而加工机制更为显性的特点（DeKeyser，2000），以及外语学习环境在输入的质与量上均达不到二语环境的标准、学习者多依靠对语言规则的学习进行显性知识加工的特点（DeKeyser，2013），本章将对显性与隐性知识具有不同测试效度的任务类型、呈现方式和时间条件等变量作为调节变量（表 4.1），更全面地观察研究方法特征对起始年龄与学习成效关系的影响程度。

表 4.1 基于第一手研究方法特征的调节变量

变量类别	变量类别分项
学习环境	二语
	外语
任务类型	理解
	产出
呈现方式	听觉
	视觉
时间条件	限时
	不限时
呈现方式+时间条件	听觉+（限时/不限时）
	视觉+（限时/不限时）

据此，本章提出两个研究问题：①起始年龄效应与二语语法学习成效的整体关系是什么？②这种关系在多大程度上受到学习环境（二语/外语）和研究方法中测试任务类型（理解/产出）、呈现方式（听觉/视觉）和时间条件（限时/不限时）等因素的影响？

4.3 研究设计

作为第二手研究，元分析和第一手研究有很多类似的步骤，比如确定研究领域和主题、选择合适的方法、收集和分析数据、解释研究发现等。与第一手研究略有区别的是进入元分析的样本数量直接关系到最终结果的形成，因而尤其重要。大样本量的元分析结果具有统计说服力更强、结果更具概括性、有更多调节变量可供分析等长处，但是针对小范围研究主题所做的局部元分析也有其价值，比如当研究目的是考察相同的方法、设计和问题间关系的时候，小样本量更容易集中对结果加以解释，因此单纯的样本绝对数量意义并不大，而是需要找到一种平衡：先通过宽泛的主题检索来获取文献资源，再制定严谨的筛选标准来对文献加以筛选（Plonsky & Oswald，2012）。

4.3.1 文献检索

由于元分析中的样本不同于传统实证研究由单个受试组成，而是来自以往的单个研究结果，因此运用何种策略进行样本检索是非常重要的环节。本章采用了"先宽泛后集中"的检索策略，将主题确定为"年龄与二语学习"这个非常宽泛的主题，然后通过中、英文相关的关键词组合的布尔逻辑检索式进行广泛的检索，再对检索结果进行人工细致筛选。检索式按以下中、英文关键词组合而成。

英文检索组合：
  （1）age effects OR age of onset
  （2）critical period OR sensitive period
  （3）maturational constraints
      AND
  （4）second language attainment OR foreign language attainment
  （5）second language proficiency OR foreign language proficiency

中文检索组合：
  （1）年龄效应或起始年龄
  （2）早学或晚学
  （3）关键期或临界期或敏感期或窗口期
  （4）幼儿或成人
  （5）生理限制或成熟限制
      和
  （6）二语或外语

另外，根据 In'nami 和 Koizumi（2010）、Plonsky 和 Brown（2015）针对元分析检索来源的统合研究，笔者使用了在应用语言学界较被认可的数据库、期刊和参考文献这三类来源进行组合检索，尽可能地涵盖领域内的相关研究成果。

4.3.1.1 数据库检索

数据库因其稳定发展和不断扩充的特点成为元分析最基本的检索来源。但由于各个数据库存在学科偏重问题，如果要更全面地涵盖相关领域的研究成果，应该结合使用多个数据库进行检索。本章利用所在学校的数据库资源，甄选使用了 Web of Science、Elsevier、ScienceDirect 和 Education Source 几种数据库；同时为了在一定程度上避免发表（出版）偏倚或"抽屉问题"，选用了 ProQuest 学位论文库来补充未经发表的高质量研究成果。由于本元分析希望尽可能多地涵盖中国的实证研究成果，避免因成果发表语言不同造成的遗漏，补充外语学习环境下的研究成果，故而增加使用了维普、万方和知网等中文数据库进行中文研究成果的检索。

4.3.1.2 期刊人工检索

学术期刊作为发表第一手研究的首选媒介，因其电子版或纸质版的方便获取而成为元分析研究的另一重要的数据来源。笔者选择了 13 种二语研究学界公认的高质量国际学术期刊（见附录 A1）进行人工检索，同时选择了 10 种国内 CSSCI 来源期刊（见附录 A2）进行中文文献检索。

4.3.1.3 参考文献人工检索

利用相关研究主题下的综述文章、文集或著作章节的参考文献和已经发表的元分析的第一手研究文献进行逆向检索也是元分析样本检索常用的策略（Plonsky & Brown, 2015）。本章对 Birdsong（2005b, 2006, 2014）、DeKeyser（2012a, 2013）、DeKeyser 和 Larson-Hall（2005）、Granena 和 Long（2013b）、Long（1990, 2005, 2013b）、Muñoz（2008, 2014b）、Muñoz 和 Singleton（2011）、Nikolov 和 Djigunović（2006）、Pfenninger 和 Singleton（2017）、Qureshi（2016）等的参考文献进行了检索，以补充前两种检索策略可能产生的遗漏。

4.3.2 筛选标准

考虑到元分析样本的概括性和样本质量之间的平衡，笔者采用 Borenstein 等（2009）建议的策略，将高质量来源（同行评审期刊、正式出版的专著或文集章节、博士论文）作为样本质量标准，具体做法如下：①样本发表时间从关键期假说被正式提出的 1967 年起至 2017 年止；②将研究内容聚焦到探讨起始年龄与二语语法学习成效的关系上，排除了起始年龄与语音、词汇学习成效，以及起始年龄与学习速度关系的研究；③从研究范式上排除了脑神经研究成果；④研究设计上有早学者和晚学者的对比，或考察起始年龄与学习者语法成绩的相关性；⑤研究结果中有早、晚学组的成效对比,或起始年龄与语法水平相关性的数据。最终共有38个研究成为元分析的样本,在Qureshi(2016)的样本总量上增加了32%[①],检索步骤、筛选标准及结果见图4.1。

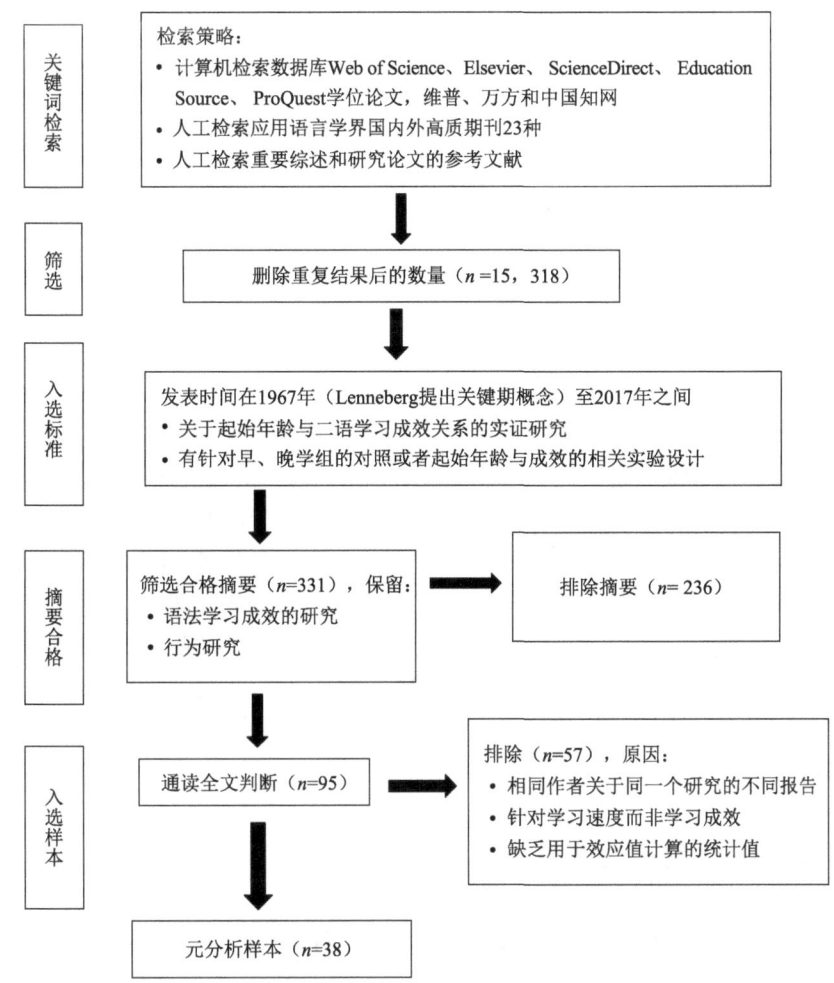

图4.1 筛选步骤、标准及结果

[①] Qureshi(2016)汇报有26项研究样本,笔者核对后发现实际只有25项样本,其中有5项未计入本元分析:笔者排除了Bialystok(1979)的研究,原因是该研究并非针对起始年龄的研究;用Montrul(2011)的研究取代了Montrul(2010)的研究,用Celaya等(2001)的研究取代了Torras和Celaya(2001)的研究,因为它们是相同作者对相同实验的不同报告,笔者选用的是受试数据更多的报告。另有两项研究因没有获得原文而未被纳入本分析。笔者另增加了16项研究,其中5项的发表时间在2012年后,其余11项均来自笔者对重要综述和实证研究的参考文献进行的人工逆向检索,这是Qureshi(2016)未采用的检索策略。

4.3.3 样本编码

本章设计了元分析的编码书，对符合筛选标准的样本的重要研究特征和数据信息进行编码。编码书（见附录B）共设5个目录及下属的25条编码项：①文献信息，包括第一手研究的作者、题目、出版时间及来源种类信息；②研究环境，包括第一手研究针对的语言环境、研究环境、语言背景及学习层次等信息；③研究设计，包括第一手研究的实验类型及观察分类、受试人数、起始年龄及居住/学习时长等数据；④测试构念，包括第一手研究中使用的测试构念的类型、数量、种类、模态、时间条件、信度等信息；⑤实验结果，包括可用于元分析效应值计算的分组对比或相关分析统计数据，如均值、标准差、百分比等描述性统计数据或 t 值、F 值、p 值、d 值、r 值等分析统计值。两位经过培训的编码员对全部样本分别编码，核对后达成一致；达不成一致的样本交由第三位编码员进行编码后确定。

在编码过程中，有以下几项涉及各个变量的决策标准：①按照样本汇报的受试分组，分为早、晚学组，但如果一个研究中有多个年龄组的划分，则分别按照二语环境下16岁、外语环境下12岁为界（Qureshi，2016），将多个年龄组集合成早、晚学两组；②测试成绩仅使用与语法水平相关的数据，比如语法判断测试成绩；③按照样本汇报的学习环境进行二语或外语的编码。为了便于和 Qureshi（2016）的结果进行比较，对将传统语言学习者和二语学习者按不同的起始年龄分组进行的对比研究（如 Bowles，2011；Montrul，2011）按二语环境编码；④单个研究中如有多个测试任务的呈现方式或时间条件，则按每个任务的方式或条件分别编码后再合并进行效应值的计算。

4.3.4 效应值计算与分析

起始年龄是本元分析的自变量，第一手研究样本中针对语法知识和水平的测试成绩是因变量，学习环境（二语/外语）、测试任务类型（理解或产出）、呈现方式（听觉或视觉）、时间条件（限时或不限时）是元分析的调节变量（moderator variables）。起始年龄与二语语法学习成效的关系由两类效应值来计算：①早、晚学者分组对比研究的效应量；②起始年龄与语法成绩关系的相关系数。如果样本报告中没有这两个效应值的汇报，则根据报告中的均值、标准差、样本量、t 值、F 值等描述性或分析性统计数据计算得出。拥有多个受试分组和多种测试条件下的研究，在经过分别的效应值计算后再得出该样本的标准均值。另外，如果单个样本中包括不同的平行实验（如 Bialystok & Miller，1999），或者既有对比组实验也有相关研究数据，则保留各自的标准效应值。最终笔者共得到 33 个对比效应值和 26 个相关效应值进行整体效应值的计算。

本章使用 Langtest（Version 1.0）在线元分析软件①先进行同质性检验，根据结果选择适合的效应分析模型来计算对比组研究的标准效应均值（Cohen's d）和相关性研究的效应均值（r）②，并生成结果图表。

4.4 研究结果

本章根据早、晚学组对比研究结果计算出总体标准效应均值，根据起始年龄与学习成效的相关研究结果计算出效应均值。同时，参照 Plonsky 和 Oswald（2014）推荐的二语研究元分析基准效应量级（组间对比效应的小量级为 0.40，中量级为 0.70，大量级为 1.00；相关性效应的小量级为 0.25，中量级为 0.40，大量级为 0.60）对效应均值进行了量级解释。

4.4.1 起始年龄与二语语法学习成效的整体关系

对早、晚学组对比研究结果的同质性检验为 $Q(df=31)=395.7540$，$p<0.0001<0.05$，表明各研究具有异质性，故选用随机效应模型进行整体效应量计算，结果显示在早、晚学组对比研究中，两组语法成效的均值差异为 $d=0.68$（图 4.2），呈临界中等效应量级，早学组总体上成效优于晚学组。有 7 项结果的效应值为负数，除 Montrul（2011）外，其他 6 项结果均是外语环境下的研究，效应值范围为 −1.64~−0.27。大多数结果（26 项约占 78.8%）的效应值为正，其中有 6 项结果的效应值为 0.02~0.36，效应量级小到可以忽略；4 项结果的效应值为 0.51~0.69，呈小到中等量级；有 13 项的效应值为 0.77~1.99，呈大效应量级；有 3 项结果的效应值非常大，达到 2.16~2.48。总体而言，有 9 项结果（约占总数的 27%）不支持起始年龄对学习成效的影响，有 4 项结果（占总数的 12%）呈现出小到大量级负效应值（−1.64~−0.48），说明起始年龄晚反而对二语语法学习成效有利；有 20 项结果（占总数的 61%）支持起始年龄早对二语语法学习成效更有利。

---

① 这是由 Dr. Atsushi Mizumoto 开发的免费在线分析软件（http://langtest.jp）。
② 本章中相关效应值使用的是 r 而非 Zr，这是为了避免可能造成更大的效应值正偏倚，详见 Querish（2016）中的讨论。

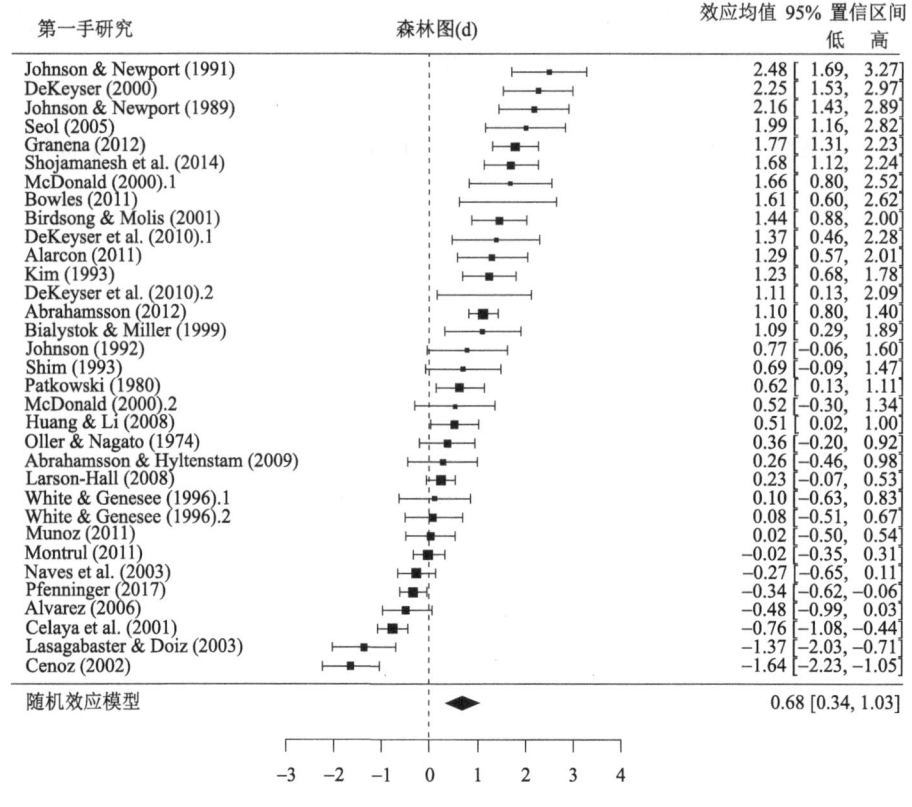

图 4.2 对比组研究效应森林图

根据对比组研究的效应量结果（图 4.3），大多数研究（$k=24$，约占 73%）的样本量在 100 人以下，仅有 9 项结果（约占 27%）的样本量在 100 人以上，其中有 4 项结果达到了中到大效应量级，其余 5 项的效应值未达到小量级。

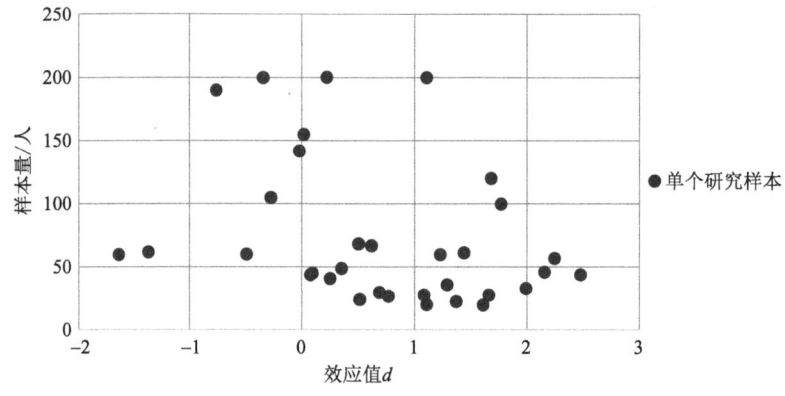

图 4.3 对比组研究效应值散点图

本元分析的结果较之 Qureshi（2016）的小量级效应值（$d=0.46$）有较大差异，原因如下。对两个元分析中的相同样本有不同的效应值计算结果，其中差异大的主要有以下几项：①Bialystok 和 Miller（1999）的结论表明在两个平行实验中仅有一组（母语为西班牙语）有早、晚学组的显著差异，本元分析在样本报告中也只计算出了一个对比组效应值（$d=1.09$），与 Qureshi（2016）报告的两个非常大的效应值（$d=3.56$，$d=2.5$）相差很大；②DeKeyser（2000）是对 Johnson 和 Newport（1989）的研究的验证研究，结论支持了起始年龄对早学的优势效应。本元分析根据其附录中的描述性数据计算出了很大的效应值（$d=2.25$），与 Johnson 和 Newport（1989）的效应值（$d=2.16$）相当，但在 Qureshi（2016）的研究中这一效应值空缺；③在 Bowles（2011）的研究中，早、晚学组分别对应传统语言学习者和二语学习者两组受试，结论支持了早学组的优势。本元分析通过五种不同的测试方式和条件组合下的结果计算得出了较大的效应值（$d=1.61$），而 Qureshi（2016）的研究中报告了两项较大的负效应值（$d=-1.38$，$d=-2.05$），与第一手研究的结论不一致。类似的问题还出现在对 Shim（1993）效应值的计算中。该研究的结论支持了敏感期假说，本元分析也显示了中等的效应量级（$d=0.69$），而 Qureshi（2016）却计算出了负效应值（$d=-0.74$），因此增大了与本元分析在最终结果上的差异。另外，在本元分析增加的第一手研究样本中，有一项对比传统语言学习者和二语学习者差异的研究（Alarcón，2011）效应值较大（$d=1.29$），有一项来自亚洲外语学习环境下的研究（Shojamanesh，Hua & Salehuddin，2014）效应值也较大（$d=1.68$）。上述原因使得本元分析对比组研究的整体效应量级达到了临界中等，高于 Qureshi（2016）得出的效应量级。

对起始年龄与二语语法学习成效的相关性研究结果的同质性检验为 Q（$df=25$）$=380.5$，$p<0.0001<0.05$，表明各研究具有异质性，故选用随机效应模型进行整体效应量计算，结果见图 4.4。相关性研究标准效应均值为 $r=-0.53$，呈中到大量级；其中有 3 项研究结果接近于 0（$-0.09\sim0.08$），说明起始年龄与语法学习成效的相关性小到可以忽略；仅有 2 项结果的正相关效应达到临界小量级（0.23、0.27），表明起始年龄越晚，二语学习成效越高；余下 21 项结果（约占总数的 81%）均呈现负相关效应，表明起始年龄越早，二语学习成效越高，这其中有 13 项结果（占结果总数的 50%）呈临界中到临界大量级相关效应（$-0.63\sim-0.38$），8 项结果（约占 31%）呈大量级效应（$-0.85\sim-0.70$）。

根据相关性研究的效应值结果（图 4.5），大部分研究（$k=18$，约占总数的 69%）的样本量在 100 人以下，其结果集中呈现出中到大量级；有 8 项结果（约占总数的 31%）的样本量在 100 人以上，其中 2 项结果趋近于 0，有 5 项呈临界中到大量级，仅有 1 项结果呈正相关的临界小量级（0.23）。

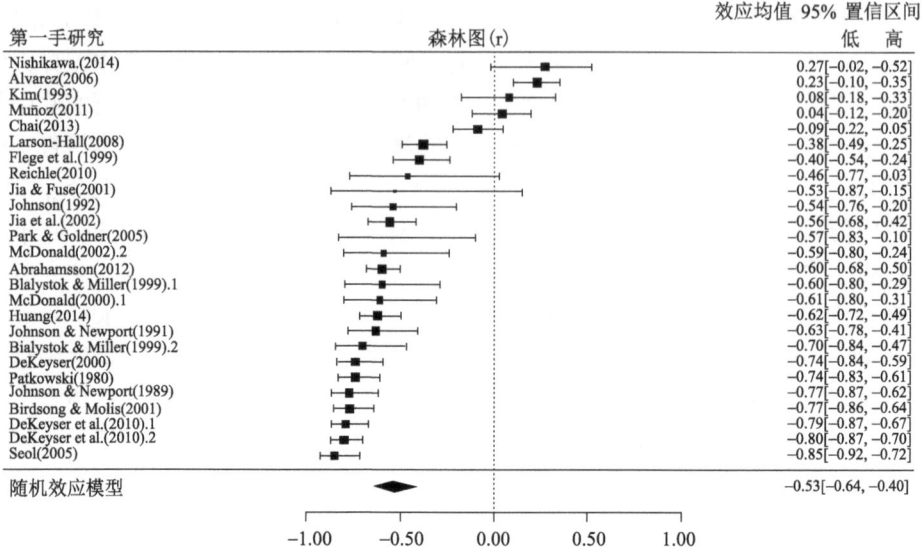

图 4.4 相关性研究效应森林图

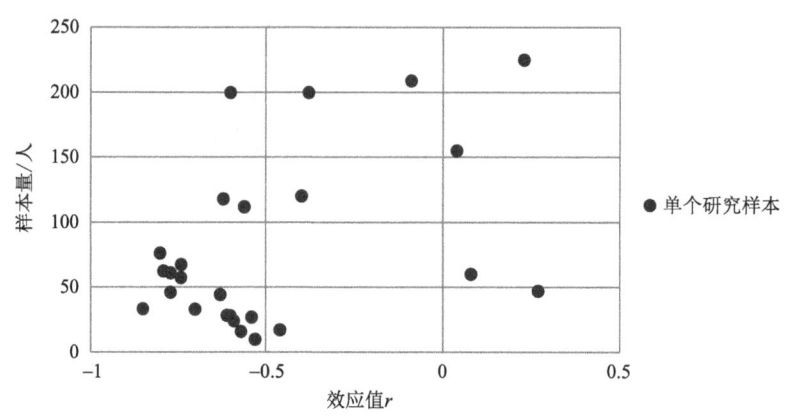

图 4.5 相关性研究效应散点图

本元分析得出的起始年龄与二语语法学习成效的整体相关性平均效应值的结果与 Qureshi（2016）的结果（Zr=-0.40）稍有差异，但都达到了中到大的效应量级。造成差异的原因除了有 1 项研究未被纳入本元分析外，还可能由于对相同样本效应值的计算结果有差异：①Muñoz（2011）没有发现起始年龄与学习成效的相关性，并且报告了二者的相关系数（$r=0.042$，$p=0.603$），而 Qureshi（2016）的计算结果为 Zr=0.44，两者差距较大；②Flege 等（1999）也报告了起始年龄与语法水平的显著负相关数据。本元分析计算的效应值（$r=-0.40$）较 Qureshi（2016）的结果（Zr=-0.04）更符合第一手研究的结论；③DeKeyser 等（2010）的两个平行实验结果支持了起始年龄与学习成效的负相关效应,与本元分析显示的两个效应值(−0.79、−0.80)相符,但 Qureshi(2016)计算出了 3 个差距较大的效应值(−0.13、−0.19、−1);④Álvarez(2006)是针对外语环境的研究。该研究根据学时的增加比较了起始年龄效应的变化,结果发现晚学者的认知优势提升了其学习成效,但随着学时的增加,这种优势不再显著。本元分析得出的相关效应值($r=0.23$)较 Qureshi(2016)的结果($Zr=0.70$)更符合 Álvarez(2006)的研究结论。另外,在本元分析增加的样本中,除柴省三(2013)的相关效应未达到小量级($r=-0.09$)外,其余 6 项研究结果均呈现中到大的负相关效应量级($-0.74\sim-0.46$),使得整体的负相关效应值比 Qureshi(2016)的结果稍大。

本章还通过标准误对对比组研究进行了发表偏倚检验(图 4.6),结果为 $t=2.59$,$df=31$,$p=0.0145<0.05$,相关性研究的发表偏倚检验(图 4.7)结果为 $t=-2.3573$,$df=24$,$p=0.0269<0.05$,均呈现一定程度的发表偏倚。

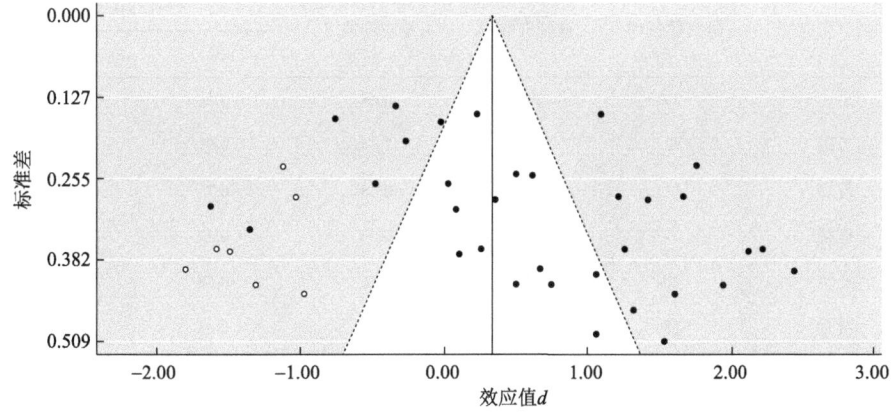

图 4.6 对比组研究效应漏斗图

注:空心圈为使用剪补法增加的假设缺失研究

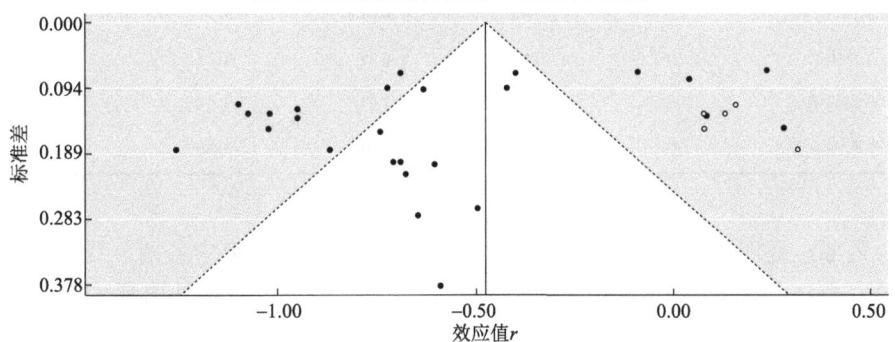

图 4.7 相关性研究效应漏斗图

注:空心圈为使用剪补法增加的假设缺失研究

4.4.2 各调节变量的影响程度

表 4.2 呈现了早、晚学组对比研究中各调节变量的效应均值。在对比组研究中，早、晚学组的语法水平均值差异的整体效应（$d=0.68$）达到了临界中量级，对比组研究中不同学习环境造成的效应值差异非常大，二语环境中的大量级效应（$d=1.14$）远远高出外语环境中的小到可以忽略的效应（$d=-0.18$）。另外，在听觉呈现方式和限时条件下，对比组差异均达到大的效应量级（d 分别为 1.28 和 1.19），在理解类型任务中也达到了中等效应量级（$d=0.84$），但在产出类型任务（$d=0.16$）、视觉呈现方式（$d=0.13$）和不限时任务（$d=0.17$）中，早、晚学组的差异小到可以忽略。

表 4.2 对比组研究：调节变量效应均值

调节变量	研究数量/个	被试人数/人	效应均值 d	95%置信区间	
				低	高
总体	33	2445	0.68	0.34	1.03
二语	22	1176	1.14	0.83	1.45
外语	11	1269	−0.18	−0.71	0.35
理解	27	1806	0.84	0.47	1.21
产出	10	897	0.16	−0.68	0.99
听觉	18	1202	1.28	0.81	1.75
视觉	20	1614	0.13	−0.27	0.53
限时	20	1246	1.19	0.86	1.52
限时听觉	14	1019	1.37	0.97	1.76
限时视觉	7	340	0.81	0.27	1.36
不限时	16	1461	0.17	−0.34	0.69
不限时听觉	5	283	1.21	−0.23	2.65
不限时视觉	15	1394	−0.01	−0.50	0.49

表 4.3 呈现了起始年龄与二语语法学习成效相关性研究中各调节变量的效应均值。总体相关效应均值（$r=-0.53$）达到了中到大量级。在外语环境下的结果（$r=-0.05$）不支持起始年龄与语法学习成效的相关性，在二语环境、听觉呈现方式和限时条件下均达到大的效应量级（r 分别为−0.61、−0.66、−0.66），在理解类型任务中达到了中等效应量级（$r=-0.57$），在视觉方式和不限时条件下达到了小

的效应量级（r 分别为–0.32、–0.31），在产出类型任务中的效应量级（r=–0.20）小到可以忽略。

表 4.3 相关性研究：调节变量效应均值

调节变量	研究数量/个	被试人数/人	效应均值 r	95% 置信区间	
				低	高
总体	26	2075	–0.53	–0.64	–0.40
二语	22	1286	–0.61	–0.70	–0.50
外语	4	789	–0.05	–0.31	0.21
理解	22	1618	–0.57	–0.67	–0.45
产出	5	504	–0.20	–0.58	0.25
听觉	17	1128	–0.66	–0.74	–0.55
视觉	11	1092	–0.32	–0.51	–0.11
限时	15	1070	–0.66	–0.74	–0.55
限时听觉	13	892	–0.69	–0.76	–0.61
限时视觉	3	211	–0.46	–0.79	0.08
不限时	11	1005	–0.31	–0.52	–0.07
不限时听觉	4	236	–0.48	–0.80	0.05
不限时视觉	8	881	–0.25	–0.45	–0.03

4.5 讨 论

4.5.1 起始年龄与二语语法学习成效的整体效应

本元分析结果为起始年龄与语法学习成效的关系提供了比较清楚的整体效应描述。

无论是对比组研究还是相关性研究，起始年龄整体上均呈现出中到大量级的效应，并且相较于 Qureshi（2016）的元分析结果，本元分析得出的整体效应值更大，原因一是 Qureshi（2016）报告的某些第一手研究的效应值与其结论存在明显的不一致（如 Bowles, 2011；Shim, 1993；Álvarez, 2006）和部分研究效应值缺失，如 DeKeyser（2000）中的对比组的效应值，造成结果差异；原因二是本元分析增加的第一手研究呈现了较大的效应值（如 Alarcón, 2011; Shojamanesh, Hua & Salehuddin, 2014; Huang, 2014; Patkowski, 1980）。上述分析说明对已有的元分析研究进行验证是必要的。

根据图 4.6 和图 4.7，本元分析发现第一手研究的结果总体上存在一定程度的发表偏倚，其原因可能是出版界更偏向发表具有统计显著性的研究成果。由于效应量大的结果比效应量小的结果更可能显示出统计显著性（Plonsky & Oswald, 2014），因此本元分析得到的整体效应值应比实际的效应值偏高。

另外，第一手研究的样本量对本元分析结果也可能有影响。从对比组和相关性研究的效应值结果可以看出，大多数研究的样本量在 100 人以下，结果集中呈现出中到大的效应量级，而样本量在 100 人以上的研究效应值相对较小。本元分析的结果与 Qureshi（2016）的结果有类似发现，即样本量大的研究结果不易出现非常大的效应值。

影响整体效应值的因素还可能来自研究的执行环境。本元分析中的第一手研究除了一个访谈（Jia & Fuse, 2007）是在受试家中进行的，其余研究都应被视为是在实验环境下开展的研究，这提示了研究方法的生态效度问题：通常在实验环境下研究者可以通过对环境或其他可能影响实验结果的潜在因素进行控制来达到实验的严谨和精确，同时也会产生更大的预期效应。

以上影响整体效应值的因素符合 Plonsky 和 Oswald（2014）对二语研究中效应值大小的辩证思考：有鉴于二语研究中小样本量、实验执行环境特点和发表偏倚的影响，存在效应值被高估的可能，因此需要谨慎解读元分析结果所反映出的整体效应。

最后，与 Qureshi（2016）的分析相似，本元分析发现第一手研究对研究工具信度的汇报也有欠缺。例如，全部 38 项研究中仅有 9 项研究（约占 24%）汇报了所使用的研究工具的部分或全部信度。因此，笔者认为信度值的缺乏可能会削弱实证研究的严谨性。加之学界针对测试材料也提出了信度关切，比如针对学习者水平的测试材料通常缺乏理论上的复杂性（Abrahamsson, 2018; Hyltenstam, 2018; Veríssimo, 2018），使得研究结论的说服力受到影响。这在关于年龄效应的行为研究和脑神经研究中都是非常重要的研究设计思考。

4.5.2 学习环境差异的影响

与 Qureshi（2016）的研究结果类似，本元分析也发现了学习环境（二语或外语）对年龄效应有很大的影响。二语环境下的效应均值达到了大量级（$d=1.14$, $r=-0.61$），但在外语环境下，起始年龄对学习者语法成效的影响小到可以忽略

（$d=-0.18$，$r=-0.05$）。虽然可以观察到对照组研究中晚学比早学可能存在优势，但是这种优势从量级上来说尚不能支持外语环境下晚学者比早学者反而更有优势的结论。外语环境下起始年龄没有对学习成效产生明显作用的结果可能来自学习者（无论是早学还是晚学）接触目标语的有限时间。在本元分析中，虽然一些第一手研究报告了相当可观的学时，例如 Álvarez（2006）和 Navés 等（2003）的研究中均超过 700 学时，Larson-Hall（2008）的研究中平均学时长达 1823 学时，Muñoz（2011）的研究中更是达到 2400 学时，但如果按照二语环境下起始年龄对学习成效的优势需要至少 5 年（Munro & Mann，2005）甚至 10 年的居住时间（DeKeyser，2000）来换算成外语环境下的学习时间，则外语环境下的学习者穷其一生也达不到这样长的学时（Muñoz，2014b）。这种目标语接触量上的显著差异使得讨论年龄效应和比较早、晚学的优势显得更为复杂。一方面，没有证据证实早学的优势在更长的学时里会否体现，尤其是针对隐性知识的学习，因此不能轻易地否定外语环境下的早学优势；另一方面，早学优势对于多数外语环境下的学习者来说不是能够自然获得的，晚学反倒是这一环境下的常态。基于外语环境中无论是早学还是晚学，都普遍达不到二语环境中的接触量这一现实，研究晚学者如何成功学习外语的意义更大。因此，笔者认为探究"如何才能学得好"比"是否应该学得早"更重要。

笔者还注意到，在外语环境下的第一手研究中，研究者们除了针对起始年龄对二语语法学习成效的考察，还探讨了其他变量可能产生的影响，如学习时长（Oller & Nagato，1974；Shojamanesh，Hua & Salehuddin，2014）、目标语输入数量与类型（Muñoz，2011）、多种环境因素（Pfenninger，2017）等。在二语环境下针对起始年龄效应的研究也将视角从单纯的验证生理成熟限制扩展到结合了对其他个体差异因素的考察，如 DeKeyser（2000）和 Granena（2012）对语言学能的考察。这种研究角度给学界的提示是：无论在哪种学习环境中，除了起始年龄，还有其他影响因素对学习者的二语学习成效产生了不可忽略的影响。

二语学习年龄效应的研究对外语教学政策的制定影响很大，但本元分析中的外语环境下第一手研究的数量相较于二语环境的第一手研究的数量还是偏少。中国作为外语教育大国，关于起始年龄对学习成效影响的实证研究成果也不丰富，这在一定程度上反映出围绕年龄效应的理论解释和教学实践严重脱节的现象。一方面，国内外语界专家一再指出不可违背外语学习的基本规律，不可忽视中国外语教育环境的实际情况而一味强调"外语学习越早越好"，应该针对中国外语教学环境下的年龄效应开展对比实证研究（桂诗春，1992，2012；崔刚，2011），但另一方面，外语学习"低龄化"却不断深入。中国小学已经普遍开始了英语教学，针对学前儿童的双语幼教也在城市中大批涌现。马凯（2013）针对中国学前双语教育实施中的问题指出，不了解语言发展规律导致教学内容设计的不科学，以及不了解早、晚学者的学习机制差异导致教育目标不明确等现状，不但无助于提高儿童外语学习的成效，反而错失了有效学习的时机。这些问题的产生与中国缺乏针对年龄效应的实证研究有关。就中国的双语教育研究而言，多数是从对国外双语教育的现状分析中尝试寻找适合中国的模式。双语教学实证研究也多为基于问卷调查和课堂观察的现象描述，少有从认知发展角度针对中国特定外语环境下早学儿童的特点进行不同语言方面（语音、语法、词汇习得等）的分析，亦忽略了针对成功晚学者的学习机制和特点进行实证探索。这可能使得对起始年龄效应和它影响下的外语学习机制如何作用的认识流于浅表。学界还缺少对外语学习环境以及除起始年龄以外可能对外语学习产生影响的其他因素的作用进行深入的探究。对中国外语学习开展深入的研究是解决教育目标模糊、教材内容欠缺有效性、教学实施不科学等具体问题的理论基础，是促进中国外语教育健康发展必要的理论准备，其必要性和迫切性自不待言。

4.5.3 测试任务类型、呈现方式和时间条件的影响

本元分析针对测试任务类型（理解或产出）、呈现方式（听觉或视觉）、时间条件（限时或不限时）等调节变量作用下的效应值的计算结果显示，理解类型任务、听觉呈现方式和限时条件均对年龄效应有更大的影响。

4.5.3.1 测试任务类型的影响

任务类型差异无论在对比组还是相关性研究中，均对年龄效应产生了影响，但是与某些相关性研究（如 Alarcón, 2011）结果不同的是，理解类型任务中的效应均值（$d=0.84$，$r=-0.57$，呈中等量级）反而高于产出类型任务中的效应均值（$d=0.16$，$r=-0.20$，效应量级小到可以忽略），这意味着在理解类型任务中比在产出类型任务中更能体现出早学的优势，起始年龄和语法水平的相关性更显著。产生这一结果的原因可能来自受试样本量和测试任务特征。

使用理解类型任务的第一手研究,无论是从研究数量上还是从被试样本量上，均比使用产出类型任务的第一手研究高出 2~3 倍，这使得理解类型任务的效应均值在计算过程中会因为样本量加权高于产出类型任务的效应均值；在使用产出类型任务的第一手研究中，结果上支持年龄效应的研究（如 Bowles, 2011；Alarcón, 2011；Jia & Fuse, 2007）的样本量（$n=20$，36，10）远小于结果不支持年龄效应或者支持晚学优势的研究（如 Cenoz, 2002；Lasagabaster & Doiz, 2003, Álvarez, 2006）的样本量（$n=60$，62，225）。

另外，在使用产出类型任务的研究中,有一类对比组研究的结果(如 Montrul,

2011；Alarcón，2011；Bowles，2011）呈现出中至大量级的效应值（d=0.81，2.23，2.74）。它们均是针对达到了高水平的二语学习者（晚学组）与传统语言学习者（早学组）的研究，并且使用的测试材料集中在考察目标语（西班牙语）中学习难度很大的语法特征，即名词和动词的屈折成分，包括性一致、宾语标记、时态、语态等。这些都是较细微的语法特征，通常学习者即使在掌握了一定的元语言知识、具备了较高语言能力的情况下，在限时压力下也会出现产出错误，表现出能力和表现这两个界面上的配置缺陷（mapping deficits）。上述研究结果均提供了这种配置缺陷的证据，并且在一定程度支持了 DeKeyser 和 Larson-Hall（2005）中关于早、晚学者依赖于不同的学习机制来处理不同性质知识的假说，得出了早学者在加工这些语法特征时表现出的优势。另一类研究的结果为年龄效应很小，甚至晚学更有优势（如 Cenoz，2002；Lasagabaster & Doiz，2003；Celaya，Torras & Pérez-Vidal，2001；Álvarez，2006），它们均为在外语环境下使用了产出类型任务的研究，所用的是外语教学中常用的任务形式（如讲故事、写信、写自我介绍等），由评分者对学习者的语言产出表现给予综合性的评估，其中包括了语法使用的复杂度和准确度。这一类测试任务有较高的生态效度，但学习者在达到交际目的的前提下可以回避使用某些语法特征，因此这类任务并不一定能提取学习者对某些难度较高、较细微的语法特征的表现，加之这一类研究中的学时都不长（≤416 小时），研究者自己也意识到结果中呈现的晚学优势随着学时的增加变得不再显著（Álvarez，2006）。

这一结果的提示是：测试任务设计上的差异造成二语和外语环境下的一些研究结果可比性不强。一方面，外语环境下使用的产出类型任务大多考察的是语言的综合表现（流利度、复杂度和准确度）。这些任务从语法特征上看难度不高，学习者甚至可以回避使用一些不太确定的语法结构，与使用针对语法难度较高特征的测试任务相比，较难准确地反映出学习者的语法水平，容易产生"天花板效应"（Abrahamsson，2012）。另一方面，二语环境下使用的更有针对性的某些语法特征的测试任务在生态效度上也需要提高，毕竟学习者的语法知识也应该通过他们在真实生活中的语言使用来体现（Qureshi，2016）。

4.5.3.2　呈现方式和时间条件的影响

本元分析结果显示，在听觉呈现方式和限时条件下，早学组的表现明显优于晚学组，语法水平与起始年龄的相关性更强，这与 Qureshi（2016）的结果一致。按照 Ellis（2005）、Kim 和 Nam（2017）对在线加工测试方式和条件对知识性质测得效度的观点，听觉方式和限时条件更能获得针对隐性知识的加工数据，因此，本元分析结果基本印证了 DeKeyser（2000，2012a，2013）提出的起始年龄效应仅限于隐性学习机制的观点。结合研究所处的学习环境差异，本章发现外语环境中的研究除 Larson-Hall（2008）和 Cenoz（2002）之外，绝大多数使用的都是视觉呈现方式和不限时条件等针对语法显性知识的测试任务，这一结果为外语环境中的年龄效应提供了另一种可能的解释，即学习者的显性学习特点使得起始年龄对语法成效的作用有限。

任务方法特征差异的影响表明：今后的研究需要解决的问题是在研究方法上使用高信度和高效度的工具来收集学习者的语法水平数据，努力的方向应该是结合写作类任务的高生态效度特点和语法判断测试针对具体语法特征的准确性，使用更精细的针对隐性知识的心理学测试手段（如自定步调阅读和词语监控）等具有更高信效度的方法。

4.6　结　　语

本章运用元分析对 38 项关于起始年龄与二语语法学习成效关系的第一手研究进行了统合分析，得出以下结论。

首先，起始年龄从整体上对二语语法学习成效确有影响，无论是早、晚学组对比研究还是起始年龄与语法学习成效的相关性研究，起始年龄对学习成效均呈现出中到大量级的效应。但是，由于第一手研究存在样本量偏小、发表和出版偏倚、研究方法信度和效度报告缺陷等方法上的局限，研究者需要谨慎解读这个整体效应。

其次，起始年龄与二语语法学习的关系在不同的学习环境下差异很大。在以自然和浸润式的接触学习为特征的二语学习环境中，年龄效应达到了大量级，早学比晚学更容易达到高水平；但在以课堂学习为特征的外语学习环境中，其效应值小到可以忽略，早学并没有明显优势。

最后，测试任务类型、呈现方式和时间条件等方法特征也对起始年龄与二语语法学习成效的关系产生了影响：在理解类型任务、听觉呈现方式和限时条件下效应值更大，而在不限时视觉方式这类产出类型任务中，早学没有明显优势，研究结果反映出起始年龄的作用可能仅限于隐性知识和隐性学习。

本元分析结果可从第一手研究和统合研究两个层面对今后的研究方向有所启示。

首先针对第一手研究，外语环境尤其是中国外语学习的实证研究亟待充实，为早学或晚学优势提供进一步的验证和解释，这对外语教育政策制定的意义尤其重大。另外，无论是在二语学习还是外语学习中，研究者们对起始年龄的认识逐步脱离了单一的验证角度，开始探讨多个因素共同作用下对学习成效的影响，如学习时长、输入特征、环境因素和个体差异（如动机和学能）等，这是未来关于年龄效应研究的发展趋势（Yates & Kozar，2017）。第一手研究的样本量和方法效度问题也需要在后续研究中解决。

年龄效应主题下的系统性综述研究也需要从以下方面做进一步的探索：①针对二语语法学习成效的元分析还可以考察复杂度更高的具体语法特征对年龄效应的影响，并结合学习者的语言背景，了解不同语法特征对年龄效应的敏感性，深入认识二语语法习得的顺序，为教学实践的有效性提供借鉴；②针对不同语言方面（如语音、词汇搭配等）的元分析也十分必要，这将有助于全面认识年龄效应对语言发展的作用，进一步明晰不同语言范畴发展的客观规律；③目前关于年龄效应的研究已经积累了一定数量的脑神经研究成果，也有必要通过系统性综述来了解脑神经研究范式下的各个影响因素及其对二语语法学习成效的影响程度，以便加深对与起始年龄相关的神经机制的认识。

第 5 章

起始年龄、语言学能与二语语法学习成效关系研究

5.1 引　　言

二语学习的起始年龄是二语习得研究的焦点问题（Granena & Long，2013a）。关键期假说认为 2 岁至青春期之前这段时间是母语习得的关键期，过了关键期（即青春期开始之后），语言学习将变得非常困难（Lenneberg，1967）。但二语学习或者外语学习是否也存在关键期则存在较大的争议（Muñoz & Singleton，2011；DeKeyser，2013；Birdsong，2006）。国内外学者围绕关键期假说开展的大量实证研究表明：从二语学习的长期结果来看，儿童比成人更具优势，起始年龄与二语学习成效之间存在着负相关关系。但这一负相关关系究竟是二语学习关键期导致的还是与年龄相关的诸多内外因素导致的呢？研究者们对年龄效应的本质和归因问题持不同的观点（Hyltenstam & Abrahamsson，2003；Muñoz & Singleton，2011；DeKeyser，2013）。随着近年来对二语学习年龄效应研究的不断深入，研究重点已转向基于认知的、心理的和社会的理论探索和实证研究（Hyltenstam & Abrahamsson，2003）。

DeKeyser（2000）认为儿童主要依赖隐性学习机制学习语言，而成人（或青少年）则主要依赖分析性的显性学习机制学习语言（DeKeyser，2000；DeKeyser，2003）。这种解释强调学习者由于隐性学习能力的减弱而导致的两种学习机制的差异（DeKeyser，2000；Long，2013a），着重强调儿童和成人（或青少年）的二语学习依赖不同的语言学能（李红、马莉，2016）。语言学能是除年龄因素以外最能预测二语学习成效的重要因素，能够解释二语学习成效 10%~20%的方差（Granena & Long，2013a）。因此，越来越多的学者开始探索语言学能对年龄效应的解释力，重点关注起始年龄、语言学能与二语语法学习成效的关系，但目前的研究大都在二语的自然学习环境中进行，与中国课堂教学环境有很大的不同，

对中国外语教学及外语教育政策制定的参考价值不大,因而在中国开展起始年龄、语言学能与二语语法学习成效关系的研究十分必要。

5.2 二语语法学习成效与语言学能的有关概念及研究

5.2.1 二语语法学习成效的测量

二语学习成效指二语学习的长期效果。虽然二语学习成效被视为一个相对稳定的水平,但它也可能会发生改变。由于二语在表层结构上更具变异性,因此与母语相比,二语的学习成效更具有不确定性。换句话说,二语学习成效并不是绝对不变的,学习者随时可以学习新的词汇,因而其句法形态和语音知识可能发生改变,但是学习者的基本语法知识体系则保持相对稳定(Birdsong,2004)。因此,二语学习成效研究最多的是语法层面的学习成效。

在二语学习成效的研究中,一个棘手的问题是如何确定二语学习者的学习成效达到了一个相对稳定的状态,或者说如何确定学习者达到了其学习的最终水平?理想的方法是对学习者的语言水平进行多次测量。这种测量的基本假设是:如果不同时间的测试结果相似,则表明学习者的二语学习达到其最终水平。但在研究中要多次对同一学习者的学习水平进行测量是有难度的,因而一个相对可行的做法是以学习者在目标语所在国的居住年限或者学习者的课堂学习时间为参照(详见本书 2.2 小节)。近期的一些研究把学习者在目标语国家的居住年限通常定为 10 年及以上,如 Abrahamsson(2012)、Abrahamsson 和 Hyltenstam(2008)、DeKeyser(2000)、Granena(2014)等。目前,课堂教学环境下的研究还没有一个公认的学习时间参照,现有的研究主要以本科生或研究生为研究对象,如 Larson-Hall(2008)、Saito(2017)等。

目前对二语语法学习成效测试的方式较多,包括语法判断测试(grammaticality judgment test)、元语言能力测试、叙述任务、语序结构任务等。元语言能力测试主要考察受试对语言规则的理解以及阐述能力。该测试让受试改正句子的语法错误,并要求受试对句子的语法规则进行解释、描述。有的研究还把元语言分析能力的测量与语法判断测试相融合:先为受试提供一组句子,要求受试判断其语法的正误,然后让受试对错误的句子进行改正。叙述任务通常为受试提供图片或者视频,要求受试描述图片或视频的内容。研究者对受试产出的句子进行记录并统计正确的句子结构。但值得注意的是,受试在叙述任务中的表现会受到其口语能力或者语音能力的影响,叙述任务测量的结果可能反映了二语学习者的口语能力和语音能力，并非完全是学习者的二语语法学习成效。另外，由于受限于受试的口语产出能力，受试在叙述任务中产出的句型结构所涵盖的语法结构数量有限，难以较为全面地测量受试所掌握的二语语法结构。语序结构任务所测量的语法规则也比较少。该任务为受试提供多组句子，每组句子中含有不正确的语序，例如将多个形容词、动词与副词等的位置进行调换。该任务要求受试从每组句子中选择语序正确的句子。Granena 和 Long（2013b）的研究就使用了这一测试任务，例如：

（1）Maribel todos los días da sinceramente su opinión.（Preferred）
（2）Maribel sinceramente da todos los días su opinión.

语序结构任务的测试方式与语法判断测试相似。有不少的研究直接把语序结构任务融入语法判断测试中，如 DeKeyser（2000）、DeKeyser 等（2010）以及 Johnson 和 Newport（1989）。

语法判断测试是使用最广泛的测量方法，并且它能更好地反映学习者的二语语法水平（Davies & Kaplan, 1998; Tremblay, 2005）。语法判断测试的句子材料既包括符合语法规则的句子，也包括不符合语法规则的句子。该测试要求学习者对所有句子的语法正确性进行判断。语法判断测试通常分为两种，即听觉测试和视觉测试，还可以继续分为限时的测试和不限时的测试。近期有研究者专门探索语法判断测试的类型与隐性语法知识和明晰性语法知识的关系（Andringa & Rebuschat, 2015; Ellis, 2005）。Ellis（2005）的分析显示限时的语法判断测试要求受试实时处理语言信息，因而它着重测试受试的隐性语法知识和自动化的语言使用，而元语言测试和不限时的语法判断测试则给受试更多的时间思考、分析语言结构和形式，因而偏重测试受试的明晰性的语言知识。Ellis 之后的研究也验证了这一结果：限时的语法判断测试能更有效地测试隐性的语法知识，不限时的语法判断测试能更好地测试明晰性的语法知识（Bowles, 2011; Zhang, 2015）。还有研究者采用眼球追踪（eye-tracking）的研究方法进一步地探索各类语法判断测试形式的特点（Kim & Nam, 2017）。研究除了确认限时与不限时的语法判断测试偏重测量隐性与明晰性的语法知识之外，语法判断测试实验材料的呈现形式（即听觉或视觉）也能对两种语法知识的测量产生影响。Kim 和 Nam（2017）认为，当语法判断测试是限时的测试时，与视觉测试相比，听觉测试是一种更好地测量内隐性语法知识的方法。由于二语语法学习成效的研究通常都涉及早学者和晚学者，他们的二语学习可能依赖不同的学习机制（隐性学习机制与显性学习机制），因而选择什么类型的语法判断测试对这类研究至关重要。

5.2.2 语言学能研究的发展及其测量

语言学能研究起源于20世纪20年代中期。Carroll（1965）对语言学能或外语学能进行了深入的研究，是该领域最重要的研究者之一。他将语言学能定义为人们学习二语或外语的一种相对稳定的专门能力，认为语言学能不同于学业成绩，也不等同于一般智力。Carroll的学能定义是一种相对静态的语言学能观点（Li，2015）。20世纪90年代，Skehan把语言学能研究引入应用语言学的研究视野中，并发展了Carroll的语言学能理论。Skehan对学能理论的重大贡献是将学能三要素与基于信息加工的二语习得认知过程结合起来，提出语音编码能力、语言分析能力和记忆能力分别对应的学习阶段：输入、中央处理和输出（Skehan，2002）。Robinson（2001）结合自己及前人的理论进一步发展了学能理论，主要阐述了外语学能的构成要素在不同条件下与外语学习任务之间的关系（戴运财、蔡金亭，2008），表明了语言学能、二语发展与学习环境之间的交互关系。笔者认为Robinson的学能定义更加关注二语学习的过程，体现的是一种相对动态的语言学能观点。

近几年，随着语言学能理论研究的发展，人们对学能构念的理解也更为深入。同时，学界对隐性学习、显性学习、隐性知识和显性知识等概念的界定也更加清楚。语言学能与二语学习成效关系研究的不断发展也推动了语言学能理论的发展，推动了语言学能构念的更新。目前有研究者和语言学能测试开发者提出将语言学能分为内隐性学能与外显性学能，并设计了分别测量这两个维度的新学能测试，如Hi-LAB（Doughty et al.，2010；Linck et al.，2013）。该测试突破Carroll的学能理论框架，是专门为高水平的二语学习者而设计的学能成套测试题，主要测试工作记忆、联想记忆能力、长时记忆检索、处理速度、隐性学习能力、语音感知能力等（详见本书3.3.3小节及3.4.5小节的有关论述）。Granena（2012，2016）认为内隐性学能指学习者在无意识的内隐认知过程中所使用的学习能力，将其定义为序列学习能力，而外显性学能则是学习者在有意识的显性学习中所使用的学习能力，通常指学习者的语言分析能力。Granena（2016）的研究发现内隐性学能和外显性学能分别对应不同的信息处理认知方式：内隐性学能对应的是经验、直觉型加工方式，而外显性学能对应的是分析型信息加工方式。Suzuki和DeKeyser（2017）也认为应将学能分为两个维度，他们将内隐性学能定义为无意识的序列学习能力，将外显性学能定义为语言归纳能力或语言规则推理能力，他们在研究中用LLAMA F（语法推断测试）测试受试的外显性学能，用序列反应时（serial reaction time，SRT）测试受试的内隐性学能。目前将学能分为隐含性学能和外显性学能的实证研究还比较少，但从近几年的研究来看，将来这一领域的研究将会越来越多。

目前研究中使用较多的学能测量工具是 LLAMA（Meara，2005）（详见本书 3.4.4 小节）。该测试包括四个小测试，分别为 LLAMA B、LLAMA D、LLAMA E 和 LLAMA F。Granena（2013a）验证了该测试的信度，认为该测试有较高的信度，测试分别测量了学能的两个维度：内隐性学能和外显性学能。不过，需要注意的是 LLAMA 测量外显性学能的分测试较多，测量内隐性学能的分测试较少，因此，今后的研究需要考虑采用其他的测量内隐性学能的测试，例如 Hi-LAB 中的 SRT，以便更好地测量二语学习者的两种认知能力。

SRT 诞生于 20 世纪 80 年代末期至 90 年代初期，最早是由心理学家 Nissen 和 Bullemer（1987）提出的，是研究隐性学习的一种经典研究范式。除了在心理学领域广泛使用以外，近年来该研究范式也在认知、生物学等领域广泛应用于对学习和记忆的研究（Robertson，2007）。在标准的 SRT 中，研究者在 4 个从左到右不同的空间位置上为受试呈现视觉刺激，每一个位置都对应一个计算机按键。受试在看到视觉刺激后要迅速、准确地做出反应，按下相应按键，之后该刺激会消失，随即呈现的是下一个刺激。刺激之间通常有 250~500ms 的间隔。从视觉刺激被呈现到受试做出反应的这段时间被称作反应时，反映的是受试的某一心理加工过程，是研究者们统计的重要指标。视觉刺激呈现的位置分为有规律序列和无规律序列两种。例如，在 Nissen 和 Bullemer（1987）的实验中，有规律序列的视觉刺激呈现的顺序为 4-2-3-1-3-2-4-3-2-1，而无规律序列则随机呈现。在实验开始前，受试只被告知对视觉刺激呈现的位置做出反应，他们不知道这些视觉刺激的呈现位置是有着不明显的规律。尽管受试没有意识到这些视觉刺激的规律，但是他们做出反应的时间还是会随着序列的重复而缩短。研究者们记录受试的有规律序列的反应时间和无规律序列的反应时间，并且对两者进行比较。如果两者之间有显著的时间差异，则说明观察到受试的隐性学习。不过，SRT 是否能够真正测量学习者的隐性学习能力也受到了一些质疑，因此有很多的学者致力于通过对实验材料的革新和巧妙安排来确保该任务能更准确地反映隐性学习的过程。此外，为了确认在实验过程中没有发生显性学习，一些研究还要在 SRT 之后要求受试完成显性知识的测量任务，通常为生成任务（generate task）。在生成任务中，受试仍会看到在 SRT 中出现的固定序列，并根据已经出现的视觉刺激预测下一个刺激将会出现的位置，并按下相应的按键。研究者会对受试做出反应的准确性进行统计，并将其与 SRT 中的反应时差进行相关分析。如果两者之间的相关度低则说明受试在 SRT 中没有发生显性的学习。另一些研究通过 SRT 之后的刺激呈现的序列回忆任务来判断受试在 SRT 中是否发生了显性的学习。还有研究者在 SRT 之后设计识别任务来判断受试是否发生了显性学习。例如，Shanks 和 Johnstone（1999）在识别任务中一次性为受试呈现三个视觉刺激并要求受试在迅速按下相应的按键后判断呈现的顺序是否在 SRT 中出现过。识别任务中共包含 24 个由三个视觉刺激组成的短序列。研究者们认为，如果受试能够辨别出现频率高的序列和出现频率低的序列，那么就有可能产生了显性学习（Shanks & Perruchet，2002；Shanks，Wilkinson & Channon，2003；Willingham，Salidis & Gabrieli，2002）。自 SRT 诞生以来，研究者们不断探索，排除实验中的显性成分，如今该任务已经被广泛应用在探索隐性学习以及隐性学习能力的研究中（Doughty et al.，2010；Granena，2012；Linck et al.，2013）。

最后，Granena（2013a）对 LLAMA、一般智力测试以及 SRT 进行了主成分分析，分析结果显示 LLAMA B、LLAMA E、LLAMA F 以及一般智力测试测量的能力属于同一维度，即外显性学能，而 LLAMA E 和 SRT 则测试的是另一个维度，即内隐性学能。根据这一分析结果，研究者对 LLAMA 和 SRT 测试的结果进行内隐性学能与外显性学能两个不同维度的分析具有了可行性。

5.2.3 探索起始年龄、语言学能与二语语法学习成效关系的研究

DeKeyser（2000）是探索二语学习者的起始年龄、语言学能与其二语语法学习成效关系的重要学者之一。该研究的受试为 57 名匈牙利的英语学习者，他们在美国的居住年限长达 10 年以上，起始年龄从 1 岁至 40 岁不等。研究所使用的语法判断测试包含 196 个英语句子，涉及 12 种容易受到年龄因素影响的语法规则，主要包括时态、单复数、词序等。实验句子通过听觉方式呈现给受试，每个句子播放两遍，两遍之间有 3 秒钟的间隙。研究采用的学能测试是 MLAT 中的句中词部分（详见本书 3.4.1 小节）。研究发现起始年龄晚的移民（AO≥16）的语言学能与其英语语法水平呈正相关（$r=0.33$，$p<0.05$），获得语法判断测试高分的晚学者几乎都具有较高的语言分析能力，而早学者（AO<15）的语言学能与其英语语法水平则没有显著相关性（$r=0.07$，$p>0.05$）。DeKeyser 认为语言学能对早学者没有发挥作用，但语言学能尤其是语言分析能力却是晚学者接近本族语者水平的必要条件。DeKeyser 认为这一研究结果支持了根本性差异假设，证明早学者和晚学者采用不同的学习机制学习二语。

为了给根本性差异假设提供跨语言的证据，DeKeyser 等（2010）分别以移民到北美国家的英语学习者和移民到以色列的希伯来语学习者为研究对象，考察三个年龄组的语言学能与语法学习成效的关系。研究所采用的语法判断测试与 DeKeyser（2000）所采用的测试相似，而学能测试则采用的是专门为在以色列的俄语母语者设计的大学入学考试题，与美国大学入学考试类似。研究发现起始年龄晚的两组学习者（AO≥18）的语言学能与其语法成绩呈正相关，但却没有发现起始年龄早的学习者（AO<18）的语言学能与其语法成绩之间的相关性。虽然两组学习者的母语和二语均不相同，所处的社会背景也不一样，但其语言学能与二

语语法水平之间的关系却相似，也与 DeKeyser（2000）年的研究结果一致，因此这进一步证明语言学能只在晚学者的二语学习中发挥了作用，表明早、晚学习者的学习机制有所不同。

上述两项研究（DeKeyser，2000；DeKeyser，Alfi-Shabtay & Ravid，2010）都发现晚学者的语言分析能力与其语法成绩呈正相关，达到本族语者水平的晚学者都具备较高的分析能力。Abrahamsson 和 Hyltenstam（2008）的研究则发现起始年龄早的学习者的学能与其语法成绩也呈正相关。该研究以 42 名母语为西班牙语的高水平瑞典语学习者（二语水平接近本族语者的水平）为研究对象，所采用的语法判断任务包括听觉和视觉两种形式，实验材料共包括 80 个句子，涉及四种难度较大的语法规则。该研究中所采用的学能测试是 Swansea 语言学能测试（Swansea LAT），前文所提到的 LLAMA 正是在这一学能测试的基础上改进的。研究结果显示起始年龄晚（AO≥13）的学习者的语言学能与其语法能力呈正相关，但这种相关性并不显著（$r=0.53$，$p=0.094$）。该组中有 4 名分数达到本族语者水平的晚学者均具有高于平均水平的语言学能。研究者认为该组的语言学能和语法水平的相关性没有达到显著性水平可能与该组受试的样本量较小（$n=11$）有关，也与该组受试的语言学能分数的差异较小有关（11 名晚学者的语言学能分数均高于平均分）。起始年龄早（AO≤11）的学习者的语言学能与其语法能力存在着显著的相关关系（$r=0.70$，$p<0.01$），并且达到本族语者水平的学习者中有 72%的学习者的语言学能得分都高于平均分。因此，研究者认为学能对晚学者达到本族语者水平是必要的，对早学者达到本族语者水平也是有利的。

Granena（2012）以 100 名母语为汉语的西班牙语早学者（3≤AO≤6）和晚学者（AO>16）为考察对象，着重考察了语言分析能力（即外显性学能）和序列学习能力（即内隐性学能）对两个年龄组的二语语法水平的不同作用。该研究显示，在控制性语言使用中，语言分析能力强的早学者和晚学者的语法水平比学能低的早学者和晚学者高，而序列学习能力只对早学者的语法水平有作用；在自动化语言使用中，序列学习能力强的早学者和晚学者对违反一致性的语言结构有更高的敏感性。作者认为，语言学能对早学者和晚学者的二语最终水平都有影响，但不同的学能要素对其影响则不相同。

与上述几项研究相比，Granena 和 Long（2013b）的研究结果则有所不同。该研究的受试为 65 名高水平中国西班牙语学习者，所采用的学能测量工具为 LLAMA。研究中采用了多种形式的任务来测试学习者的语法水平，包括图片描述任务、词序选择任务以及限时语法判断测试等。该研究在三组学习者中均没有发现语言学能与其语法成绩存在相关性。笔者认为这一结果可能与该研究所采用的限时语法判断测试有关。Abrahamsson 和 Hyltenstam（2008）、DeKeyser（2000）、DeKeyseret 等（2010）采用不限时的语法判断测试均发现晚学者的语言学能与其二语语法最终水平呈正相关；而 Granena 和 Long（2013b）采用限时的语法判断测试则没能发现这种相关性。笔者在前文（5.2.1 小节）已指出现有的研究已初步揭示了不限时的语法判断测试偏重测量明晰性的语法知识，而限时的语法判断测试更偏重测量隐性的语法知识。所以上述研究结果的差异说明语法判断测试的任务形式可能是影响起始年龄、语言学能与二语语法学习成效关系的干扰因素之一。Granena（2013b）的研究也揭示了语法判断测试的任务形式对研究结果可能产生干扰。该研究以具有高水平的西班牙语晚学者（17≤AO≤43）为研究受试，分析结果表明晚学者的限时听觉语法判断任务测试成绩与其语言学能不相关，但是晚学者的不限时视觉语法判断任务测试成绩却与其语言学能显著相关。但是，这里需要指出的是，该研究采用的两种不同形式的语法判断测试涉及两种实验材料的呈现方式：听觉和视觉。该研究显示的语法判断测试与语言学能之间的相关性究竟是受到语法判断测试时间的制约还是语法判断测试呈现方式的制约呢？这是一个值得探讨的问题。

表 5.1　起始年龄、语言学能与二语语法学习成效关系研究概要（李红、马莉，2016：48）

作者	受试	测量工具	研究结果
Abrahamsson & Hyltenstam（2008）	42 名母语为西班牙语的接近本族语者水平的瑞典语学习者	LAT、听觉和视觉的语法判断任务（不限时）	语言学能与早、晚学者的二语语法水平呈正相关
DeKeyser et al.（2010）	76 名母语为俄语的英语学习者和 64 名希伯来语学习者	口头 SAT、听觉语法判断任务（不限时）	两组晚学者的语言学能均与其二语语法水平呈正相关，但早学者与其语法水平不相关
Granena（2012）	100 名母语为汉语的西班牙语学习者	LLAMA、听觉和视觉语法判断任务（分限时和不限时）、元语言知识测试、词汇监控任务、序列反应时任务、智力测试	在控制性语言使用中，语言分析能力强的早、晚学者的语法水平比学能低的早、晚学者好；序列学习能力只对早学者的语法水平有作用。在自动化语言使用中，序列学习能力强的早、晚学者对违反一致性的语言结构有更高的敏感性
Granena & Long（2013b）	65 名母语为汉语的西班牙语学习者	LLAMA、语音测试、词汇与搭配测试、听觉语法判断任务（限时）	早学者的语言学能与其三个语言层面的最终水平都不相关；晚学者的语言学能与语音、词汇与搭配的最终水平相关，但与其语法最终水平不相关
Granena（2013b）	30 名母语为英语的西班牙语晚学者	LLAMA、听觉语法判断任务（限时）和视觉语法判断任务（不限时）	晚学者的语言学能与限时语法判断任务测试不相关，而与不限时语法判断任务显著相关
Granena（2014）	50 名母语为汉语的西班牙语早学者	LLAMA、听觉语法判断任务（分限时和不限时）	在不限时的语法判断任务中，早学者的语言学能与其一致性结构的二语语法成绩呈正相关；在限时的语法判断测试中，早学者的学能与其二语语法成绩无显著相关性

Granena（2014）在研究中增加了语法判断测试的时间变量和语法结构变量，对比了起始年龄为 3~6 岁的西班牙语早学者在限时和不限时语法判断测试中的语言学能与其语法学习成效的相关性。分析结果表明，语言学能与语法判断测试的时间变量和语言结构变量之间存在交互作用。只有在不限时的语法判断测试中，西班牙语早学者的语言学能与其一致性语法结构的二语语法成绩才呈正相关，但他们的语言学能与其不一致性语法结构的二语语法成绩则不相关。作者认为不限时的语法判断测试能为受试提供更多的时间对语言结构进行分析，因而有益于早学者的明晰性语法知识的测量，但早学者的语言学能与其二语语法水平的相关性还受到语法结构的制约。近期有关起始年龄、语言学能与二语语法学习成效关系的研究见表 5.1。

综合上述分析，可以得出这样的结论：语法判断测试任务的形式，包括任务的时间变量和材料的呈现方式，都有可能会影响到早学者与晚学者对明晰性语法知识的运用，因此这两个变量应值得进一步的探索。

国内学者对语言学能与二语语法学习成效进行探究的研究不多。温植胜（2005）回顾了国外语言学能的理论探索和实证研究，呼吁学界重视对语言学能的研究；戴运财（2006）考察了英语专业学生的学能及其相关因素对英语学习成绩的影响；苏建红（2012）探讨了显性、隐性教学与语言学能及二语显性、隐性知识习得的交互作用，该研究显示对显性和隐性知识的学习，高学能者均优于低学能者，揭示了学能在外语教学环境中的作用。但戴运财和苏建红的研究并未考察隐性学习能力以及年龄的因素。目前少有国内学者探究起始年龄、语言学能与二语语法成效的关系，而国外的研究多以有长期目标语国家居住经历的二语学习者为研究对象，其语言学习环境与中国课堂教学环境完全不同。

5.2.4 探索其他因素与二语语法成效关系的研究

除了年龄和语言学能因素，还有很多与年龄有关的因素交织在一起，影响二语学习的长期学习效果，如学习动机、语言输入和使用、母语与二语的差异、情感因素等（Marinova-Todd，2003），其中研究者关注较多的因素是学习动机、语言输入和使用。Muñoz 的一系列研究表明，在课堂教学环境中，语言输入和使用和学习动机比年龄更能预测二语学习的成效（Muñoz，2008，2014c；Pfenninger & Singleton，2016）。

5.2.4.1 学习动机

语言学习动机是一个复杂的概念，Gardner 和 Dörnyei 等学者针对语言学习动机的构念开展了大量的研究。虽然学界对动机的组成因素及其相互之间的关系仍存在争议，但不能否认的是学习动机是影响二语学习的重要因素之一。语言学习动机能为学习者提供长久的内在驱动力，有较高学习动机的学习者往往能取得更好的学习成效，两者之间的相关系数通常能达到 0.30~0.40（Dörnyei，2010）。Gardner（1979）的一项针对 11 年级的法语学习者的研究结果表明，与融入性和对学习环境的态度这两个因素相比，学习动机与学习者的法语水平相关性最高。Masgoret 和 Gardner（2003）通过态度/动机检验量表（Attitude/Motivation Test Battery）对 Gardner 及其同事之前的大量研究（包括 76 份独立样本，涉及 10 498 个受试）所得的数据进行了分析，结果表明学习动机与二语学习成效之间存在着正相关关系，相关系数达到 0.37，远远高于学习成效与其他因素（即融入性倾向、工具性倾向）之间的相关性。还有学者指出，学习动机与学习成效之间的关系可能受到年龄因素的制约，例如 Crookes 和 Schmidt（1991）认为当年龄因素被严格控制时，学习动机和学习成效之间的相关性可能会消失。很多在课堂教学环境下开展的研究发现年龄更小的学习者通常具有较高的语言学习动机，对所学目标语的态度也更加积极（Blondin et al.，1998；Hawkins，1996）。Dewaele 和 MacIntyre（2014）则持完全相反的观点，认为晚学者有更强的二语学习动机。Muñoz（2008）则认为这些研究中年龄较小的学习者动机更强并不意味着起始年龄越早，动机就越强。学习者心理、情感因素容易受到教学环境、教师等外部因素的影响，因此对动机进行研究时必须严格控制年龄、教学环境等因素。Pfenninger 和 Singleton（2016）以 200 名瑞士英语学习者为受试，对学习者的起始年龄、学习动机、教学环境等进行了调查。不过研究结果并没有发现早学者在二语学习上的优势，结果显示动机在学习者取得较高二语水平上具有重要的作用，并且晚学者具有更强的学习动机。

5.2.4.2 语言输入和使用

在二语的自然学习环境下开展的很多研究都表明语言输入和使用也是影响二语语法学习成效的一个重要因素。近几年在二语课堂教学环境下开展的一些研究发现，与起始年龄相比，语言输入对二语学习成效具有更为重要的作用。为了探讨在课堂教学环境下早学者是否跟自然学习环境下一样具有二语学习的优势，Muñoz（2011）采用调查问卷对 159 名高水平英语学习者的语言输入类型、接触二语的时间等进行了调查。该研究接受调查的学习者接受课堂英语教学的平均年限是 13.9 年（2440.5 小时），至少有 10 年的接触英语的时间，学习英语的起始年龄为 2~15.5 岁，平均起始年龄为 7.8 岁。该研究通过英语水平测试、词汇测试以及语音识别测试来测量受试的英语学习成效。研究结果表明，总体来说，起始年龄与学习者二语学习成效之间不存在相关性，但学习者的学习成效与语言输入之间存在着显著的相关性。该研究后续对学习者的单独采访中也发现语言输入和使用对学习者达到较高的学习成效至关重要。

Muñoz（2014c）对 160 名西班牙英语学习者的英语输入情况（包括课堂学习

年限、课内课外学习时间、在英语国家停留的年限、与目标语日常接触的时间等）进行了统计。研究通过电影故事复述任务分析了学习者的口语产生的句法复杂性、流利性以及词汇多样性。相关分析以及回归分析结果发现，与起始年龄相比，语言输入与二语学习者的学习成效有更强的相关性，尤其是输入总量以及与二语本族语者的接触时间。该研究认为语言接触时间和高质量的语言输入对学习者达到较高的二语水平至关重要。这些研究都表明，与自然学习环境相比，课堂教学环境下的语言输入十分有限，因此语言输入的数量、类型以及大量的语言使用都会对二语学习成效产生重要的影响。

5.2.5 小　结

本章 5.2 小节首先梳理了测量二语语法学习成效现有的研究方法，并重点分析了语法判断测试的特点，然后简要地回顾了语言学能研究、学能构念及语言学能测量的新发展，强调了区分内隐性学能与外显性学能的意义，明确地提出今后的研究需要增加测量内隐性学能的测试的观点。另外，本节还深入地分析了有关起始年龄、语言学能与二语语法学习成效关系研究的国内外文献，并总结了其他相关因素对二语学习成效可能产生的作用。综合上述文献回顾，笔者认为现有研究还有以下不足：①分析和测量语言分析能力的研究（如 DeKeyser，2000）较多，关注和测量内隐性学能的研究（如 Granena，2012）则相对较少。由于语言学能由多个要素构成，在研究中区分内隐性学能和外显性学能有助于更好地揭示儿童与成人（或青少年）二语语法学习的差异（Linck et al.，2013；Granena，2016）；②研究多采用语法判断测试来测量二语语法学习成效，但语法判断测试的任务形式有所不同。语法判断测试的完成时间（限时和不限时）以及任务材料的呈现方式（听觉和视觉）是这类研究的主要干扰因素（详见李红、马莉，2016）；③虽然近来有关年龄效应的研究显示语言学能、学习动机、语言输入及其语言使用等因素与年龄因素交织在一起，与年龄因素一起对二语学习的长期效果产生作用，如 Moyer（2014a）、Muñoz（2011，2014c）等。这些研究大多采用的是相关分析法，无法揭示年龄因素与这些因素之间的因果关系，因而需要采用更为有效的分析方法（如多元回归分析、结构方程建模等）来深入地探索年龄及其相关的因素在二语语法学习成效中的作用。

最后，笔者需要指出的是：目前尚不清楚在课堂教学环境下语言学能与早学者和晚学者的二语语法学习成效之间的关系，不清楚儿童与成人（或青少年）的外语语法学习是否如 DeKeyser 所称依赖两种不同的学习机制，也不清楚语言学能对外语语法的学习成效是否有预测作用，更不清楚学习动机、语言使用对外语语法的学习成效是否也有预测作用。这些问题亟待深入的探索和研究。

5.3 研究设计

本章的研究目的是探讨课堂教学环境下中国英语学习者的起始年龄、语言学能与其二语语法学习成效的关系，以期从儿童、青少年（成人）不同的学习机制等因素来解释年龄效应。本章以国内高校在读硕士研究生为对象，试图回答以下研究问题：①中国英语学习早学组与晚学组的语言学能与其二语语法成绩是否相关？如果相关，相关性是否受到语法判断测试的完成时间和呈现方式的影响？②内隐性学能和外显性学能对中国英语学习早学组和晚学组的二语语法成绩的影响是否相同？③语言学能是否能预测中国英语学习者的二语语法学习成效？如果能，在早学组和晚学组中最强的预测因素是什么？④除语言学能之外，还有哪些因素能够预测中国英语学习者的二语语法学习成效？本章采用四种形式的语法判断测试来排除完成时间和呈现方式的干扰，同时分别分析内隐性学能和外显性学能的作用，以期克服现有研究在研究方式上的缺陷，更好地揭示在外语课堂教学环境中起始年龄、语言学能与英语语法学习成效的关系。

5.3.1 研究对象

本章选取 103 名国内六所重点大学（即清华大学、中国政法大学、北京航空航天大学、上海交通大学、华东师范大学、重庆大学）的工商管理、法学、新闻、数学、物理、土木工程等专业的研究生为受试。剔除 17 名未完成全部实验任务和 3 名实验任务数据超过小组平均值 3 个标准差的受试后，有 83 名受试的数据进入了分析。受试分为两组：从小学开始学习英语的早学组（$5 \leqslant AO \leqslant 11$）；从中学开始学习英语的晚学组（$12 \leqslant AO \leqslant 14$）。两组的平均起始年龄有显著的差异[$t(81)=-14.499$, $p<0.001$]。本章还选取了 10 名来自美国的英语本族语者为对照组，他们均为国内某高校的外籍教师或留学生。表 5.2 是受试的基本信息，包括参加测试时的平均年龄、英语学习的平均起始年龄等描述性统计数据。

表 5.2 受试基本信息

组别	测试时的年龄		英语学习起始年龄	
	均值（标准差）	值域	均值（标准差）	值域
早学组（n=43）	22.88（1.03）	20~26	9.4（1.24）	5~11
晚学组（n=40）	23.88（1.42）	22~28	12.50（0.64）	12~14
对照组（n=10）	27.90（2.64）	23~32		

5.3.2 实验任务及过程

首先,早学组和晚学组填写英语学习调查问卷。然后,所有受试依次完成限时听觉语法判断测试、不限时听觉语法判断测试、SRT、LLAMA、限时视觉语法判断测试和不限时视觉语法判断测试。整个实验大致需要60分钟。

5.3.2.1 语言学习调查问卷

研究采用 Li 和 MacWhinney(2011)的问卷(见附录C),考察了早学组和晚学组的英语学习经历、英语水平和日常英语使用的自我评价。同时,参照 Taguchi 等(2009)的问卷调查了两个年龄组的英语学习动机。各组数据见表5.3。调查数据显示,早学组和晚学组均在国内中小学和大学接受了英语教育,有较高的学习热情,没有海外访问或学习的经历。独立样本 t 检验的结果显示,两组的英语水平、英语使用及学习动机没有显著的差异,结果分别为:$t(81)=0.611$,$p=0.543$;$t(81)=0.428$,$p=0.670$;$t(81)=0.531$,$p=0.597$。

表5.3 早学组、晚学组英语水平、英语使用及学习动机数据

考察的因素	早学组($n=43$)		晚学组($n=40$)	
	均值(标准差)	值域	均值(标准差)	值域
英语水平	5.721(1.613)	2.50~8.75	5.519(1.381)	2.50~9.25
英语使用	2.435(0.544)	1.571~2.435	2.382(0.584)	1.571~4.0
学习动机	4.016(0.460)	2.7~5.0	3.957(0.546)	2.9~5.0

注:英语水平的最高分为10分,英语使用和学习动机的最高分为5分

5.3.2.2 语法判断测试

研究采用语法判断测试来测量各组的英语语法成绩。实验材料来自 DeKeyser(2000)的研究,涉及过去时、第三人称单数、现在进行时、限定词、特殊疑问句等12种英语语法规则,共196个句子。材料中的语法规则皆为受试熟悉的语法规则。为方便统计,笔者从 Ellis 等(2009)的实验材料中增加了涉及英语冠词的4个句子。此外,笔者还设计了4个句子用于该任务的练习环节。笔者将正式的实验材料分为4列,分别对应限时听觉测试、不限时听觉测试、限时视觉测试和不限时视觉测试。每个测试有50个句子(包括25个语法正确的句子和25个语法错误的句子)。以下是两组例句,标星号的为错误句子。

(1) Last night the old lady die in her sleep.*
Last night the old lady died in her sleep.

（2）Sandy fill a jar with cookies last night.*
　　Sandy filled a jar with cookies last night.

听觉测试的句子由一名女性英语本族语者以正常语速朗读。在限时听觉和视觉测试中，受试需要在限定的 3400ms 之内对听到或看到的句子的语法正确性做出判断，并按键提交自己的判断。参照 Ellis（2005）和 Granena（2012）的研究，听觉和视觉测试的时间限定是在 5 位本族语者平均判断时间的基础上增加 20%而来的。测试程序采用 Eprime 2.0 编写。

5.3.2.3　LLAMA

研究采用 Meara（2005）开发的 LLAMA，包括四个部分：LLAMA B、LLAMA D、LLAMA E 和 LLAMA F（详见本书 3.4.4 小节）。LLAMA 的材料由图片、中美洲方言和印第安人的方言组成，独立于受试的母语或二语。受试每完成一个测试，测试的分数将显示在屏幕上。LLAMA D 的满分是 75 分，其他 3 项语言学能分测试的满分为 100 分。Granena（2013a）验证了该学能测试，表明它测量了语言分析能力（即外显性学能）和序列学习能力（即内隐性学能）两个维度，因此它符合本章的研究目的。

5.3.2.4　SRT

本节采用 Linck 等（2013）开发的 Hi-LAB 中的 SRT 来测量受试的隐性学习能力。在该测试中，计算机屏幕上呈现四个水平排列的小方框，这四个小方框即五角星（任务刺激）将出现的位置，如下所示（图 5.1）。

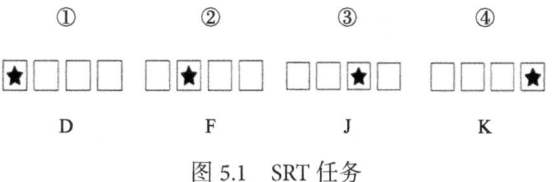

图 5.1　SRT 任务

每次呈现刺激时，五角星出现在其中一个小方框中，500ms 停顿之后，又将出现在另一个方框中。该任务要求受试先将双手食指和中指分别放在键盘 D、F、J、K 上。当五角星出现时，受试要迅速判断并准确地按下对应的键。该任务共包括六组测试，每组测试中刺激出现 96 次，其中第一组和第六组中任务刺激出现的位置是随机的，而第二、三、四、五组中刺激出现的位置按照以下顺序循环：3-2-1-3-4-2-1-3-2-4-1-4。计算机将记录受试第五组和第六组的平均反应时。如果受试对第五组刺激的平均反应时快于对第六组刺激的平均反应时，则说明受试进行了隐含性学习。SRT 成绩是以受试对第六组刺激的平均反应时减去对第五组刺激的平均反应时得出的。如果成绩为正数，表示观察到了受试的隐含性学习，并且数值越大，表示受试的序列学习能力就越强。

5.4 结果与分析

5.4.1 语法判断测试、LLAMA 及 SRT 数据分析

笔者对早学组、晚学组和对照组的四个语法判断测试的分数进行了分析（数据见表5.4）。单因素方差分析的结果显示各组的语法判断测试的平均分有显著的差异（$p<0.001$）。Bonferroni多重比较分析显示：对照组四个测试的平均分数都显著高于早学组和晚学组的平均分（$p<0.001$）；在不限时视觉测试中，早学组的语法判断分数高于晚学组的分数（$p<0.05$）；而在其他三种测试中，早学组与晚学组的语法判断分数没有显著性的差异。

表 5.4 各组语法判断测试的描述性统计数据

测试成绩	对照组（n=10）		早学组（n=43）		晚学组（n=40）	
	均值（标准差）	值域	均值（标准差）	值域	均值（标准差）	值域
限时听觉测试	86.40（3.37）	82~92	50.60（8.44）	30~68	49.05（8.24）	26~62
不限时听觉测试	86.80（4.54）	82~90	58.28（6.36）	44~70	56.53（8.21）	42~75
限时视觉测试	80.00（2.11）	76~82	58.09（8.04）	44~74	54.85（8.06）	36~72
不限时视觉测试	90.40（2.27）	88~94	69.53（7.96）	48~84	64.85（8.75）	52~88
语法判断测试总分	343.60（7.88）	336~360	236.52（18.83）	192~282	225.28（23.91）	182~273

注：每个语法判断测试的满分为100分

各组LLAMA的总分和分项测试分数见表5.5。单因素方差分析显示，各组的LLAMA总分没有显著的差异[$F(2, 90)=2.340, p=0.102$]；分析还显示只有在LLAMA B分项测试中早学组与晚学组的平均分有显著的差异（$p<0.05$）。

表 5.5 各组 LLAMA 总分和分项测试分数

LLAMA 分项测试	对照组（n=10）		早学组（n=43）		晚学组（n=40）	
	均值（标准差）	值域	均值（标准差）	值域	均值（标准差）	值域
LLAMA B	39.50（16.58）	20~70	46.63（18.92）	10~90	36.50（19.12）	10~85
LLAMA D	27.00（10.59）	10~40	31.16（15.77）	0~60	30.00（14.14）	0~55
LLAMA E	42.50（9.50）	30~60	55.81（26.46）	0~100	51.13（27.02）	0~100

续表

LLAMA 分项测试	对照组（n=10）		早学组（n=43）		晚学组（n=40）	
	均值（标准差）	值域	均值（标准差）	值域	均值（标准差）	值域
LLAMA F	44.50（15.89）	20~70	54.88（21.64）	0~90	53.63（22.07）	20~100
总分	153.50（21.99）	120~180	188.49（52.76）	50~275	171.25（55.32）	70~275

注：每个单项测试的最高分为 100 分

笔者对各组 SRT 的分数也进行了分析。对照组的平均分为 56.25，早学组为 41.96，晚学组为 18.47。单因素方差分析的结果显示各组 SRT 的差异接近显著水平[$F(2, 90)=2.825$, $p=0.065$]，配对检验的结果显示：早学组与晚学组的平均分有显著的差异（$p<0.05$）。

为了验证 Granena（2012）提出的观点，即 LLAMA 可以测量内隐性学能和外显性学能，更好地区分出内隐性学能和外显性学能，笔者对各组的 LLAMA 分数和 SRT 的分数进行了主成分分析（principal component analysis）。分析结果与 Granena（2012）的主成分分析结果一致，确认了 LLAMA D 和 SRT 测量了内隐性学能，LLAMA B、LLAMA E 和 LLAMA F 测量了外显性学能。

5.4.2 语言学能与英语语法成绩的相关性

笔者对各组的 LLAMA 的总平均分和语法判断测试的总平均分进行了 Pearson 相关分析，结果显示：早学组和晚学组的学能测试的总分与其语法判断测试总分呈正相关，r 分别为 0.385 和 0.398，均达到显著水平（$p<0.05$）；对照组的学能测试的总分与其语法判断测试总分则不相关（$r=0.035$）。

为进一步分析语言学能与英语语法成绩的相关性是否受到语法判断测试的完成时间和呈现方式两个因素的影响，笔者进行了三因素混合设计的协方差分析（组内因素 1 为语法判断测试的完成时间，分为限时和不限时两个条件；组内因素 2 为语法判断测试的呈现方式，分为听觉和视觉两种方式；组间因素为起始年龄，分为早学组和晚学组；学能为协变量）。

分析显示语法判断测试的完成时间与起始年龄之间有交互效应[$F(1, 79)=8.830$, $p<0.01$]，语法判断测试的完成时间、起始年龄与语言学能三个因素之间也有交互效应[$F(1, 79)=8.826$, $p<0.01$]；但语法判断测试的呈现方式与起始年龄之间没有交互效应[$F(1, 79)=0.919$, $p=0.341$]，语法判断测试的呈现方式、起始年龄与学能三个因素之间也没有交互效应[$F(1, 79)=0.009$, $p=0.925$]。

Pearson 相关分析的结果也与语法判断测试的完成时间、起始年龄与语言学能之间的交互效应一致。分析显示：早学组的学能分数与其限时语法判断测试的分数呈正相关（$r=0.443$，$p<0.05$），与不限时测试的分数不相关（$r=0.156$，$p=0.318$）；相反，晚学组的学能分数与其不限时语法判断测试的分数呈正相关（$r=0.497$，$p<0.05$），与限时语法判断测试的分数不相关（$r=0.157$，$p=0.334$）。

5.4.3　内隐性学能与外显性学能

为了分析内隐性学能和外显性学能对早学组和晚学组英语语法成绩的作用，笔者对两个组的 LLAMA 各单项测试分数、SRT 分数与两个组的语法判断测试总分进行了 Pearson 相关分析。如表 5.6 所示，早学组的 LLAMA D、LLAMA E 测试分数与其语法判断测试总分呈正相关，而晚学组的 LLAMA F 测试分数与其语法判断测试总分呈正相关。但两个组的 SRT 分数与其语法判断测试总分之间没有显著性相关。

表 5.6　学能测试分数与语法判断测试总分的 Pearson 相关分析数据

组别	LLAMA B	LLAMA D	LLAMA E	LLAMA F	SRT
早学组（$n=43$）	0.240（0.122）	0.556（0.002）	0.305（0.047）	0.025（0.872）	0.118（0.451）
晚学组（$n=40$）	0.273（0.089）	0.047（0.772）	0.175（0.281）	0.518（0.001）	0.125（0.441）

注：括号内的数据是 p 值

5.4.4　回归分析

为了更好地分析语言学能以及相关因素对中国英语学习者的二语语法学习成效的预测作用，本节采用逐步法进行了多因素回归分析。因变量是英语语法学习成效，自变量是语言学能、起始年龄、英语学习动机和英语使用。当因变量的显著水平达到小于等于 0.05 的水平时，自变量才进入回归模型；如果因变量的显著水平达到大于等于 0.10 时，自变量则不能进入回归模型进行分析。结果显示语言学能与语法成绩密切相关（$r=0.414$，$p<0.001$，决定系数 $R^2=0.171$，F 统计量的显著值为 0.000）；起始年龄则没能进入回归模型。进一步的多元逐步回归分析结果显示：LLAMA D 对早学组语法成效的预测性最强，决定系数 $R^2=0.208$，显著解释了其英语语法学习成绩的方差；LLAMA D 和学习动机两个因素可以解释 29.4%的方差（表 5.7）。

表 5.7　早学组回归分析结果

模型中的预测变量	相关系数（r）	决定系数（R^2）	偏相关系数（B）	F	t	p
1. LLAMA D	0.456	0.208	0.520	10.757**	3.270**	0.002
2. LLAMA D 和学习动机	0.542	0.294	12.050	8.337*	2.217*	0.033

*表示 $p<0.05$；**表示 $p<0.01$

与早学组不同，LLAMA F 对晚学组的英语语法学习成效的预测性最强，决定系数 R^2=0.268。另一个预测性较强的因素是学习动机，LLAMA F 和英语学习动机两个因素可以解释晚学组的英语语法成绩 36.6%的方差（表 5.8）。

表 5.8 晚学组回归分析结果

模型中的预测变量	相关系数（r）	决定系数（R^2）	偏相关系数（B）	F	t	p
1. LLAMA F	0.518	0.268	0.443	13.910**	2.951**	0.005
2. LLAMA F 和学习动机	0.605	0.366	15.539	10.699**	2.398*	0.022

*表示 $p<0.05$；**表示 $p<0.01$

5.5 讨 论

5.5.1 起始年龄、语言学能与英语语法成绩的相关性

本章分析结果显示早学组和晚学组的语言学能与其英语语法成绩都呈正相关，对照组则不存在相关性。语法判断测试的完成时间对两组的学能与其英语语法成绩的相关性有不同的影响。第一，早学组的语言学能与其限时语法判断测试成绩呈正相关，与不限时测试的成绩不相关；晚学组的语言学能与其不限时语法判断测试的分数呈正相关，与限时测试的分数不相关。早学组的结果与 DeKeyser（2000）和 DeKeyser 等（2010）的研究结果一致，与 Granena（2014）的研究结论有不同之处。Granena（2014）的研究结果显示，在不限时的语法判断测试中，西班牙语早学者的学能与其一致性语法结构（包括性、数及主谓一致性）的语法成绩呈正相关。该研究认为语言结构的凸显性可能影响语言学能与二语语法成绩的相关性。本章考察的语言结构的凸显性要强于 Granena（2014）的研究，因此在不限时测试中，早学组学能的作用可能被弱化。此外，不同的语言结构对学习者学能的要求也不同。根据 Smith 和 Tsimpli（1995）及 Meisel（2009）的研究，二语学习者不能直接获得参数化的普遍语法规则（parameterized universal grammar principles），学习者只能运用其他语法特征对无实际含义的功能范畴语法（如屈折形态）进行归纳学习。由于一致性语法结构涉及词的屈折变化，西班牙语早学者则需要更多的时间分析这类语法结构，因此 Granena（2014）的研究结果与本章不同。

但是，本章没有发现语法判断测试的呈现方式对两组的学能与其英语语法成绩的相关性有影响，与 Granena（2013b）的结果不同。Granena（2013b）设定的

听觉语法判断测试的时间为 10 秒，视觉语法判断测试则没有限时。那么该研究中语言学能与二语语法成绩的相关性是受呈现方式的影响，还是受测试完成时间的影响呢？根据 Ellis（2005）的研究，限时回答要求受试实时处理语言信息，因而它更倾向于测量隐含性的语法知识，不限时回答则给受试更多的时间思考并分析语言结构，因而它偏重测量明晰性的语法知识。其他的研究也揭示了时间因素在语法判断测试中的作用（Bowles, 2011; Godfroid et al., 2015; Zhang, 2015）。因此，笔者认为，相对于呈现方式，语法判断测试的完成时间对学能与二语语法学习成效之间的关系有更为重要的调节作用。

综上所述，本章发现的语法判断测试的完成时间、起始年龄与语言学能之间的交互效应表明，语言学能与二语语法学习成效的关系远比文献中提出的观点要复杂，也表明在研究中选择什么样的语法判断测试尤为重要。

5.5.2　内隐性学能与外显性学能的作用

本章观察到早学组的 LLAMA D 测试分数与其英语语法成绩最相关，其次为 LLAMA E 测试分数。Granena（2012）在研究中也发现了早学组 LLAMA E 测试分数与其二语语法成绩显著相关。一种解释为，由于 LLAMA E 与 LLAMA D 都需要受试对语音进行辨别，因此或许 LLAMA E 也部分反映了内隐性学能。本章还观察到晚学组只有 LLAMA F 测试分数与其英语语法成绩呈正相关，其余的 LLAMA 分测试分数均与其英语语法成绩无关。数据还显示，在早学组中，语法判断测试总分前 20%的受试的 LLAMA D 分数均高于该组的平均分；在晚学组中，语法判断测试总分前 20%的受试的 LLAMA F 分数均高于该组的平均分（仅一名受试除外）。LLAMA D 和 LLAMA F 分别为最能反映内隐性学能和外显性学能的分测试，而它们分别与早学组和晚学组的英语语法成绩相关，表明早学者倾向于依赖其内隐性学能，而晚学者更依赖其外显性学能。这也在一定程度上符合 Jean Piaget 提出的认知发展理论（Ribaupierre, 2001; Hanfstingl, Benke & Zhang, 2019）。根据该理论，儿童进入青春期之前（大约在 12 岁之前），主要依靠身体感知和运动获取知识。虽然儿童在具体运算阶段（大约 7~11 岁）具有一定的归纳能力，但还不具备抽象思维，所以只能依靠具体事物解决某些问题；进入青春期后，人的抽象思维能力和假设-演绎推理能力开始发展，并用于解决实际问题（形式运算阶段）。因此笔者推断：早学组由于认知能力发展的限制，只能依靠具体的语言实例进行隐性学习，而晚学组已具备抽象思维和演绎能力，在学习英语时更多地依靠分析、验证并总结语言规则的显性学习。此外，本章在两个起始年龄组观察到的不同结果说明将语言学能分为内隐性学能和外显性学能是有意义的。

另一点需要指出的是，早学组的 SRT 分数并没有与他们的英语语法判断测试成绩相关。这个结果可能与本章采用的 SRT 有关。在 SRT 中，受试做出每个判断后有 500ms 的时间，有研究者认为如果有 250~500ms 的反应时间，受试就可能运用到分析性的学习能力，即产生了显性的学习（Destrebecqz & Cleeremans，2001）。Destrebecqz 和 Cleeremans 认为受试做出反应后与下一视觉刺激之间没有间隔更能反映受试的隐性学习的过程。因此笔者强调在后续研究中需要对 SRT 进行相应的调整。

5.5.3　英语语法学习成效的预测因素

本章发现语言学能对中国英语学习者的二语语法学习成效有显著的预测作用。对于早学组而言，最强的预测因素是内隐性学能，可以解释其英语语法成绩 20.8%的方差；对于晚学组而言，最强的预测因素是外显性学能，可以解释其英语语法成绩 26.8%的方差；语言学能对晚学者的预测性高于早学者。结合 5.2 小节的分析，本章初步揭示了课堂教学环境下两个年龄组在学习机制上的差异，支持了 DeKeyser（2000）提出的二语学习者在进入成人期前其学习机制有一个质的变化（a qualitative shift）的论述，即二语学习者从主要依赖隐性学习能力向主要依赖分析性的显性学习能力的转变。值得注意的是，DeKeyser（2000）以长期居住在美国、母语为匈牙利语的移民为对象的研究，没有发现小于 15 岁的学习者的语言分析能力与其英语语法成绩呈正相关。因此，课堂教学环境下的二语语法学习比自然语言环境下的二语语法学习更早地依赖分析性的显性学习能力。

根据多因素回归分析的结果，英语学习动机是第二个重要的预测因素，分别解释早学组和晚学组的英语语法成绩 8.6%和 9.8%的方差。学习动机对两个年龄组的预测性水平大致相当，这一结果与 Dewaele 和 MacIntyre（2014）的研究结果一致。不少针对课堂教学环境的研究也发现学习动机是预测二语学习成效的可靠因素之一（Pfenninger & Singleton，2016）。

本章对两个起始年龄组的英语语法判断测试的得分情况进行了进一步的分析。在语法判断测试总分以及听觉测试中，没有学习者的得分接近本族语者的水平，但在视觉测试中，两个年龄组中分别有少量的学习者达到或接近本族语者英语语法判断测试的水平（即视觉测试的得分大于对照组平均分的 90%；数据见表 5.9）。在限时视觉测试中，有 3 名早学组的学习者和 1 名晚学组的学习者接近本族语者的水平，在不限时视觉测试中分别有 3 名早学组的学习者和 2 名晚学组的学习者接近本族语者的水平，有 1 名晚学组的英语学习者达到了本族语者的分数范围（本族语者该项测试的分数值域为 88~94 分，见表 5.4）。接近本族语者水平的早学者大多具有较高的语言学能，接近本族语者水平的晚学者都具有较高的语言学能或者具有较强的英语学习动机；而唯一达到本族语者水平的晚学者既具有较高的语言学能，也具有较强的英语学习动机。

表 5.9　两个年龄组达到或接近本族语者水平的语法判断视觉测试、语言学能及学习动机数据

语法判断测试类型	起始年龄	语法判断测试分数	语言学能	英语学习动机
限时视觉测试	10	74	250（高于早学组平均）	4.0（低于早学组平均）
限时视觉测试	9	74	250（高于早学组平均）	4.0（低于早学组平均）
限时视觉测试	9	74	255（高于早学组平均）	4.1（高于早学组平均）
限时视觉测试	13	72	180（低于晚学组平均）	5.0（高于晚学组平均）
不限时视觉测试	10	84	250（高于早学组平均）	4.0（低于早学组平均）
不限时视觉测试	9	82	90（低于早学组平均）	5.0（高于早学组平均）
不限时视觉测试	8	82	180（低于早学组平均）	4.5（高于早学组平均）
不限时视觉测试	12	88	255（高于晚学组平均）	4.8（高于晚学组平均）
不限时视觉测试	13	84	240（高于晚学组平均）	4.3（高于晚学组平均）
不限时视觉测试	13	84	180（低于晚学组平均）	5.0（高于晚学组平均）

虽然相关分析显示了起始年龄与英语语法成绩的负相关性（$r=-0.231$，$p<0.05$），但是起始年龄对中国英语学习者的语法学习成效没有显著的预测作用，表明语言学能和英语学习动机比起始年龄更能预测二语语法的学习成效。另外，本章发现英语使用对中国英语学习者的语法学习成效有显著的预测作用。

由此可见，在课堂教学环境下少量的外语学习者也能达到或者接近本族语者的语法水平，对中国英语学习者语法学习成效产生重要作用的不是学习的起始年龄，高语言学能和高学习动机才是外语学习者达到较高的二语语法学习成效的重要条件。

5.6　结　　语

本章以中国研究生为考察对象，探究课堂教学环境下起始年龄、语言学能与二语语法学习成效的关系。研究发现，学能与起始年龄早和晚的学习者的英语语法成绩都相关，相关性受到语法判断测试时间的制约。内隐性学能和外显性学能在两个起始年龄组发挥了不同的作用：早学组倾向于依赖其内隐性学能，晚学组

更依赖其外显性学能。研究还发现语言学能和英语学习动机是预测中国英语学习者二语语法学习成效的重要因素，但起始年龄不是预测的重要因素。本章中的中国英语学习者因隐性学习能力的下降而变化的学习认知机制仅适于对语法学习成效的探讨，语言学能与二语词汇及搭配、语音等学习成效的关系将在本书的有关章节内进行论述。本章研究结果对中国外语教学的启示是：英语语法学习并非越早越好，在教学中应根据学习者所依赖的不同学习机制采用相应的教学方法，注意发挥早学者的内隐性学能和晚学者的分析性外显性学能的优势，同时还要注意提高学生的英语学习动机，让其在动机的驱使下积极主动地学习，最终达到较高的英语语法水平。最后，本章考察的起始年龄的跨度还不够大，尤其是晚学组年龄的跨度较小，今后的研究应开展多个年龄组的比较，并考察语法结构对语言学能与英语语法学习成效关系的作用。

第 6 章

起始年龄、语言学能与二语词汇学习成效关系研究

6.1 引　言

在二语习得年龄效应研究 60 多年的历史中，二语词汇习得始终是一个被忽视的领域，这是目前二语习得年龄效应研究的一个重要缺口（Hellman，2008；Miralpeix，2007，2008；Singleton，1995），它制约着所有关于年龄效应的理论的普遍适用性。词汇习得在二语习得年龄效应研究中的缺失主要是由两方面的原因造成的。一方面是由于二语习得理论对词汇习得的忽视，甚至是应用语言学研究整体对词汇习得的忽视传统（Meara，1980）。对词汇的忽视几乎伴随着应用语言学及二语习得研究的整个发展历史，这使很多学者发出了"词汇是应用语言学研究家族里的'灰姑娘'"的感叹（Meara，1980；Milton，2009）。近年来这种状况有所改观，但词汇习得仍未受到应有的重视。造成词汇习得在二语习得年龄效应研究中缺失的另一方面原因是有些学者认为词汇学习是一种项目学习，可以持续一生。它不像语法那样是一种规则学习，甚至在母语学习中都是如此，因此它并不受年龄的限制。究其根本，这两方面原因的根源在于学者们对词汇的重要性及词汇知识的性质理解得不够深入。

词汇作为语言的三个主要层面之一，是任何一种语言中都不可或缺的一部分。单词是语言构成的基本单位（Milton，2009），是意义的载体（Vermeer，2001），是所有语言技能的核心成分（Long & Richards，2007）。词汇习得在二语学习中也发挥着重要作用。掌握一种语言的词汇决定了学习者对这种语言的理解和产出，因此有很多学者认为词汇的掌握是二语习得的主要推动因素，也是决定二语学习成效的关键因素（Milton & Donzelli，2013；Ellis，1997），而词汇习得也是二语习得的难点所在（Sweet，1964，转引自 Milton & Donzelli，2013），这一点也是研究者和二语学习者所普遍认同的。很多学习者认为二语学习的难点在于词汇学

习，词汇学习是他们在二语学习过程中遇到的主要问题（Meara，1980；Cook，1991）。词汇知识还与二语水平紧密相关（Miralpeix，2008），很多实证研究也证明词汇知识是二语理解能力的主要预测因素（Laufer，1992，1997；Nation，1993；de Groot & van Hell，2005）。

而对于词汇习得不受年龄限制这种观点，有些学者也提出了质疑。例如，Singleton（1995）指出，年龄因素与二语词汇学习也相关，但却极少受到关注。已有少数研究发现词汇学习存在年龄效应（Abrahamsson & Hyltenstam，2009；Spadaro，1996，2013；Granena & Long，2013b）。Ellis（1997）提出的词汇习得理论认为，单词从本质上来说就是有稳定的所指（reliable reference）的序列形式（sequential pattern）。词汇的习得依靠两种机制：一种是隐性学习机制，即语言短时记忆的组块（chunking）和序列分析（sequence analysis）机制，涉及词汇形式、搭配、语法词性等知识的学习；另一种是显性学习机制，涉及意义知识的学习。按照DeKeyser（2000）基于不同学习机制的年龄效应解释（详见本书2.3.2.3小节），儿童主要依赖隐性学习机制学习语言，而成人（或青少年）则主要依赖分析性的显性学习机制学习语言，那么对于既需要隐性学习又需要显性学习的词汇来说，早、晚学者是如何学习的呢？可见，二语词汇习得是验证基于学习机制的年龄效应解释的重要语言层面。

尽管词汇的重要性已经得到很多研究者的认同，有关词汇的研究也在逐渐增多，但是关于二语词汇知识的性质却仍然缺乏深入的探讨和论述，而二语词汇的学习成效更是鲜被提及。因此，厘清词汇学习成效的性质和内涵是探讨词汇习得年龄效应的关键环节，更是探究课堂教学环境中年龄效应的关键。

6.2 二语词汇学习成效及其测量

二语词汇学习成效（L2 lexical attainment）指学习者经过长期学习所达到的相对稳定的词汇知识系统。如果要围绕二语词汇学习成效开展相关研究，上面这样一个定义就略显笼统。相对稳定的词汇知识系统是什么？在研究中势必要对词汇知识进行测量，那么测什么，以及如何测？这两个问题的解决，是开展后续研究的必要基础。

6.2.1 二语词汇知识与词汇能力

定义和阐释二语学习者的词汇知识是词汇研究的一个传统的、较为活跃的领域,至今已产生了多个关于二语词汇知识的模型。但是传统的词汇知识模型普遍存在两个问题:一是这些模型背后的核心理念是描述二语学习者知道一个单词涉及哪些方面的知识,并将学习者的词汇知识看作他们所知道的所有单词的总和;二是这些模型并未对词汇能力和词汇知识进行明确的区分和界定,这两个术语基本上是交替使用的。

Richards(1976)首次对词汇能力进行了较为详细的界定,认为词汇能力并不仅仅是知道一个单词的形式和意义,而是包含以下几个层面:

(1)知道一个单词意味着知道这个单词在口语或书面文本中出现的概率,以及与其搭配出现的词;

(2)知道一个单词意味着知道单词的使用随着功能(function)和语境(situation)的变化而变化;

(3)知道一个单词意味着知道这个单词的语法特性;

(4)知道一个单词意味着知道这个单词的词根,以及它的派生词;

(5)知道一个单词意味着知道这个单词与其他单词的关系网络;

(6)知道一个单词意味着知道这个单词的语义值(semantic value);

(7)知道一个单词意味着知道这个单词的各种不同意义。

Nation对Richards(1976)提出的词汇能力的七个层面进行了细分和补充,提出了一个包含多个成分的词汇知识模型(表6.1)(Nation,1990,2001;Laufer & Nation,2012)。Nation(2001)将词汇知识分为三个方面,即关于单词形式的知识、关于单词意义的知识、关于单词使用的知识,然后又将这三个方面各自细分为三个指标。关于单词形式的知识包含单词的书面形式和口语形式,以及每个单词的组成部分,如前缀、后缀等;关于单词意义的知识包含单词的概念和所指、单词形式与意义的联结,以及单词与单词间的联系;关于单词使用的知识包含单词的语法功能、使用限制,以及与其他单词构建搭配。

表6.1 Nation(2001)的词汇知识模型

词汇知识	词汇知识指标	知识类别	词汇知识指标含义
形式	口语形式	接受	单词的发音是怎样的?
		产出	单词的音怎么发?
	书面形式	接受	单词的书写形式是怎样的?
		产出	单词怎么写?
	单词组成部分	接受	单词由哪些部分组成?
		产出	单词意义的表达需要哪些部分?

续表

词汇知识	词汇知识指标	知识类别	词汇知识指标含义
意义	形式和意义	接受	单词表示什么意思？
		产出	哪个词形可以表达这个意思？
	概念和所指	接受	单词的概念内涵是什么？
		产出	某个概念的所指是什么？
	联系	接受	某个单词能让我们想到哪些单词？
		产出	某个单词可由哪些单词代替？
使用	语法功能	接受	某个单词能出现在哪些句型中？
		产出	哪些句型中必须用到某个单词？
	搭配	接受	哪些词或哪类词与某个单词一起出现？
		产出	哪些词或哪类词必须与某个单词一起使用？
	使用限制	接受	某个词会在何时、何种情况下以何种频率出现？
		产出	我们会在何时、何种情况下以何种频率使用某个词？

　　Richards 和 Nation 的词汇知识模型核心是强调学习者学习一个单词应该掌握多个层面的知识（Nation，2001；Meara，1996a），并没有将二语学习者的词汇知识作为一个整体来看待。有学者认为将二语词汇知识分成这么多层面只能在理论上实现，在操作上是不现实的（Read，2000）。如果按照这个模型将学习者的词汇知识作为整体来进行测量是很难完成的，尤其是对学习者经过长期的学习所获得的词汇学习成效进行测量是不可能完成的。不过，Nation（2001）的模型是目前为止对二语词汇知识所包含的指标分析最为详尽的模型之一，同时这个模型也很好地体现了二语词汇知识的复杂性（Daller，Milton & Treffers-Daller, 2007；Milton，2009），并为后来的词汇知识模型的构建提供了良好的理论基础。

　　Daller 等（2007）将 Nation（2001）的词汇知识指标进行了整合，提出了一个三维度的词汇空间（lexical space）模型。词汇空间模型的三个维度包括词汇广度（lexical breadth）、词汇深度（lexical depth）以及流利度（fluency）。词汇广度指学习者所掌握的单词数量，并且不限定他们对这些单词掌握的程度，这个维度与 Nation（2001）模型中的形式及形式与意义相对应。词汇深度指学习者对单词各方面知识的掌握，与 Nation（2001）模型中的概念和所指、联系、语法功能、搭配和使用限制相对应。流利度指学习者使用单词的轻松程度和速度。这个模型将 Nation 的词汇知识指标整合成了词汇广度和词汇深度两个维度，开始关注词汇知识的整体性。

Meara（1996a）对词汇知识整体性的认识更进了一步，将词汇组织（organization）作为词汇知识的一个成分。词汇组织指的是组成词汇系统的单词之间的相互联系，包括纵聚合联系（paradigmatic association）、横组合联系（syntagmatic association）、情景联系（situational association）、情感联系（emotional association）等。词汇组织的提出是词汇知识整体性构建的一个重要进步。学习者所学到的词汇不再仅仅被看作学习者习得的单词的总和，单词也不再被看作相互独立的词项（lexical item）。学习者所学到的词汇是一个有着复杂内部结构的整体，构成这个整体的每一个单词都与其他单词有着不同程度、不同类型的联系。后来，Meara（1996b）又在模型中加入了词汇提取（access）速度的维度，构成了三维度的词汇能力模型：词汇量（vocabulary size）、词汇组织及词汇提取速度。

Daller 等（2007）和 Meara（1996a，1996b）模型中的流利度和词汇提取速度维度，实质就是对词汇知识的控制或提取。词汇知识的控制这一维度被纳入词汇知识的理论模型反映了学界对词汇能力（lexical competence）和词汇知识（lexical knowledge）两个概念的混淆。

Chapelle（1998）则将词汇能力视为交际语言能力（communicative language ability）的组成部分，提出了包括四个维度的词汇能力模型。词汇能力的四个维度包括词汇量、单词特征（word characteristics）、词汇组织、词汇提取。词汇量是指学习者所掌握的词语数量；单词特征包括单词的音位（phonemic）特征、字形（graphemic）特征、形态（morphemic）特征、句法（syntactic）特征、意义（semantic）特征和搭配（collocational）特征，与 Nation（1990）提出的词汇知识维度类似；词汇组织指词素和单词在心理词汇中的表征和相互联系，与 Meara（1996a）的词汇组织相对应；词汇提取指注意到词形，将语音和书写形式信息编码到短时记忆中，并最终获取单词的意义和结构特性的过程。Chapelle（1998）的词汇提取维度强调学习者提取自己所掌握的具体单词知识的过程，而 Meara（1996a）强调提取的速度。

除 Chapelle（1998）之外，还有不少学者将二语词汇能力视为学习者二语交际能力的一个重要组成部分（Laufer & Nation，1999）。笔者认为二语学习者的交际能力除语言知识外，还应涉及语言的使用，而语言知识是语言使用的重要基础，语言知识的提取过程和能力是语言交际中不可或缺的因素，因此传统的词汇知识模型（如 Richards，1976；Nation，1990）将词汇知识与词汇能力对等是失之偏颇的。有些学者的观点也支持这一点。Henriksen（1999）在他提出的词汇能力模型中，明确了对词汇能力的知识维度和控制维度的区分。如果学习者在接受和产出任务中没有正确地使用一个单词，或者没有毫不费力地提取一个单词，并不代表他没有关于这个单词的知识，而只能证明他对单词知识没有足够的控制能力。这个论述为词汇知识和词汇能力的区分提供了较为清晰的依据。学习者所获取的词汇知识与对其所获知识的控制是两个不同的成分，共同组成词汇能力。词汇知识是词汇能力的知识基础，而对词汇知识的提取或控制则是以词汇知识为基础的一系列认知过程。学习者对词汇知识的掌握程度是词汇提取的主要制约因素，但是词汇提取过程同时也受到各种认知因素的影响（详见李红，2004）。Bialystok（1997）强调研究二语学习的年龄效应应该考察学习者语言知识的属性及其发展。因此，笔者认为将词汇知识从词汇能力中分离出来，对二语词汇学习成效研究具有重要的意义。二语词汇学习成效的核心就是学习者经过长期学习后所获得的相对稳定的词汇知识。因此，在现有的词汇能力模型基础上，剔除词汇控制维度并整合出一个相对完整的词汇知识体系是推进二语词汇学习成效研究的基础。

虽然多个现有的词汇能力模型中都包含了相对独立的词汇提取或词汇控制的维度（Meara，1996b；Henriksen，1999；Chapelle，1998；Daller，Milton & Treffers-Daller，2007），但是这些模型通常都没有对接受性知识和产出性知识进行区分，这是现有的词汇能力模型中存在的另一个问题。李红（2003，2004）提出的三个维度的词汇能力模型，对词汇知识和词汇控制以及接受性知识和产出性词汇知识做了较为清晰的区分，同时对词汇知识的内涵进行了较为全面的论述，是探讨词汇知识和词汇学习成效的重要基础。李红（2003，2004）提出的词汇能力模型包括词汇知识、词汇网络和词汇知识提取三个维度。词汇知识既包含上述模型中的词汇量和词汇深度，也包含接受性知识和产出性知识的维度。词汇量指学习者所掌握的单词数量，同时词汇量也分成了接受性词汇量和产出性词汇量两个层面。词汇深度指学习者所掌握的既能用于理解也能用于产出的词汇知识，包括单词的语音和书写形式、形态-句法、意义、语用等信息。词汇网络指单词间基于意义和联想的联系，涉及学习者习得的词汇作为整体的内部结构。词汇知识提取指学习者在语言理解和产出中提取词汇知识的速度。词汇网络与词汇知识深度密不可分。学习者对一个单词掌握的程度越深，这个单词与其他单词产生联系的可能性就越大，产生联系的类型也越多，因此词汇知识深度是词汇网络复杂程度的基础。一个单词与其他单词产生的联系越丰富，也说明学习者对这个单词的掌握程度越深，因此词汇网络的复杂程度是词汇知识深度的体现。毋庸置疑，词汇网络是词汇知识的重要成分。

综上所述，词汇知识包含词汇量、词汇深度和词汇网络（词汇组织）三个成分。词汇量指学习者所掌握的词语数量。词汇深度指学习者掌握的词汇知识的程度，包括单词的语音和书写形式、形态-句法、意义、语用等信息。词汇网络指学习者习得的词汇的内部结构，即单词与单词间的联系，包括纵聚合联系、横组合联系、情景联系、情感联系等。这三个词汇知识成分包含接受性知识和产出性知识两个维度。这个词汇知识模型虽然只包含三个成分，但实际上包含了 Nation（2001）模型中的所有词汇知识指标，其复杂程度和测量难度并没有降低。因此，笔者认为结合本章具体的研究目的，选取二语词汇知识的核心指标进行测量，是较为实际和合理的选择。就词汇习得的年龄效应研究而言，由于研究对象是经过长期学习并且达到相对较高水平的学习者，因此研究的主要目标是探究不同起始年龄的学习者之间、二语学习者与本族语者之间是否存在本质差异，二语学习者经过长期学习能达到何种成效，以及影响学习成效的因素有哪些，这就要求测量的词汇知识指标能够有效地区分学习者的语言水平，并且能够有效地区分不同起始年龄的学习者以及二语学习者和本族语者的水平。实际上就是要求研究者找出能够区分高水平二语学习者的核心指标。

6.2.2 符合年龄效应研究要求的二语词汇学习成效核心指标

在上述词汇知识的三个维度中，词汇量并不是能够实现词汇习得年龄效应研究目标的核心指标。Meara（1996a，1996c）指出，词汇量在学习者所掌握的词汇数量很少的阶段是非常重要的，但是随着学习者所掌握的词汇数量不断增加，词汇量的重要性是不断下降的。词汇习得年龄效应研究的对象是较高水平的学习者，他们所掌握的词汇数量是相当可观的，词汇量本身并不能有效地区分不同水平的学习者，对这些词汇掌握的程度才是更为重要的。

学习者对词汇的掌握程度，即词汇深度，包含接受性和产出性两个维度。有研究显示接受性词汇知识的发展比产出性词汇知识更快（Laufer & Paribakht，1998），而仅仅拥有大量的接受性词汇知识并不能保证词汇知识的产出，并且对词汇知识发展也没有太大作用（李红，2004）。语言产出对词汇知识深度的要求显然高于语言理解。由此可见，产出性词汇知识更能够体现学习者的水平。

随着学习者词汇量的增大以及对单词知识掌握程度的加深，学习者习得的词汇中单词与单词之间的联系的复杂性必然不断增加，词汇网络对词汇知识的重要程度也不断提高。因此，词汇内部结构的丰富程度是区分高水平学习者的重要指标。词汇内部结构包括纵聚合联系、横组合联系、情景联系、情感联系等多种关系。问题是目前还没有经过信效度验证的测量方法对这些词汇内部结构进行测量。目前研究较多的是搭配关系（如 Fayez-Hussein，1990；Biskup，1992；Farghal & Obiedat，1995；Gitsaki，1999；Howarth，1998；Bonk，2001；Hsu，2007；Nesselhauf，2005；Granena & Long，2013b；Forsberg Lundell & Sandgren，2013），并且测量搭配知识有广泛使用的且经过信效度验证的测量工具。自 Meara（1996a）提出词汇组织的概念开始，作为横组合关系的搭配就一直在词汇网络中占据重要地位，并且现有的词汇模型都将单词的搭配作为词汇知识的一个重要指标直接提出（Richards，1976；Nation，1990，2001；Laufer & Nation，2012；Chapelle，1998）。

二语搭配知识被认为是区分母语者和二语学习者的重要手段之一。许多关于搭配的研究已经表明,二语搭配知识的学习对于高水平学习者来说都是相当困难的(如 Arnaud & Savignon, 1997; Nesselhauf, 2005; Revier & Henriksen, 2006),并且二语搭配已经被视为检测高水平二语学习者的有效措施(Mizrahi & Laufer, 2010; Forsberg Lundell & Sandgren, 2013)。

因此,产出性词汇深度知识以及搭配知识是符合二语学习年龄效应研究要求的二语词汇学习成效的两个核心指标。

6.2.3 产出性词汇深度知识及搭配知识的测量方法

6.2.3.1 产出性词汇深度知识的测量方法

词汇深度的测量方法通常有两类:一类是发展性测量方法,另一类是分维度测量方法(Schmitt, 1998; 李红, 2004)。发展性测量方法将不同层次的词汇知识看作词汇习得不同阶段的产物,因此词汇知识的表征就是从熟悉词汇形式到正确产出词汇的连续体(李红, 2004)。这类测量方法的代表是 Wesche 和 Paribakht (1996)的词汇知识等级量表(Vocabulary Knowledge Scale, VKS)。VKS 将词汇知识分为以下 5 个等级进行测量(Paribakht & Wesche, 1997, 转引自李红, 2004):

(1)我不认识这个单词;
(2)我见过这个单词,但不知道它是什么意思;
(3)我见过这个单词,我觉得它的意思是＿＿＿＿(同义词或翻译);
(4)我认识这个单词,它的意思是＿＿＿＿(同义词或翻译);
(5)我能用这个单词造句＿＿＿＿＿＿＿＿＿＿＿＿(写一个句子)。

VKS 主要测量从接受性到产出性不同等级的词汇知识(Henriksen, 1999),但是无法测量学习者关于某个单词的语义知识的掌握程度(李红, 2004)。

分维度测量方法则是对词汇知识的不同维度进行测量,因此分维度的测量方法能对学习者所掌握的词汇知识从不同的维度进行较为详尽的测量。这类测量方法的一个代表是词汇联想测试(Word Associates Test, WAT)(Read, 1993, 2000)。WAT 主要测量词汇知识的意义和搭配两个方面。每个测试项有一个形容词作为目标词,另有两组各 4 个单词供受试选择,一组词里的某个词与目标词是纵聚合关系,即目标词的同义词或是目标词意义的一部分,另一组词里的某个词与目标词是横组合关系,即能与目标词组成搭配,例如(Read, 2000):

sudden（目标词）
beautiful   quick   surprising   thirsty
change   doctor   noise   school

由上例可见，WAT 只能测量学习者关于形容词的词义和搭配知识，并且测量的主要是接受性知识。这类测量方法存在的主要问题是可以测量的单词数量和词汇知识的层面是有限的（李红，2004）。

无论是发展性测量方法还是分维度测量方法都只能测量有限数量的单词的有限的知识层面，并且测量的主要是二语学习者的接受性词汇知识，因此它们无法测量二语学习者的产出性词汇知识。要满足既是产出性测试又能测量尽可能多的知识层面的要求，控制的产出性词汇测试（Controlled Active Vocabulary Test, CAVT）是现有的测量方法中最为符合条件的测试（Laufer & Nation, 1999）。

CAVT 是在词汇水平测试（Vocabulary Levels Test）（Nation, 1983; Schmitt, Schmitt & Clapham, 2001）的基础上设计的产出性词汇知识测试，是一个整合了词汇量和词汇深度知识的测试（李红，2004）。该测试旨在测量学习者在句子语境中使用目标单词的能力。测试采用的是填空的形式，在一个给出的句子中，目标单词是空缺的，只给出了目标单词的前几个字母，要求受试将目标单词填写完整，例如（Laufer & Nation, 1999）：

The book covers a series of isolated epis_____ from history.

这个测试要求二语学习者既能理解句子的意思，又要掌握目标词的书写形式、意义、语法成分、词类、搭配等层面的知识，因此它较好地测量了学习者的词汇知识深度。测试的目标词则选自不同的词频等级，频率分别为前 2000 词、前 3000 词、前 5000 词、前 10 000 词以及大学词汇列表，这样的词汇跨度更准确地测量了学习者的词汇量，对于区分高水平的学习者更为有效。

6.2.3.2 搭配知识测量方法

在词汇知识的各个层面中，搭配知识是公认较难掌握的知识，也是检验高水平学习者的有效指标。为了避免"地板效应"，对接受性的搭配知识和产出性的搭配知识分别进行测量是较为实际的选择。

词汇搭配测试（collocating lexis, COLLEX）是一个信效度都经过检验的接受性搭配知识测试（Gyllstad, 2007），它测试动名搭配。COLLEX 包括 50 个测试项，每个测试项中会出现三个动名搭配，其中只有一个是目标语中经常出现的地道搭配，受试需要从三个选项中将其选出。

搭配构成测试（constituent matrix, CONTRIX）是一个产出性的搭配知识测试。CONTRIX包括45个测试项，每个测试项中有一个未完成的句子，以及动词、名词、冠词各三个，受试需要选出能构成搭配的动词+冠词+名词完成句子，例如（Revier，2014：421）：

例子原题及作答	句子	动词	冠词	名词
例子原题	a. We don't have time to stand here and wait any longer for the bus. If we are to arrive on time, we'll have to _____.	run draw get	a/an the ---	taxi wagon car
例子作答	a. We don't have time to stand here and wait any longer for the bus. If we are to arrive on time, we'll have to _____.	run draw (get)	(a/an) the ---	(taxi) wagon car

CONTRIX选取的都是半透明的搭配，并且包含冠词的使用。半透明搭配对于学习者来说相对更难掌握，而冠词的使用甚至对于高水平学习者来说也是非常困难的（Butler，2002；Master，1997）。因此CONTRIX能够有效地区分高水平学习者，其信效度在母语为丹麦语的英语二语学习者的搭配知识测试中得到了检验（Revier，2014）。

本章的两个搭配知识测试都测试的是动名搭配。动名搭配长期以来受到研究者的广泛关注（如Bahns & Eldaw，1993；Bonk，2001；Gyllstad，2007；Howarth，1998；Laufer & Waldman，2011；Revier & Henriksen，2006）。动名搭配在语言交流中占据了核心地位，是表达信息的重要成分（Altenberg，1993，转引自Gyllstad，2007）。此外，动名搭配的学习被认为是非常困难的（Biskup，1992；Bahns & Eldaw，1993），能够有效地区分二语学习者有关搭配知识的学习成效，因此符合本章的研究目标。

6.3 起始年龄、语言学能与二语词汇学习成效关系的研究进展

Marinova-Todd（2003）探讨了二语的自然学习环境下起始年龄对晚学者二语词汇学习的影响。该研究的受试包括30名高水平二语学习者，起始年龄晚于16岁，在英语目标语国家居住了至少5年；还有30名英语本族语者作为对照组。研究采用了接受性词汇量测试Peabody图片词汇测试修订版（Peabody Picture

Vocabulary Test-Revised，PPVT-R）（Dunn & Dunn，1981），并通过两个引出式口语任务的文本来评估产出性词汇的多样性。结果表明，在两个词汇测试中，二语学习者的表现显著低于对照组。然而，对二语学习者在不同任务中的个人表现的分析显示，分别有57%和87%的晚学者在词汇量和产出性词汇多样性的得分上达到了本族语者分数的范围。

Hellman（2008）探讨了起始年龄对晚学者词汇学习成效的影响。该研究的受试包括33名母语为匈牙利语的高水平英语晚学者（起始年龄为16岁，均有10年以上的自然学习环境下的二语输入，即学习者与英语本族语者有日常的语言交际）、30名单语英语本族语者和30名双语英语本族语者。研究采用了两个词汇量测试，即第四版PPVT（Dunn & Dunn，2007）和自我评价词汇测试（Self-rated Vocabulary Test），以及一个词汇深度测试，即WAT（Read，2000）。结果显示，晚学者只在PPVT测试分数上与本族语者有显著差异，晚学者达到本族语者水平的比例很高：有25名晚学者在三个测试上都达到了本族语者的水平，5名晚学者在三个测试上都超过了本族语者的平均分。该研究显示起始年龄与词汇测试分数不相关。

Spadaro（2013）探讨了二语的自然学习环境下起始年龄与二语核心词汇和多词单位（multi-word unit）习得的关系。该研究的受试为38名高水平英语学习者。按照起始年龄将受试分为三组：第一组的起始年龄为6岁及以前，共13人；第二组的起始年龄为7~12岁，共15人；第三组的起始年龄为13岁及以后，共10人。该研究的测试为Kent-Rosanoff词汇关系测试（Kent-Rosanoff Word Association Test），包括一个书面测试和一个口头产出测试。书面测试包含七个任务，分别是核心词汇偏好任务、真假词辨别任务、核心词汇意义扩展任务、多词单位补足任务、写出包含某个给出的单词的多词单位任务、句子语境下多词单位改错任务、找出结构被改变的多词单位任务。口头产出测试要求受试看一个电影片段并复述。结果显示，在词汇关系测试中，三组二语学习者与本族语者之间没有显著差异。①在核心词汇偏好任务中，三组二语学习者与本族语者之间没有显著差异。②在真假词辨别任务中，本族语者与第二组二语学习者之间有显著差异，二语学习者组间没有显著差异。③在核心词汇意义扩展任务中，本族语者与第二组和第三组二语学习者之间存在显著差异，三个二语学习者组间无显著差异。④在多词单位补足任务中，本族语者与第二组、第三组二语学习者之间有显著差异，第一组与第三组二语学习者之间也有显著差异。⑤在写出包含某个给出的单词的多词单位任务中，本族语者与第二组和第三组二语学习者之间有显著差异。⑥在句子语境下多词单位改错任务中，本族语者与第二组二语学习者之间有显著差异。⑦在找出结构被改变的多词单位任务中，本族语者与第二组和第三组二语学习者之间有显著差异。口头产出任务主要测试了受试非核心词汇的使用比例，结果显示各组间没有显著差异。总的来说，在核心词汇测试上，二语学习者与本族语者之间无显著差异。在多词单位测试上，起始年龄稍晚的二语学习者，即第二组和第三组，与本族语者之间有显著差异。

Miralpeix（2006，2007，2008）探讨了课堂教学环境下起始年龄对外语词汇学习的影响。该系列研究的受试为加泰罗尼亚语和西班牙语双语者，他们在课堂环境下学习英语。按照英语学习的起始年龄（8岁和11岁）和学时（726小时和800小时）将受试分为三个组：726学时早学组、800学时早学组、726学时晚学组。研究采用了三个自由口头产出测试、一个自由书面产出测试和一个控制性的书面产出测试。自由口头产出测试包括：半引导性的面试（受试回答关于日常生活、兴趣等问题）、讲故事（受试根据6张照片讲一个故事）、角色扮演（两个受试分别扮演父母和孩子，讨论怎么办派对）。自由书面产出测试为写作测试，受试有15分钟的时间写一篇关于自己的作文。控制性书面产出测试为完形填空。研究分析了受试在所有任务产出中的词汇丰富程度。词汇丰富程度指标采用的是形符数（token）、类符数（type）、词族数（word families）、类符比（type-token ratio，TTR）和D词表[①]（Malvern & Richards，1997，2002；Malvern et al.，2004）。结果显示，在学时相同但是起始年龄不同的情况下，除了经过标准化长度处理的面试的TTR，凡是早、晚学组有明显差异的指标，都是晚学组好于早学组。在起始年龄不同、学时也不同的情况下，学时为726小时的晚学组在讲故事任务的类符数量和词族数量两个指标上显著好于学时为800小时的早学者，两组在其他指标上没有显著差异。各组之间在其他指标上均没有显著差异。该研究的结果显示，在外语课堂环境下，起始年龄早（8岁）的学习者在词汇知识上并没有获得比起始年龄晚（11岁）的学习者更好的学习成效，即使是在英语输入量更多的条件下，早学组也没能超过晚学组。

Forsberg Lundell和Sandgren（2013）探讨了二语的自然学习环境下高水平晚学者的搭配习得与语言学能的关系。该研究的受试为13名母语为瑞典语的法语二语学习者，起始年龄为12岁以后，受试在法国的平均居住时间为14.5年。研究采用了LLAMA（Meara，2005）和产出性搭配知识测试。结果显示，搭配知识测试的分数与LLAMA D分数显著相关（$r=0.58$，$p<0.05$）。

Bolibaugh和Foster（2013）探讨了二语的自然学习环境下语音短时记忆能力与晚学者词语组合选择能力之间的关系。该研究的受试为33名母语为波兰语的英语二语学习者，首次有意义的英语输入年龄不早于13岁，移民到英国的时间在18岁以后，在英国的居住时间最短为10年。受试阅读包含不地道词语组合的文章，然后找出这些不地道的词语组合。测试受试的语音短时记忆采用的是假词复

[①] D词表是指经过特定方程运算后得出的用于测量词汇丰富程度的词表。

述（nonword repetition）任务。结果显示，二语学习者发现不地道词语组合的能力显著低于本族语者。起始年龄与受试的选择能力不相关，而受试的语音短时记忆与受试的选择能力相关。研究结果还显示语音短时记忆是选择的预测因素，能解释晚学者词语组合选择能力36%的差异。

Granena 和 Long（2013b）研究了二语的自然学习环境下起始年龄和语言学能对词汇与搭配学习成效的作用。受试包括65名母语为汉语的西班牙语二语学习者和12名西班牙语本族语者。二语学习者精通西班牙语，并在西班牙居住了至少10年，且具有高中及以上学历，起始年龄范围为3~29岁。根据二语学习的起始年龄，研究将受试分为三组：3~6岁组（20人）、7~15岁组（27人）、16~29岁组（18人）。研究使用的测量工具包括6个词汇及搭配任务和LLAMA语言学能测试。通过对6个词汇及搭配任务的百分比分数进行平均，计算出每个受试词汇和搭配任务的总体得分。结果显示，起始年龄仅与7~15岁组的词汇学习成效显著相关（$r=-0.59$，$p=0.001$），与16~29岁组的词汇学习成效呈弱相关（$r=-0.44$，$p=0.066$），与3~6岁组的词汇学习成效不相关。语言学能仅与16~29岁组的词汇学习成效显著相关（$r=0.59$，$p=0.01$）。在学能分项测试方面，仅LLAMA D与16~29岁组的词汇学习成效呈弱相关（$r=0.46$，$p=0.058$）。

从现有的实证研究结果来看，在二语的自然学习环境下，起始年龄对二语词汇学习的影响并不确定。多数研究将晚学者的二语词汇学习成效与本族语者进行比较，整体来看，晚学者在二语词汇学习成效方面与本族语者之间是有显著差异的，这似乎印证了在二语词汇学习中也是存在年龄效应的，但是也有相当比例的晚学者能够达到接近本族语者的水平，这说明二语词汇学习中体现出的年龄效应并不是关键期导致的。在二语的自然学习环境中，只有Spadaro（2013）和Granena和Long（2013b）的研究既包含晚学者也包含早学者，其中Granena和Long（2013b）的研究没有将早、晚学组进行比较，Spadaro（2013）的比较结果则显示早、晚学组之间并没有显著差异。这样的结果并不支持关键期假说，也不支持DeKeyser（2000）基于学习机制的年龄效应解释。据笔者所知，目前只有Miralpeix（2006，2007，2008）的研究探讨了外语学习环境下起始年龄与二语词汇学习成效的关系。这个研究的结果则显示了晚学者在二语词汇学习上比早学者更有优势。这与二语的自然学习环境下的词汇学习年龄效应的研究结果并不相同。

语言学能与二语词汇学习的关系上，现有实证研究的结果是比较一致的。代表隐性学习能力的LLAMA D（如Forsberg Lundell & Sandgren，2013）和语言短时记忆能力（如Bolibaugh & Foster，2013）都与晚学者的二语词汇学习成效相关。在Granena和Long（2013b）的研究中，虽然是学能测试总分与晚学组的二语词汇学习成效相关，但是在学能分项测试中，与晚学组二语词汇学习成效相关性最强的也是LLAMA D（$r=0.46$，$p=0.058$）。这些结果证明，隐性学习能力对晚学者的二语词汇学习也有重要作用，这就对DeKeyser（2000）提出的成人（或青少年）只能依赖分析性的显性学习能力学习语言的观点提出了挑战。

不过现有的实证研究也存在一些问题，削弱了这些结果对相关理论的支持或者反对力度。第一个问题是这些研究采用的二语词汇学习成效测量方法不一致，结果缺乏可比性。多数研究都是根据自己的研究需要设计的二语词汇学习成效测试，并没有采用信效度得到验证的测量方法。第二个问题是现有的大多数研究中的受试都只包含晚学者，没有将早学者与晚学者进行对比。这就使研究者无法对二语词汇学习中的年龄效应有一个全面的认识。第三个问题是在外语学习环境下进行的研究太少。现有的研究（Miralpeix，2006，2007，2008）结果显示，在外语学习环境下，晚学者在二语词汇学习上是优于早学者的。这个结果意味着什么呢？是在外语环境下不存在年龄效应，还是年龄效应在外语环境下有不同的表现形式？这个问题的解答需要更多的外语环境下的研究结果。

综上所述，在外语学习环境下，采用学界广泛使用的、经过信效度验证的二语词汇学习成效测量方法，探讨起始年龄、语言学能与早、晚学者二语词汇学习成效的关系，对于探讨二语学习年龄效应的属性和归因有着至关重要的作用。

6.4 研究设计

6.4.1 研究问题

本章旨在研究课堂教学环境下起始年龄、语言学能与二语词汇学习成效之间的关系，探究语言学能及其构成要素在早学者与晚学者二语词汇学习中的作用，并探索二语词汇学习成效的有效预测因素，更好地了解早学者和晚学者二语词汇学习的潜在学习机制，以便揭示二语学习年龄效应的属性和归因问题。因此本章主要探究三个问题：①对于早学组与晚学组而言，语言学能与二语词汇学习成效是否相关？②内隐性学能与外显性学能在早、晚学习者二语词汇学习中发挥了相同的作用吗？③能预测中国课堂教学环境下词汇学习成效的有效因素有哪些？

6.4.2 受试

本章中的研究共有三组受试（详细信息见表6.2）。一组受试是课堂教学环境下的英语学习者，测试时在中国六所大学就读哲学、新闻、行政管理、法律、英语、土木工程、物理、数学等研究生专业,共 103 人(与第 5 章的研究受试相同),其中 23 人因为缺乏 SRT 数据或词汇任务分数在每组平均值的±2.5 个标准偏差范围之外等原因被剔除,剩下 80 名受试用于数据分析,根据英语学习的起始年龄,将受试分为早学组(AO≤11,44 人)和晚学组(AO≥12,36 人)。另一组受试是英语本族语者对照组,来自美国或英国,测试时作为外籍教师在中国工作或者作为留学生在中国学习,共 9 人。

表 6.2 受试基本信息

组别	测试时的年龄		起始年龄	
	均值(标准差)	值域	均值(标准差)	值域
早学组(n=44)	22.89(1.10)	20~26	9.40(1.20)	5~11
晚学组(n=36)	23.91(1.46)	22~28	12.50(0.65)	12~14
对照组(n=9)	23.89(7.65)	19~43	—	—

表 6.2 统计了受试测试时的年龄和起始年龄。单因素方差分析结果显示早、晚学组和对照组间在测试时的年龄上无显著差异。在起始年龄方面,早学组的平均起始年龄为 9.4 岁,晚学组的平均起始年龄为 12.5 岁。独立样本 t 检验结果显示,两组的平均起始年龄有显著差异[$t(78)=-3.950$;$p<0.001$]。

6.4.3 实验任务及过程

首先,早学组和晚学组填写英语学习调查问卷。然后,所有受试依次完成 LLAMA、SRT、CAVT、COLLEX、CONTRIX。所有任务均在受试就读大学的图书馆内完成,全部实验任务大致需要一个半小时。

6.4.3.1 英语学习调查问卷

英语学习调查问卷旨在衡量学习动机、英语使用和英语水平等因素,这些因素被认为是影响二语学习的重要因素(Dörnyei & Skehan, 2003)。为了更好地理解起始年龄和语言学能对二语词汇学习成效的影响,有必要控制上述因素。英语学习调查问卷简介见本书 5.3.2.1 小节。

早、晚学组的学习动机、英语使用和英语水平的描述性数据见表 6.3。单样本 Kolmogorov-Smirnov(K-S)检测结果显示,学习动机、英语使用和英语水平分数呈正态分布($p>0.05$)。独立样本 t 检验结果显示,早学组和晚学组的学习动机、英语使用和英语水平的平均分数没有显著差异[$t(78)=1.178, p=0.242$;$t(78)=1.482$,

$p=0.142$; $t(78)=0.724$, $p=0.472$]。

表 6.3 英语学习动机、英语使用和英语水平描述性统计数据

考察的因素	早学组（$n=44$）		晚学组（$n=36$）	
	均值（标准差）	值域	均值（标准差）	值域
学习动机	3.99（0.43）	2.80~4.90	3.86（0.52）	2.90~4.80
英语使用	2.35（0.45）	1.57~3.43	2.21（0.34）	1.57~2.86
英语水平	5.59（1.40）	3.25~8.75	5.36（1.35）	2.50~9.25

注：学习动机和英语使用的最高分为 5 分，英语水平的最高分为 10 分

6.4.3.2　LLAMA

本章采用 Meara（2005）开发的 LLAMA，与第 5 章研究采用的学能测试相同（详见本书 5.3.2.3 小节）。

6.4.3.3　SRT

本章采用了 Linck 等（2013）开发的 Hi-LAB 中的 SRT 任务来测量受试的隐性学习能力，与第 5 章研究采用的 SRT 任务相同（详见本书 5.3.2.4 小节）。

6.4.3.4　二语词汇学习成效测试

本章测量了二语词汇学习成效的两个核心指标，即产出性词汇知识（以下简称为词汇知识）和搭配知识，分别使用 CAVT（Laufer & Nation, 1999）、COLLEX（Gyllstad, 2007）和 CONTRIX（Revier, 2014）来测量学习者的词汇知识和搭配知识。

CAVT 包含 90 个测试项，每个测试项包含一个句子，句子中的一个单词是空缺的，但是提供了该单词的前几个字母，受试需要根据句子的意思以及所缺单词的前几个字母填写出正确的单词（对该测试的分析见 6.2.3.1 小节）。

COLLEX 是一个接受性搭配测试，包含 50 个测试项，测试形式为单项选择。每一个测试项包含一个本族语者常用的地道搭配和两个伪搭配作为干扰项。受试需要从提供的三个选项中选出本族语者使用的地道搭配（对该测试的分析见 6.2.3.2 小节）。

CONTRIX 是一个产出性搭配测试，包含 45 个测试项。每个测试项包含一个句子和动词、冠词、名词各 3 个。句子的某一部分是空缺的，受试需要从给出的动词、冠词和名词中各选出一个组成常用搭配来完成句子（对该测试的分析见 6.2.3.2 小节）。

6.5 分析与结果

6.5.1 词汇知识、搭配知识、LLAMA 及 SRT 数据分析

表 6.4 显示了早学组、晚学组和对照组的词汇知识和搭配知识的描述性统计数据。为方便比较,将 COLLEX 和 CONTRIX 得分相加,构成搭配知识得分。单样本 Kolmogorov-Smirnov（K-S）检验结果显示,各组词汇知识和搭配知识均呈正态分布（$p>0.05$）。Bonferroni 多重检验结果显示,对照组的词汇知识和搭配知识均显著高于早学组和晚学组（$p<0.05$）。为了进一步比较早学组和晚学组,本章进行了独立样本 t 检验,结果显示,早学组与晚学组在词汇知识和搭配知识上均无显著差异[$t(61.6)=1.013$, $p=0.315$; $t(78)=1.540$, $p=1.280$]。

表 6.4 词汇知识和搭配知识的描述性统计数据

组别	词汇知识		搭配知识	
	均值（标准差）	值域	均值（标准差）	值域
早学组（$n=44$）	41.36（12.09）	13~64	94.49（20.76）	58~144
晚学组（$n=36$）	37.96（16.91）	11~77	87.25（21.14）	50~144
对照组（$n=9$）	86.54（7.55）	77~98	173.26（10.61）	154~185

表 6.5 显示了 LLAMA 总分、LLAMA 各分项测试和 SRT 分数的描述性统计数据。单样本 Kolmogorov-Smirnov（K-S）测试结果显示,学习者整体、早学组、晚学组的 LLAMA 测试总分、LLAMA B 分数呈正态分布,LLAMA D、LLAMA E、LLAMA F 分测试分数呈非正态分布。单因素方差分析结果显示,早学组、晚学组和对照组 LLAMA 总分间没有显著差异[$F(2,86)=3.086$, $p=0.061$]。对照组和其他两组之间的 LLAMA B 分数有显著性差异[$F(2,86)=7.673$, $p<0.01$],但在 LLAMA D、LLAMA E、LLAMA F 分数上并无显著差异[$F(2,86)=0.537$, $p=0.587$; $F(2,86)=1.940$, $p=0.150$; $F(2,86)=0.173$, $p=0.842$]。单样本 Kolmogorov-Smirnov（K-S）检测结果显示,各组 SRT 分数均呈非正态分布（$p<0.05$）。因此用 Mann-Whitney 非参数检验比较早学组和晚学组的 SRT 分数。结果显示,两组间差异接近显著水平（$p=0.057$）。Kruskal-Wallis 检验结果显示,早学组、晚学组和对照组 SRT 分数无显著差异（$p=0.114$）。

表 6.5　LLAMA 总分、LLAMA 分项测试分数及 SRT 分数的描述性统计数据

学能测试成绩		早学组（n=44）	晚学组（n=36）	对照组（n=9）
LLAMA	均值	194.09	172.48	213.33
	（标准差）	（49.09）	（56.45）	（35.44）
	值域	50~275	65~305	165~285
LLAMA B	均值	44.89	37.22	62.22
	（标准差）	（17.40）	（17.17）	（18.56）
	值域	10~85	10~70	30~85
LLAMA D	均值	32.61	31.11	36.67
	（标准差）	（14.03）	（15.91）	（9.68）
	值域	0~60	0~50	20~50
LLAMA E	均值	59.55	47.91	53.33
	（标准差）	（26.39）	（28.57）	（11.18）
	值域	0~100	0~100	40~70
LLAMA F	均值	57.04	56.11	61.11
	（标准差）	（22.68）	（23.94）	（18.33）
	值域	0~90	0~100	30~90
SRT	均值	56.37	23.48	64.46
	（标准差）	（76.18）	（52.05）	（92.55）
	值域	−74.15~215.59	−64.4~183.11	−16.55~288.29

Granena（2012，2013a）提出，LLAMA 既测量内隐性学能又测量外显性学能。LLAMA B、LLAMA E 和 LLAMA F 偏重测量外显性学能，而 LLAMA D 偏重测量内隐性学能。为了验证 Granena 的观点，本章对 LLAMA 的四个子测试和 SRT 进行了主成分分析。结果与 Granena 的观点一致，证实了 LLAMA D 和 SRT 测量内隐性学能，而 LLAMA B、LLAMA E、LLAMA F 则测量外显性学能。

6.5.2　起始年龄、语言学能与词汇知识和搭配知识的相关性

为了探讨起始年龄、语言学能与词汇学习成效之间的关系，本章对学习者整体、早学组、晚学组、对照组的起始年龄、LLAMA 总分和词汇知识、搭配知识进行了相关分析（表 6.6、表 6.7）。结果显示起始年龄与学习者整体、早学组、晚学组的词汇知识、搭配知识均不相关。LLAMA 总分与学习者整体的词汇

知识、搭配知识显著相关（$r=0.368$，$p<0.01$；$r=0.345$，$p<0.01$）；与晚学组的词汇知识和搭配知识显著相关（$r=0.474$，$p<0.01$；$r=0.372$，$p<0.05$）；而与早学组的词汇知识、搭配知识均不相关。LLAMA 总分与对照组的词汇知识和搭配知识均不相关。

表 6.6 起始年龄与词汇学习成效的 Spearman 相关性分析数据

组别	词汇知识		搭配知识	
	ρ [1]	p	ρ	p
学习者整体	−0.133	0.241	−0.114	0.315
早学组	−0.088	0.570	0.059	0.702
晚学组	0.102	0.553	0.163	0.341

表 6.7 LLAMA 与词汇学习成效的 Pearson 相关性分析数据

组别	词汇知识		搭配知识	
	r	p	r	p
学习者整体	0.368**	0.001	0.345**	0.002
早学组	0.200	0.193	0.275	0.071
晚学组	0.474**	0.003	0.372*	0.025
对照组	0.316	0.408	0.185	0.634

*表示 $p<0.05$；**表示 $p<0.01$

6.5.3 内隐性学能和外显性学能与词汇知识和搭配知识的相关性

为了探讨内隐性学能和外显性学能对早学组和晚学组词汇学习成效的作用，本章对两个组的 LLAMA 分项测试分数及 SRT 分数与两个组的词汇知识及搭配知识进行了相关分析。由于各组 LLAMA D、LLAMA E、LLAMA F 分数和 SRT 分数均呈非正态分布，因而采用 Spearman 相关分析（表 6.8、表 6.9）。结果显示，早学组的 LLAMA D 分数与搭配知识显著相关（$\rho=0.309$，$p<0.05$），与词汇知识的相关性接近显著水平（$\rho=0.282$，$p=0.063$）。其他 LLAMA 分项测试分数、SRT 分数与词汇知识和搭配知识之间没有相关性。晚学组的 LLAMA D 分数与词汇知识和搭配知识均显著相关（$\rho=0.367$，$p<0.05$；$\rho=0.381$，$p<0.05$），LLAMA B、LLAMA

---

[1] 本书中采用 Spearman 相关分析的相关系数 rho 用希腊字母 ρ 表示，采用 Pearson 相关分析的相关系数用 r 表示。

E 分数与词汇知识显著相关（$\rho=0.347$，$p<0.05$；$\rho=0.433$，$p<0.01$）。SRT 分数与词汇知识及搭配知识均不相关。

表 6.8　早学组的学能分项测试、SRT 与词汇知识、搭配知识间的相关性分析数据

学能测试成绩	词汇知识		搭配知识	
	ρ	p	ρ	p
LLAMA B	0.014	0.927	0.081	0.602
LLAMA D	0.282	0.063	0.309*	0.041
LLAMA E	0.227	0.138	0.275	0.071
LLAMA F	−0.105	0.499	−0.010	0.950
SRT	−0.045	0.772	−0.087	0.576

*表示 $p<0.05$

表 6.9　晚学组的学能分析测试、SRT 与词汇知识、搭配知识间的相关性分析数据

学能测试成绩	词汇知识		搭配知识	
	ρ	p	ρ	p
LLAMA B	0.347*	0.038	0.230	0.177
LLAMA D	0.367*	0.028	0.381*	0.022
LLAMA E	0.433**	0.008	0.203	0.234
LLAMA F	0.096	0.576	0.135	0.433
SRT	0.025	0.883	0.029	0.865

*表示 $p<0.05$；**表示 $p<0.01$

6.5.4　其他因素与词汇知识和搭配知识的相关性

本章对早学组和晚学组的学习动机、英语使用、英语水平与词汇学习成效进行了相关分析（表 6.10、表 6.11）。单样本 Kolmogorov-Smirnov（K-S）检测结果显示，早学组的英语使用呈非正态分布，因此采用 Spearman 分析其相关性。结果显示早学组的学习动机和英语水平与词汇知识和搭配知识显著相关，英语使用与词汇知识显著相关。晚学组的学习动机与词汇知识和搭配知识显著相关，英语水平与词汇知识和搭配知识的相关性接近显著水平（$p=0.060$，$p=0.057$）。晚学组的英语使用与词汇知识和搭配知识之间没有发现显著相关性。

表 6.10　早学组学习动机、英语使用、英语水平与词汇知识、搭配知识的相关性分析数据

考察的因素	词汇知识		搭配知识	
	r	p	r	p
学习动机	0.475**	0.001	0.454**	0.002
英语使用	0.445**	0.002	0.195	0.205
英语水平	0.472**	0.001	0.301*	0.047

*表示 $p<0.05$；**表示 $p<0.01$

表 6.11　晚学组学习动机、英语使用、英语水平与词汇知识、搭配知识的相关性分析数据

考察的因素	词汇知识		搭配知识	
	r	p	r	p
学习动机	0.448**	0.006	0.370*	0.026
英语使用	0.200	0.241	0.215	0.207
英语水平	0.316	0.060	0.321	0.057

*表示 $p<0.05$；**表示 $p<0.01$

6.5.5　回归分析

为了进一步分析起始年龄、语言学能及其相关因素对中国英语学习者二语词汇学习成效的预测作用，本章采用逐步法进行了多因素回归分析。因变量是词汇知识和搭配知识，自变量是起始年龄、语言学能（LLAMA 分项测试分数）、学习动机、英语使用和英语水平。当因变量的显著性水平小于 0.05 时，自变量可以进入模型；当因变量的显著性水平大于 0.10 时，自变量将从模型中移除。

表 6.12 和表 6.13 分别显示了早学组的词汇知识和搭配知识的回归分析结果。从表 6.12 中可以看出，早学组词汇知识的三个预测因素是学习动机、英语使用和 LLAMA D。学习动机能解释早学组词汇知识成绩 22.6%的方差，英语使用能解释 10.1%的方差，LLAMA D 能解释 7.2%的方差，三者总共能解释早学组词汇知识成绩 39.9%的方差。

表 6.12　早学组词汇知识的回归分析结果

模型中的预测变量	相关系数（r）	决定系数（R^2）	偏相关系数（B）	F	t	p
1. 学习动机	0.475	0.226	10.376	12.267	2.849**	0.007
2. 学习动机及英语使用	0.572	0.327	7.968	9.957	2.278*	0.028
3. 学习动机、英语使用及 LLAMA D	0.632	0.399	0.234	8.867	2.197*	0.034

*表示 $p<0.05$；**表示 $p<0.01$

从表6.13中可以看出，早学组搭配知识的两个预测因素是学习动机和LLAMA D。学习动机能解释早学组搭配知识成绩20.6%的方差，学习动机和LLAMA D两个因素能解释早学组搭配知识成绩31.8%的方差。

表6.13 早学组搭配知识的回归分析结果

模型中的预测变量	相关系数（r）	决定系数（R^2）	偏相关系数（B）	F	t	p
1. 学习动机	0.454	0.206	21.494	10.907**	3.461**	0.001
2. 学习动机和LLAMA D	0.564	0.318	0.494	9.542*	2.588*	0.013

*表示 $p<0.05$；**表示 $p<0.01$

表6.14和表6.15分别显示了晚学组的词汇知识和搭配知识的回归分析结果。从表6.14中可以看出，晚学组词汇知识的预测因素是LLAMA E和学习动机。LLAMA E能解释晚学组词汇知识成绩22.1%的方差，LLAMA E和学习动机能解释晚学组词汇知识成绩32.1%的方差。

表6.14 晚学组词汇知识的回归分析结果

模型	相关系数（r）	决定系数（R^2）	偏相关系数（B）	F	t	p
1. LLAMA E	0.470	0.221	0.216	9.666*	2.412*	0.022
2. LLAMA E 和学习动机	0.566	0.321	10.892	7.785*	2.195*	0.035

*表示 $p<0.05$

晚学组搭配知识的回归分析结果显示，只有学习动机进入了回归模型，能解释晚学组搭配知识成绩13.7%的方差（表6.15）。在相关分析中，LLAMA D与晚学组搭配知识之间呈显著正相关关系，并且是唯一与晚学组搭配知识相关的语言学能测试分项。为了检验LLAMA D对晚学组搭配知识的预测作用，研究者采用强制进入的方法，使LLAMA D进入晚学组搭配知识变量回归分析模型。结果显示，LLAMA D是晚学组搭配知识的预测因素，能够解释晚学组搭配知识成绩11.4%的方差（表6.16）。

表6.15 晚学组搭配知识的回归分析结果

模型	相关系数（r）	决定系数（R^2）	偏相关系数（B）	F	t	p
学习动机	0.370	0.137	15.174	5.395	2.323*	0.026

*表示 $p<0.05$

表6.16 晚学组搭配知识的回归分析结果（强制LLAMA D进入）

模型	相关系数（r）	决定系数（R^2）	偏相关系数（B）	F	t	p
LLAMA D	0.338	0.114	0.449	4.374*	2.091*	0.044

*表示 $p<0.05$

6.6 讨论与结论

6.6.1 起始年龄、语言学能与二语词汇学习成效的关系

从整体来看，起始年龄与学习者整体的词汇知识和搭配知识均不相关，将学习者分成早、晚学组后，起始年龄与早学组和晚学组的词汇知识和搭配知识也不相关，并且早学组和晚学组在词汇知识和搭配知识上没有显著差异。这个结果显示，外语学习环境中的二语词汇学习并不受起始年龄的影响。从语言学能与二语词汇学习成效的关系上看，LLAMA 总分与学习者整体的词汇知识和搭配知识都呈正相关，表明语言学能是外语学习环境中二语词汇学习的重要影响因素。将学习者分成早、晚学组后，LLAMA 总分则只与晚学组的词汇知识和搭配知识呈正相关，与早学组的词汇知识和搭配知识则不相关。这表明早、晚学组的二语词汇学习可能涉及不同的学习机制，因此进一步探索内隐性学能和外显性学能与学习者二语词汇学习成效的关系是必要的。相关分析的结果表明内隐性学能（即 LLAMA D）与晚学组的英语词汇知识和搭配知识都呈显著性的正相关，内隐性学能与早学组的英语搭配知识呈显著性的正相关，它与早学组的英语词汇知识的相关性也接近显著水平；而外显性学能，即代表词汇学习能力的 LLAMA B 和代表声音-符号配对能力的 LLAMA E 仅与晚学组的词汇知识呈正相关。研究结果表明内隐性学能在两个起始年龄组的英语词汇知识及搭配知识的学习中都发挥了作用，外显性学能则仅在晚学组的英语词汇知识的学习中发挥了作用，而代表语言分析能力的外显性学能 LLAMA F 在两个年龄组中均未发挥作用。因此从起始年龄、语言学能与二语词汇学习成效的相关性来看，本章的结果既不支持关键期假说，也不支持 DeKeyser（2000）提出的基于不同学习机制的年龄效应解释。

6.6.2 二语词汇学习成效的预测因素

多因素回归分析结果显示，语言学能对早学组和晚学组的二语词汇学习成效都有预测作用。对于早学组而言，能预测词汇知识和搭配知识的学能因素均是 LLAMA D，可以解释词汇知识成绩 7.2% 的方差，可以解释搭配知识成绩 11.1% 的方差。对于晚学组而言，能预测词汇知识的学能因素是 LLAMA E，可以解释词汇知识成绩 22.1% 的方差；能预测搭配知识的学能因素是 LLAMA D，可以解释搭配知识成绩 11.4% 的方差。LLAMA D 在晚学组的搭配知识中发挥了重要作用，这说明内隐性学能对晚学组的英语搭配知识的学习也发挥了作用。值得注意的是，

LLAMA D 并不是早学组词汇学习成效最强的预测因素，预测早学组词汇知识最强的因素是学习动机和英语使用，分别能解释其词汇知识成绩 22.6% 和 10.1% 的方差。预测早学组搭配知识最有力的因素是学习动机，能够解释搭配知识成绩 20.6% 的方差。此外，学习动机也是预测晚学组的词汇学习成效的因素，能解释词汇知识成绩 10% 的方差，以及搭配知识成绩 13.7% 的方差，并且对搭配知识的预测能力高于 LLAMA D。学习动机和英语使用均与学习者能够获得的语言输入量有重要的关系。因此，对于外语学习而言，学习者能够获得的语言输入量是影响二语词汇学习的重要因素，其重要性甚至在起始年龄和语言学能之上。语言输入量，尤其是纸质输入量，对词汇和搭配知识的影响也得到了相关研究的支持（如 Dąbrowska，2019）。

6.6.3 课堂教学环境下起始年龄、语言学能对二语词汇学习成效的作用

在起始年龄与二语词汇学习成效的关系方面，本章得出的结果与二语的自然学习环境下的研究结果存在着较为明显的差异。二语的自然学习环境下的研究结果对年龄效应的支持是比较明显的。只要词汇知识测试达到一定的难度，晚学者与本族语者之间在词汇学习成效上有显著差异（如 Hellman，2008；Spadaro，2013），而早学者与本族语者之间则没有显著差异（如 Spadaro，2013）。起始年龄与晚学者的二语词汇学习成效存在负相关关系，而与早学者的词汇学习成效不相关（如 Granena & Long，2013b）。因此，二语的自然学习环境下的词汇学习成效研究结果基本是支持年龄效应的存在的。但是，本章的结果显示起始年龄与早、晚学组的二语词汇学习成效均不相关，也不是二语词汇学习成效的有效预测因素。早、晚学组之间在词汇学习成效上并没有显著差异，并且两个起始年龄组的英语词汇知识和搭配知识的平均得分均显著低于对照组。因此在外语学习环境下的二语词汇学习似乎并不存在年龄效应。

然而，在语言学能与二语词汇学习成效的关系方面，本章获得的结果与二语的自然学习环境下的研究结果是一致的，即代表内隐性学能的 LLAMA D 或语音短时记忆能力与晚学者的词汇学习成效呈正相关（Forsberg Lundell & Sandgren，2013；Bolibaugh & Foster，2013；Granena & Long，2013b）。这个结果说明，无论是在二语的自然学习环境下还是在课堂教学环境下，内隐性学能在晚学者的二语词汇学习中都发挥了重要的作用，晚学者只能依赖语言分析能力的显性学习机制来学习二语的观点并没有得到支持。但是，值得注意的是，在早、晚学组二语词汇学习中发挥作用的学能因素是有差异的。除了 LLAMA D 之外，代表外显性学能的 LLAMA B 和 LLAMA E 也与晚学组的词汇知识呈正相关，而没有外显性

学能与早学组的词汇学习成效相关。这一点也得到了回归分析结果的印证：能够有效地预测早学组的英语词汇知识和搭配知识的学能因素都是 LLAMA D，而能够有效预测晚学组的英语词汇知识与搭配知识的学能因素分别是 LLAMA E 和 LLAMA D。

总的来说，本章分析的结果一方面表明在外语学习中，起始年龄对二语词汇学习没有影响，早、晚学组的二语词汇学习成效之间并没有显著差异；另一方面，语言学能对早、晚学组二语词汇学习的作用却略有不同。虽然晚学组与早学组一样，在二语词汇学习中都依赖内隐性学能，但是外显性学能却只对晚学组的二语词汇学习发挥作用。为什么在自然的二语学习中普遍存在的年龄效应在外语学习中没有出现？早、晚学组二语词汇学习与语言学能要素间关系的差异是起始年龄造成的吗？

无论是关键期假说（Lenneberg，1967）还是 DeKeyser（2000）基于学习机制的解释，都无法提供令人满意的解释，因为早、晚学者并没有像这两个理论预测的一样，在学习机制上有本质性的差异。尽管早、晚学者对内隐性学能和外显性学能表现出了一定的偏向性，但这种偏向性并不是绝对的，而似乎是受认知能力成熟程度、学习环境、学习任务的影响。这一点也可以从 LLAMA D 和 LLAMA E 本身的性质以及词汇学习和搭配学习的性质上得到印证。

从 LLAMA D 和 LLAMA E 的性质来看，LLAMA D 主要测试学习者辨认语音规则的能力，而 LLAMA E 则测试学习者在声音与符号之间建立联系的能力，即语音编码能力。可见 LLAMA D 和 LLAMA E 所测试的能力都与语音的识别与辨认有关，可能还与学习者的语音短时记忆能力有关。语音短时记忆能力对母语和二语词汇学习的重要作用已经得到研究的广泛支持（Baddeley，Papagno & Valar，1988；Gathercole & Baddeley，1989，1990；Gathercole et al.，1991；Papagno，Valentine & Baddeley，1991；Baddeley，1992；Papagno & Vallar，1992；Gathercole et al.，1997；Baddeley，2003）。语音短时记忆能力只涉及词汇形式的学习（Ellis，1997；Baddeley，Gathercole & Papagno，1998），将词汇形式和意义联结起来涉及联想记忆能力，也就是 LLAMA E 所测试的另一种能力，即联结声音与符号的能力。

LLAMA D 和 LLAMA E 在晚学者的词汇知识和搭配知识中发挥的不同作用与二语词汇学习和搭配学习的性质有关。根据 Ellis（1997）提出的词汇习得理论，单词形式、搭配的习得涉及隐性学习能力，而意义的习得涉及显性学习能力。本章所测试的词汇知识要求学习者既要掌握单词的形式，也要掌握单词的意义，更重要的是要将单词的形式和意义进行正确的联结，这就对 LLAMA E 所涉及的能力提出了更高的要求。因此，晚学组词汇知识最强的预测因素是能够测试联想记忆能力的 LLAMA E，而固化程度较低、结构相对松散的搭配则没有办法完全依靠机械记忆习得，需要在语言使用中（即语境中）通过频繁的组块（chunking）（桂诗春，2015；Miller，1956；Ellis，1996，2003）才能习得，因此内隐的学习能力（LLAMA D）在晚学者的搭配学习中发挥了重要作用。

6.7 结　　语

本章的结果说明影响中国课堂教学环境下二语词汇学习成效的并不是起始年龄，也不是不同的学习机制，而是不同语言学能要素的认知因素和与语言输入量相关的动机、语言使用等社会因素，这与其他学者的观点也是相吻合的（如Andringa & Dąbrowska，2019）。二语词汇习得是以项目学习为主的，单词形式、搭配的习得涉及隐性学习能力，而意义的习得涉及显性学习能力（Ellis，1997）。本章测试的二语词汇学习成效的两个核心指标分别是词汇知识和搭配知识。词汇知识测试要求受试既要掌握单词的形式，也要掌握单词的意义。根据Ellis（1997）的词汇习得理论，单词的形式和意义的学习同时涉及隐性学习能力和显性学习能力，而搭配知识的学习则主要涉及隐性学习能力。因此，词汇知识和搭配知识由于其本身性质的差异，对学习者学能要素的要求也不相同。对于早学者来说，因为显性的认知能力还没有完全成熟，在二语词汇学习过程中主要依赖内隐性学能。因此能够预测早学组二语词汇学习成效的学能因素只有LLAMA D；对于晚学者来说，由于显性的认知能力已经成熟，因此在二语词汇学习中，他们能调用与学习任务相关的认知能力来完成学习任务。

在中国课堂教学环境下，学习者语言接触的主要来源是课堂教学，这对于英语学习来说是远远不够的，无法满足英语词汇学习的需求，这也对早、晚学者的二语词汇学习成效产生了影响。由于早学者只能调用隐性学习能力来学习二语，这就使早学者的二语词汇学习对语言接触量的要求更高。要在课堂之外获得更多的语言接触量，则需要较强的学习动机来驱动，因此学习动机成为早学者二语词汇学习成效的预测因素，并且学习动机的预测能力高于LLAMA D。虽然晚学者的二语词汇学习同样需要大量的语言输入，但是由于晚学者的认知能力较为成熟，因此在面对同等的语言输入量时，晚学者对语言输入的利用效率更高。相对于早学者来说，晚学者对英语使用的依赖程度更低。

这个结论也得到了接近本族语者水平的学习者的数据支持。现有研究通常将得分在本族语者分数2个标准差以内的学习者界定为达到本族语者水平的学习者（Flege et al.，1995a；Bongaerts，1999；Marinova-Todd，2003）。按照这个标准，晚学组只有1名受试的词汇知识达到了本族语者的水平。但是这名晚学者的搭配知识分数仅有90.44，低于学习者总体搭配知识平均分（91.23），仅略高于晚学组总体平均分（87.25）。鉴于受试词汇知识和搭配知识之间的高度相关性（学习者总体：$r=0.801$，$p<0.01$；晚学组：$r=0.815$，$p<0.01$），这名学习者的词汇知识和搭配知识得分存在明显的异常，因此不在本章的分析中进行讨论。如果将分数在本族语者水平的 80% 以上的学习者界定为接近本族语者水平，那么有 9 名受试（3 名早学者、6 名晚学者）的词汇知识接近本族语者的水平，占受试总体的 11.3%；7 名受试（5 名早学者、2 名晚学者）的搭配知识接近本族语者的水平，占受试总体的 8.8%。接近本族语者水平的早学者，其 LLAMA D 和学习动机的分数均超过早学组的平均水平；而接近本族语者水平的晚学者，其 LLAMA D、LLAMA E 和学习动机的分数都超过晚学组的平均水平。

这个结果与前述受试总体的分析结果高度一致，说明在外语学习中，语言接触量以及与学习任务相关的认知能力共同影响二语词汇学习成效，并且这些也是获得高水平的词汇学习成效所必不可少的因素。

总的来说，在课堂教学环境下，早学者与晚学者在二语词汇学习上并没有关键期，也没有学习机制的根本性差异。早学者、晚学者所表现出的对内隐性学能和外显性学能的偏向性受其认知成熟程度、学习任务和所能获得的语言输入的影响。

第7章

起始年龄、语言学能与二语语音学习成效关系研究

7.1 引言

一直以来，二语学习的年龄效应在二语习得研究中备受关注，许多研究者针对学习者不同的起始年龄（即首次有意义地接触到二语的年龄，见 Granena & Long, 2013a）探讨其对二语学习的影响（如 Abrahamsson & Hyltenstam, 2009; Birdsong & Molis, 2001; DeKeyser, 2000; Johnson, 1992; Mulder & Hulstijn, 2011）。多数研究都肯定了起始年龄对二语学习，尤其是对语音学习的影响，即早学者的学习成效总体上优于晚学者。但研究者针对起始年龄影响的本质和成因却说法不一，并提出了不同的解释理论（各解释理论的详细探讨见本书第2章）。其中 DeKeyser 近期提出的基于早、晚学者不同认知机制的解释引起了广泛关注（DeKeyser, 2000; DeKeyser, Alfi-Shabtay & Ravid, 2010）。

受 Bley-Vroman（1990）的 FDH 的启发，即儿童与成人在语言学习中分别倾向于使用隐性学习机制和显性学习机制，DeKeyser 以语言学能作为反映学习机制的特征，发现语言学能（主要关注语言分析能力）只与晚学者的二语学习成效显著相关，而与早学者的学习成效不相关，继而指出二语学习年龄效应源于晚学者的隐性学习能力逐渐减弱而只能依靠外显学习机制，尤其是问题解决式的、分析性的能力（problem-solving and analytic capacities）。DeKeyser 的研究为探索年龄效应成因提供了新的角度，引起了许多研究者对语言学能的重新关注，并展开了关于语言学能对二语学习成效的影响的研究（如 Granena, 2014, 2019; Hummel, 2009）。与此同时，关于语言学能构念、结构及测试等方面的研究也有所发展（如 Granena, 2013a; Linck et al., 2013; Wen et al., 2017），为语言学能与二语学习成效之间的关系研究提供了新的理论和技术支持，也为 DeKeyser 提出的基于认知机制差异的年龄效应解释带来新的验证或挑战。此外，该解释主要基于二语语法

学习成效的研究结果，它是否适用于其他语言层面（如语音和词汇）的学习成效还有待进一步探索。基于此，本章针对中国英语学习者的语音学习成效，考察课堂环境下学习者起始年龄与二语语音学习成效的关系，以及两者的关系是否受语言学能的影响，以期为二语语音学习的年龄效应研究及语音教学实践提供启示。

7.2 二语语音学习的年龄效应

二语学习的年龄效应问题由来已久，在研究中主要表现为起始年龄与二语长期学习成效之间的关系，或早、晚学者总体上的学习成效差异。相较于其他语言层面（如语法与词汇），二语语音学习的年龄效应似乎表现最强（Ioup，2008）。Scovel（1988）就曾指出，二语语音的习得最易受起始年龄的影响，且 12 岁以后开始学习二语的学习者必然带有强烈口音，因为发音是唯一直接与身体部位相关且受控于神经肌肉的语言特征，因此更易受大脑发育的限制。另外，年龄对语音的影响开始较早：如果 6 岁前未进行二语学习，就可能无法达到接近本族语者的语音水平，而表现出外国口音（Long，1990，2013b；Mack，2003；Pallier, Bosch & Sebastián-Gallés，1997）。例如，Long（1990，2005，2013b）在关于二语学习敏感期的论述中指出，起始年龄为 0~6 岁时，二语语音、词法和句法均最有可能达到接近本族语者水平；起始年龄为 6~12 岁时，语音学习成效逐渐减弱但仍有可能达到接近本族语者水平，而词法和语法学习成效有可能达到接近本族语者水平的年龄则推迟至 15~17 岁；此后，语音、词法和句法均不可能取得完全成功。因此，二语语音学习是年龄效应研究中不可或缺的部分。不过，这里需要指出的是：语音习得年龄效应的研究主要以自然习得环境下的二语学习者为对象，而以外语学习者为对象的实证研究相对较少。与二语环境下普遍揭示的研究结果不同，外语环境下的研究并未清晰地支持语音学习的早学优势（如 Li, Zhang & Zhou, 2016）。

本章主要对现有的二语语音学习年龄效应研究结果进行分析总结，重点关注起始年龄与语言学能对语音学习成效的影响。

7.2.1 起始年龄与二语语音学习成效

针对二语语音学习的年龄效应研究发展较早，其中多数研究均发现了起始年龄与二语语音学习成效之间的显著相关关系，或早学者总体上优于晚学者。例如，Thompson（1991）考察了 36 名移居美国的俄国移民的语音习得成效，要求他们完成句子和段落朗读以及近期的活动自述任务，并邀请 16 名英语本族语者对语音样本就整体外国口音（global foreign accent）进行评分。该研究分析发现，到达美国的年龄（4~42 岁）与英语语音学习成效显著相关，即到达年龄越晚，外国口音越重。Flege 等（1999）调查了 240 名 1~23 岁移居美国的韩国人的英语语音，通过句子朗读任务发现外国口音随着到达美国年龄的增加而增强，且年龄影响在控制受文化程度、在美国居住时间及母语和二语使用情况三个个体因素后依然明显：与平均到达美国年龄为 9.7 岁的移民组相比，平均到达年龄为 16.6 岁的移民组表现出明显更重的外国口音。Stölten 等（2015）则关注 41 名西班牙瑞典语学习者在更加细致的语音特征上的学习成效，即通过单词朗读考察其三个词首清塞音（/p/、/t/、/k/）的嗓音起始时间（voice onset time）学习情况，结果表明在控制单词时长后早学组（1≤AO≤11）的成绩显著优于晚学组（13≤AO≤19）。

但也有少数研究未能发现早学优势，甚至出现晚学者优于早学者的情况（如 Fullana-Rivera & MacKay，2003；García Lecumberri & Gallardo，2003；MacKay & Fullana-Rivera，2007；Muñoz，2014b；李红等，2018）。通过进一步分析，这些研究结果的差异与受试学习环境、选择标准及语音成绩测量工具不无关系。首先，这些研究几乎都是基于课堂教学环境下的二语学习，与多数研究中关注的自然学习环境下的二语学习有所不同。由于课堂教学环境下学习者输入和使用二语的机会相对较少，因此年龄的影响可能被减弱。其次，研究中受试的二语学习时间过短。年龄效应关注的是二语学习者长期且较为稳定的学习成效，通常以目标语国家居住时间或课堂学习时间为参考。Long（1990）曾指出，学习者应在目标语国家居住达 10 年左右，二语发展才趋于稳定。许多研究者也以此年限为标准来探索自然学习环境下的年龄效应（如 Birdsong，2009；DeKeyser，2012a，2013）。虽然目前课堂教学环境下的年龄效应研究还没有广为接受的参考年限，但考虑到学习者二语输入和使用相对较少，其学习年限应至少与自然学习环境下相同，甚至更长，才可能达到长期学习成效的标准。一些研究中受试的学习时间远远不足。例如，在 MacKay 和 Fullana-Rivera（2007）的研究中，受试为 148 名母语为加泰罗尼亚语或西班牙语的英语学习者（8≤AO≤18），其英语学习时长最多为 7.5 年（约 726 小时课程时间），而部分受试的英语学习时长只有 2.5 年（约 200 小时课程时间），因此研究中的语音产出任务可能更多地反映了受试的学习速度，而非长期学习成效。Larson-Hall（2008）的研究为此观点提供了佐证。她采用一项音素辨别测试（phonemic discrimination test），要求 200 名日本英语学习者对 /r/、/l/、/w/ 三个音进行识别，以考察其在课堂教学环境下的语音学习成效。结果显示，英语输入量与早、晚学组之间语音成绩的关系存在交互作用：只有当英语学习时间达到 1200~2200 小时的时候，早学组的语音成绩才显著优于晚学组。因此，Larson-Hall 指出，即使在二语输入较少的课堂教学环境下，二语学习也可能存在年龄效应，只是需要足够的语言输入才得以显现。另外一个可能引起研究结果差异的因素为语音水平测量任务的类型及难易程度。语音产出任务主要包括诱发性（如单词、句子或段落朗读）和自发性（如图片描述、讲故事）两类，而受试在两类任务中表现出的外国口音程度可能不同（Munro & Mann，2005；Saito，2013；Thompson，1991），起始年龄与不同任务的语音成绩之间的关系也可能存在差异。例如，Saito（2013）采用三种语音测试任务——单词朗读、句子朗读及限时的图片描述，调查了88名日本英语学习者对词首/r/音素（对于多数日本学习者而言普遍较难）的学习成效，发现起始年龄只能有效预测图片描述的语音成绩，而不能预测单词或句子朗读的成绩。Lin等（2004）针对我国台湾大学生的研究则发现任务难易度对语音成绩存在影响：在无噪音干扰情况下，早、晚学组的英语音素辨别成绩无显著差异；当语音样本中增加噪音干扰时，早学组音素辨别成绩显著优于晚学组。因此，如果语音产出任务相对简单，则可能无法准确地反映受试的语音成效，从而掩盖早、晚学者之间的差异。例如，Fullana-Rivera和MacKay的两项研究（Fullana-Rivera & MacKay，2003；MacKay & Fullana-Rivera，2007）都采用了单词朗读任务，考察受试的口音程度及三个元音（/i/、/ɪ/、/æ/）的学习成效，但并未发现早学优势。根据Munro和Mann（2005）的研究，受试在单词与句子朗读中的成绩往往高于段落朗读，并在单词朗读任务中最易达到接近本族语者的评分。因此，早学组与晚学组的语音成效差异可能无法在单词朗读任务中得以体现。

由此可见，二语语音学习的年龄效应虽然普遍存在，但易受学习环境、二语输入、语音测量任务类型和难易程度等因素的影响，需要更多来自课堂教学环境的证据，尤其是涉及长期的二语学习及相对较难的语音任务（如段落朗读与自发性语言产出任务）的研究。不过，年龄效应的普遍存在并不意味着起始年龄可以决定语音学习成效，或起始年龄是唯一影响语音学习成效的因素。一些研究者针对高水平学习者的语音成效进行分析时，发现个别起始年龄较晚的学习者的语音成效优于早学者，甚至可以达到接近本族语者的语音水平。

Bongaerts针对青春期以后接触二语的学习者进行了一系列研究。在第一项研究中（Bongaerts et al.，1997），Bongaerts等比较了10名英语本族语者、11名母语为荷兰语的高水平英语晚学者（AO＞12）以及20名母语为荷兰语但水平参差不齐的英语晚学者的语音。该研究结果虽然显示英语本族语者的语音水平整体上优于两组非本族语者，但也发现有5名高水平英语学习者的语音达到了接近本族语者的水平。Bongaerts（1999）进一步对荷兰学生的法语语音水平进行考察，通过对比9名法语本族语者、9名母语为荷兰语的高水平法语学习者以及18名具有不同法语水平的荷兰学生的法语语音学习成效，发现虽然两组法语学习者在句子和词汇朗读测试中的法语语音成绩均低于本族语者，但仍有3名高水平法语学习者达到本族语者水平。另一项研究（Bongaerts，Mennen & van der Slik，2000）则在 30 名来自不同国家的高水平荷兰语学习者（AO＞12）中发现 2 名学习者的荷兰语语音达到了本族语者水平。其他一些研究也出现类似结果，如 Schmid 等（2014）的研究发现 1 名起始年龄晚于 11 岁的英语二语学习者达到了英语本族语者语音水平；Marinova-Todd（2003）也发现在 30 名高水平英语二语晚学者（AO＞16）中有 3 名晚学者的二语语音完全达到本族语者水平；Stölten 等（2015）通过考察 10 名晚学者对二语（瑞典语）词首轻塞音/p/、/t/、/k/的嗓音起始时间产出情况，发现 4 名晚学者（AO＞12）达到了瑞典本族语者语音水平。Stölten 等指出，二语塞音的嗓音起始时间产出是对学习者二语语音水平更深入的考察，说明某些晚学者的二语语音也可以达到严格意义上的本族语者水平。Moyer（2014b）对此类研究发现进行了分析总结，发现这些"破例"取得高水平语音成绩的晚学者主要有以下几个共同点：较强的语言学能、较高的学习动机（尤其是达到纯正口音的动机）、大量的语言输入或使用。其中语言学能被认为是最能预测二语学习成功与否的因素之一（Dörnyei & Skehan，2003；Granena，2019），且近期在理论与测量工具上有所发展，不仅促进了语言学能与二语学习成效关系的研究，也为年龄效应的解释提供了新的角度。

7.2.2 语言学能与二语语音学习的年龄效应

7.2.2.1 语言学能的构念及测量

语言学能指一系列与语言学习相关的认知能力与感知能力，能有效预测二语学习速度及长期学习成效（Granena，2019；Saito，2017）。它主要有以下几个特征：①与认知特征相关，有别于学习动机、焦虑等其他个体差异因素（Cox et al.，2019；Li，2016）；②相对稳定，不易因学习经历而产生大的变化（Turker et al.，2018），但也有可能受动机等其他因素影响（Dörnyei & Skehan，2003；Winke，2013）；③包含多个成分或要素（Doughty，2019；Skehan，2015）。但针对语言学能具体包含哪些要素以及如何影响二语学习，不同理论模型的论述有所差别（详见本书 3.2、3.3 小节的有关论述）。

Carroll（1981）提出的语言学能理论模型发展最早，也最具影响力，并建立了与之相应的 MLAT 测试（Carroll & Sapon，1959/2002）。但随着二语习得及认知科学研究的发展，基于 Carroll 的早期语言学能理论受到质疑与挑战。首先，早期的语言学能研究主要用于预测初始学习成效（学习速度），尤其是在缺乏语言输入的课堂教学和集中训练的环境下。因此，早期研究偏重语言学能的预测效度，而忽略了语言学能的构念效度及其对二语学习的解释作用（Dörnyei & Skehan，2003）。其次，Carroll 虽然提出了语言学能的 4 个主要要素，但在研究中往往将

MLAT 测试的总分用于数据分析，使得语言学能易被误解为一个单一的而非结构性的构念。最后，早期的语言学能研究主要针对课堂集中的、基于形式或规则的学习活动，且语言学能测试更倾向于外显的、分析性的能力（如联想记忆与语言学习归纳能力），因此语言学能常被理解为与有意识的、分析性的显性学习能力有关，而与无意识的、感知的隐性学习能力无关（Saito，2017）。这些缺陷在针对语言学能的研究发展中有所改善。

重要的两项语言学能理论发展为 Skehan（2002，2012，2015）与 Robinson（2005，2007）提出的模型。其中 Skehan 基于信息加工理论，认为二语学习的信息加工阶段不同，与之相关的认知能力，即语言学能要素也会不同。他分析了学习者在每个阶段可能需要的语言学能要素，如注意阶段可能与语音编码能力、工作记忆等相关，而词汇化或自动化可能更加依靠记忆、组块和检索过程。Robinson 则基于交互理论，提出了语言学能综合体理论，认为语言学习环境、教学方法、学习任务或活动等教学条件都与语言学能之间存在交互作用，共同影响学生的学习成效，因此，一些语言学能要素对于在某种条件下的语言学习尤为重要，而对于在另一些条件下的语言学习则不然。该模型涉及两个假设：学能综合体假设与能力差异假设。学能综合体假设强调学习者在不同条件下使用的语言学能要素不同，并分析了 5 种语言学能综合体，每个综合体又包含了不同的可测量的认知能力。例如，在基于口语输入的伴随性学习活动中，综合体包括偶然性语音记忆及语义深度加工，具体表现为语音工作记忆能力/速度（phonological working memory capacity/speed）、语义启动（semantic priming）、词汇推理（lexical inferencing）等能力。能力差异假设则认为，学习者的语言学能存在差异，学习者的某些认知能力强于或弱于其他的认知能力；语言学能的分化程度也不一致，即部分学习者（如晚学者）的语言学能要素之间差别较大，而其他学习者（如早学者）的语言学能要素相对平衡。

虽然 Skehan 与 Robinson 的模型没有形成相应的语言学能测试，缺少来自实证研究的证据支撑（Granena，2019），但它们扩充了语言学能要素（如记忆），并将语言学能与二语学习理论相结合，促进了语言学能构念与结构的探讨，也推动了语言学能作为个体差异对二语学习现象的解释力研究。尤为重要的是，两者注意区分了隐性学习与显性学习以及基于记忆与基于分析的语言学能要素，为后期研究者提出的多维度的语言学能构念奠定了基础。目前，研究者（如 Doughty et al.，2010；Granena，2012；Linck et al.，2013）往往将语言学能划分为外显或自觉性语言学能（explicit/conscious learning aptitude）与内隐或伴随性语言学能（implicit/incidental learning aptitude）。Granena（2016）指出，语言学能的两个维度与两种信息处理的认知方式有关：内隐性学能倾向于经验性的、直觉的认知方式，而外显性学能则与理性的、分析性的方式相关。两个维度的划分深化了对语言学能构念的理解，也推动了语言学能理论测试的发展。

　　继 MLAT 之后，目前运用较为广泛的语言学能测试包括 LLAMA（Meara，2005）与 Hi-LAB（Doughty et al.，2010）。LLAMA 语言学能测试改编自 MLAT，包含 4 个分测试：LLAMA B、LLAMA D、LLAMA E、LLAMA F（详见本书 3.4.4 小节的有关论述）。其中三项分测试（LLAMA B、LLAMA E、LLAMA F）总体上遵从了 Carroll 的语言学能模型，分别针对学习者的机械记忆、语音编码能力及语法归纳能力，另一项分测试（LLAMA D）则为新增加的内容，考察学习者的语音辨别能力。Granena（2013a）针对 LLAMA 进行了一项探索性验证研究，发现其内部一致性及历时稳定性较好，且涉及了两个维度的测量：LLAMA B、LLAMA E 与 LLAMA F 考量了学习者显性的联想记忆能力与分析能力，倾向于显性的认知过程，属于外显性学能的维度，而 LLAMA D 牵涉到序列学习能力，偏重隐性的认知过程，属于内隐性学能的维度。Rogers 等（2017）则对 LLAMA 进行了可靠性分析，主要关注测试成绩是否受其他个体差异因素（如母语、二语学习、年龄）影响，发现 LLAMA 的稳健性较好，不易受外在的个体差异影响。语言学能测试的另一项重要发展是 Hi-LAB（详见本书 3.3.3、3.4.5 小节的论述）。Hi-LAB 主要用于检测高水平二语学习者的认知因素。该测试主要基于认知心理学研究，由 11 个认知任务组成，涉及了一系列领域通用的认知能力与语言感知能力：工作记忆、语音短时记忆、联想记忆、长时记忆提取、隐性学习与语音感知敏锐度。其中两项能力，即长时记忆提取（语义启动任务）与隐性学习（SRT 任务）与隐性的认知过程相关，其他能力则倾向于显性的认知过程（Granena，2019）。相关验证研究（如 Doughty，2013；Linck et al.，2013）表明，Hi-LAB 可较好地区分出高水平学习者与一般学习者，准确率达 70% 左右，其中联想记忆、隐性学习、语音短时记忆的区分度最强，且均能显著预测高水平学习者的阅读与听力成绩。与 LLAMA 不同，Hi-LAB 与 MLAT 区别较大，包含了许多源于认知心理学的测试任务，拓宽了可测量的认知能力范围。但该测试的建立以检测高水平学习者为主要目的，目前尚不清楚它是否适用于更为广泛的学习群体，且它包含的任务较多，完成时间相对较长（约 2.5 小时，见 Doughty，2013），因此它在研究中的使用频率不及 LLAMA 高。

　　随着语言学能理论的发展，尤其是语言学能多要素与多维度的结构特征与测量，语言学能研究已不再局限于其对课堂教学环境下的短期学习速度的预测作用，而开始探索语言学能对课堂教学与自然学习环境下的二语学习长期成效的解释作用，也从关注单一的语言学能变量逐渐转向不同语言学能要素与维度对二语学习的影响。此外，近期部分研究者（如 Abrahamsson & Hyltenstam，2008；DeKeyser，2000；Granena & Long，2013a；Kiss & Nikolov，2005）将语言学能与二语学习的年龄效应研究相结合，即探索起始年龄、语言学能与二语学习成效三者的关系，为年龄效应研究提供了重要启示和新的发展方向。

7.2.2.2 起始年龄、语言学能与二语语音学习成效

DeKeyser 是较早将语言学能用于年龄效应探索的研究者之一。他认为，语言学能与二语学习成效的关系研究可用于推测相应的学习机制或过程，若外显性学能对某一学习活动有促进作用，那么该活动可能涉及了外显学习机制或过程的参与，而起始年龄与语言学能的关系研究则可揭示早学者与晚学者不同的学习机制（DeKeyser，2012b；Suzuki & DeKeyser，2017）。在两项关于语言学能与二语语法成效的研究中（DeKeyser，2000；DeKeyser，Alfi-Shabtay & Ravid，2010），他发现语言学能只与晚学者的语法成绩显著相关，与早学者的语法成绩不相关，且少数高水平晚学者都具有较好的语言学能。DeKeyser 以此提出了基于学习机制差异的年龄效应解释，即早学者倾向于依靠隐性学习机制，晚学者则更依赖显性学习机制（DeKeyser，2003）。该解释符合部分研究者有关儿童与成人在语言学习中的不同认知机制假设（如 Bley-Vroman，1990，2009；Newport，1990；Ullman，2004，2005），也推动了起始年龄、语言学能与二语学习成效关系的研究（如 Abrahamsson & Hyltenstam，2008；Granena，2013a）。但目前研究结果尚不统一，且集中于对自然学习环境与语法学习的探讨，而有关课堂教学环境及语音学习的研究相对较少（Moyer，2014b；Saito, Sun & Tierney，2018；Saito, Suzukida & Sun，2019）。

早期有关语言学能与二语语音学习成效的研究主要考察自评的语言学习能力和语音模仿能力。例如，Thompson（1991）通过研究 36 名母语为俄语的英语二语学习者（4≤AO≤42），发现其自评的语音模仿能力是英语语音水平的预测因素之一，预测作用仅次于年龄和性别；Huang（2014）的研究以 118 名 5~27 岁到达美国的中国移民为受试，发现到达年龄和自评的语言学习能力均能预测其英语语音水平；在针对晚学者的研究中，Hopp 和 Schmid（2013）分析了 40 名高水平德语二语晚学者（AO > 11）的语音学习成效，并使用一项德语综合水平测试（C-Test）反映学习者的语言学能（依据外语水平与语言学能测试分数之间的显著相关关系，见 Dörnyei & Skehan，2003），发现语言学能与其德语语音成绩显著相关。但这些研究都使用了自评或外语水平测试等间接的语言学能测量方式，无法进行语言学能要素与维度的区分，因此不易推测相应的学习机制。

后期相关研究逐渐结合了语言学能多要素与维度的理论发展，并采用相应的语言学能测试。例如，Hu 等（2013）考察了 100 名左右德国英语学习晚学者（AO=10±1）的语音学习成效，语音产出任务为段落朗读，并邀请 30 名英语本族语者对受试的朗读成绩进行评分（0~10 分），语言学能测试则包括根据拼写推测发音（MLAT 中的一项分测试，测语音编码能力）以及数字记忆广度和非词重复

（测语音工作记忆）。研究结果显示，受试的语音编码能力对语音成绩有显著的预测作用（$R^2=0.31$，$p<0.001$），而语音工作记忆不能预测语音成绩。Granena 和 Long（2013b）则采用 LLAMA 语言学能测试，探讨自然学习环境下语言学能对语音、词汇、语法学习的作用。受试包括 65 名中国西班牙语学习者，语音成绩为段落朗读中的整体口音评分（1~9 分）。结果显示，LLAMA 总分只与最晚学习组（16≤AO≤29）的语音成绩显著相关（$r=0.55$，$p<0.05$），其中 LLAMA E 分测试成绩与受试的语音成绩的相关性最强（$r=0.41$，$p=0.091$），但与其他分测试一样均未达到显著水平；LLAMA 总分与其他两组学习者（3≤AO≤6；7≤AO≤15）的语音成绩也不存在显著相关关系。由于 LLAMA 总体上偏向于外显性学能（只有 LLAMA D 一项内隐性语言学能的分测试），LLAMA 总分与语音成绩的显著相关性似乎表明晚学者的语音学习与外显性学能相关。遗憾的是，Granena 和 Long 未就早学组的语音成绩与其 LLAMA 各分项测试的分数进行相关性分析，尤其是早学组的语音成绩与 LLAMA D 分数的相关性分析，因此无法判断早学组与哪个学能的维度相关。与前两项研究中的段落朗读任务及整体语音水平评分不同，Saito 近期的两项研究采用了自发性口语产出任务（图片描述），并增加了音段（segmental，包括元音与辅音）及超音段（suprasegmental，包括词重音与音调）准确性等方面的评分作为语音成绩。第一项研究（Saito，2017）针对 50 名日本的英语晚学者（7 年级后开始英语学习），考察其 4 项 LLAMA 分测试分数与图片描述中语音成绩之间的关系，并发现 LLAMA E 分数与音段、重音与语调的准确性都显著相关（$r=0.40$，$p<0.01$；$r=0.28$，$p<0.05$；$r=0.30$，$p<0.05$），而其他 LLAMA 分测试的分数则未显示显著的相关关系。Saito 等（2018）在另一项研究中发展了一项专门针对语音处理的语言学能框架，包括两项外显性学能测试，即 LLAMA E 分测试（语音编码能力）、音乐学能[①]（音调与节奏的感知能力），以及两项内隐性学能测试，即两项频率跟随反应(音高与语音共振峰的神经编码)，并探讨该框架是否能解释二语语音学习的成效。他们同样采用图片描述任务，考察 48 名母语为汉语的英语学习者（6≤AO≤13）不同维度的语音学习成效，如音段、重音、语调、节奏、速度等。结果显示，受试的音段学习成效与显性的语音编码能力及隐性的语音 F1 共振峰神经编码都显著相关，两者分别能解释音段成绩 17%和 11.9%的方差；超音段学习则与另一项外显性学能测试相关，即节奏的感知能力，该能力可有效地解释学习者二语节奏感知成绩 22.8%的方差。但 Saito 等主要关注可能影响语音学习的语言学能要素，而未考察起始年龄与语言学能的

[①] 音乐学能指个体感知和产出音乐的能力。一些研究发现，音乐与语言加工可能涉及部分相同的听觉加工机制（Patel，2011），且音乐学能可以影响二语语音学习成效（如 Sheppard, Hayashi & Ohmori, 2007；Turker et al., 2018；裴正薇、丁言仁，2013）。

交互影响，因此早学者与晚学者各自的语言学能要素与其语音学习的情况则无法得知。

目前有关起始年龄、语言学能与语音学习成效关系的研究表明，语言学能的确为二语语音学习的影响因素之一，且晚学者的学习成效主要受分析性的语音编码能力，即外显性学能的影响，而与早学者的学习成效相关的语言学能要素还有待进一步考察。

综上所述，目前二语语音学习的年龄效应研究以自然学习环境为主，且多数发现年龄效应普遍存在，而二语输入和使用相对较少的课堂教学环境下的相关研究结果尚不统一，可能受语音成效测量任务的类型及难易程度的影响所致。在语言学能与二语学习成效关系方面，目前研究多集中于对二语语法学习的探讨，针对二语语音学习的考察较少，尤其是结合了语言学能理论与测试新发展的考察，而现有的研究结果似乎表明，晚学者的二语语音学习与外显性学能（主要表现为语音编码能力）有关，但尚不清楚早学者的语音学习受何种语言学能要素或维度影响。基于此，本章针对中国课堂教学环境下的英语语音学习，采用 LLAMA 语言学能测试及两项语音产出任务，即段落朗读与电影情节复述，以进一步探讨年龄效应的表现与可能成因，具体回答以下问题：①中国英语学习者起始年龄与其语音学习成效的关系是什么？两者关系是否受语音产出任务类型的影响？②中国英语学习早学者和晚学者的语言学能及其要素是否与其英语语音学习成效相关？③在中国课堂教学环境下，哪些因素最能预测学习者的英语语音学习成效？

7.3 研究设计

7.3.1 受试

本章的受试主要包括 84 名中国的英语学习者（男 31 名，女 53 名）。参加测试时，他们均为国内在校研究生，主要来自重庆大学、重庆医科大学、西安外国语大学、北京大学、北京师范大学等几所高校，专业包括英语、课程与教学论、机械工程、计算机科学与技术、临床医学等。受试均没有英语国家留学或旅游的经历，英语学习主要源于学校的课堂教学，因此起始年龄主要界定为学校英语教学开始时的年龄。按照学习者英语学习的起始年龄划分为早学组和晚学组，其中早学组（43 名）的起始年龄为 5~11 岁，英语学习时长为 12~20 年，晚学组（41 名）的起始年龄为 12~15 岁，英语学习时长为 8~21 年。该划分标准在多项研究中得以使用（如 Abrahamsson & Hyltenstam，2009；Schmid，Gilbers & Nota，2014；

Stölten, Abrahamsson & Hyltenstam, 2015), 也符合中国英语课堂教学的现状。经分析, 两组的起始年龄及英语学习时长均存在显著差异 [$t(82)=-13.570$, $p<0.001$; $t(82)=7.560$, $p<0.001$]。此外, 本章还包括 9 名英语本族语者作为对照组。他们来自美国或英国, 是国内几个高校的留学生或外籍教师。表 7.1 列举了三组受试的年龄、学习时长等具体信息。

表 7.1 受试基本信息

组别	测试时的年龄		起始年龄		学习时长/年	
	平均值（标准差）	值域	平均值（标准差）	值域	平均值（标准差）	值域
早学组（n=43）	23.53（1.37）	20~27	8.79（1.61）	5~11	14.84（1.94）	12~20
晚学组（n=41）	24.54（2.08）	22~35	12.73（0.95）	12~15	11.5（2.06）	8~21
对照组（n=9）	24.78（8.36）	19~43	—		—	

7.3.2 测量工具

本章主要采用了问卷调查、LLAMA 及两项语音产出任务。

问卷调查（详见附录 C 语言学习调查表）主要针对学习者的英语学习背景, 包括受试的年龄、性别、起始年龄、学校及专业等基本信息, 还涉及受试对英语学习动机、水平、使用情况的自我评价; 其中英语学习动机部分源于 Taguchi 等（2009）的研究, 要求受试根据描述进行 5 分量表评价（1 表示"强烈不同意", 2 表示"不同意", 3 表示"不确定", 4 表示"同意", 5 表示"强烈同意"), 如"讲一口流利的英语使我感到很有成就感"; 其他部分则参照 Li 和 MacWhinney（2011）的学习问卷, 要求受试根据 5 分量表（1 表示"从未使用", 2 表示"偶尔", 3 表示"经常", 4 表示"频繁", 5 表示"非常频繁"）对具体使用情况进行评价, 如"听英语广播"。分析受试的英语学习动机和日常使用情况的理据是, 一方面可以考察除起始年龄和语言学能以外其他可能影响受试英语语音水平的因素, 另一方面则有利于在分析起始年龄和语言学能对早、晚学者语音水平的影响时, 尽量控制其他可能的干扰因素, 因为有研究表明学习者的语言学习动机和日常使用可能影响二语语音水平（如 Marinova-Todd, 2003; Moyer, 1999）。英语学习水平部分采用 10 分量表, 要求受试对阅读、写作、听力、口语四个方面进行自评。独立样本 t 检验结果显示, 早、晚学组在英语学习动机和日常使用方面无显著差异 [$t(82)=0.898$, $p=0.372$; $t(82)=0.139$, $p=0.890$], 早学组的自评英语水平有高于晚学组的趋势, 但差异不显著 [$t(82)=-1.815$, $p=0.073$]。

学习者的语言学能可以通过 LLAMA（Meara, 2005）进行考察。相比其他语言学能测试工具，该测试具有以下优势：易操作，测试参与者只需点击图片或相应方框进行学习；完成所需时间较短（30 分钟左右）；不易受受试母语或二语的影响（因为该测试使用大量的图片，且涉及的语言由加拿大北部以及美国中部的两种语言合成而来，与测试参与者可能知道的语言不同）。LLAMA 由四部分组成。其中，LLAMA B 测试学习者在短期内学习一系列新词汇的能力。该部分涉及的 20 个单词均来自美国中部的一种语言，且分别对应于屏幕中的图片。程序开始后，学习者每点击一张图片，屏幕中央便会显示该图片对应的单词。学习者有 2 分钟的时间对所有图片及其对应的单词进行点击学习。学习时间结束后，学习者需根据屏幕中央显示的单词找到相应的图片。LLAMA D 考察学习者的辨音能力。程序开始后，学习者首先将听到 10 个新单词。测试阶段会再次播放这些单词以及其他未出现过的干扰项，要求学习者识别出之前听到过的单词。LLAMA E 有关声音和符号的配对。这部分涉及 22 个音节及其对应的符号。屏幕上显示了所有符号（如 0i、3û、9è），学习者每点击一个符号便会听到相应的音节，学习者需在 2 分钟以内点击学习所有符号对应的音节。测试阶段会播放这些音节并提供 2 个字符，学习者需选择与所听到的音节相符合的字符。LLAMA F 涉及学习者对一门新语言的语法规则学习能力。程序开始后，屏幕中有 20 个小方框，学习者每点击一个小方框便会看到一个句子（如 unak-ek eked-ilad）和一张图片，他们需要在 5 分钟以内学习如何正确使用句子来描述相应图片。进入测试阶段后，学习者需根据程序提供的图片和两个句子，选择正确语句来描述相应图片。Granena（2013a，2016）对 LLAMA 进行了效度研究，结果显示内部一致性和稳定性在可接受范围内，并发现该测试考察了两个不同的语言学能维度：LLAMA B、LLAMA E 和 LLAMA F 部分更能测学习者的分析性能力，与外显性学能相关，LLAMA D 部分则关涉（声音）序列学习能力，与学习者的内隐性学能相关。这一特征与语言学能两个维度的划分相契合，有利于对二语习得中年龄因素的理解。选用 LLAMA 的另一原因在于，在查阅到的涉及起始年龄、语言学能与二语语音最终水平关系的唯一一项实证研究中，Granena 和 Long（2013b）也采用了该语言学能测试，方便研究结果之间的比较和分析。

由于 LLAMA 中大部分分测试涉及学习者的外显性学能，只有一部分倾向于考察学习者的内隐性学能，本章增加一项 SRT 任务。SRT 最初是由 Nissen 和 Bullemer（1987）设计的，用以测量学习者的序列学习能力。由于 SRT 采用在线方式，相比其他相关测量方式而言，SRT 更能测量学习者的隐性学习能力（Destrebecqz & Cleeremans，2001）。本章采用改编自 Hi-LAB 语言学能测试（Linck et al.，2013）中的 SRT 任务，运用软件 E-Prime 2.0 进行操作。测试中电脑屏幕中央会显示 4 个水平摆放的小方框，分别对应于键盘上的 D、F、J、K 四个字母键。当一个五角星出现在任意一个方框中时，学习者需按下该方框对应的字母键。在

Hi-LAB 中，受试做出反应后有 500ms 的间隔时间，之后五角星会出现在另一方框中。但根据 Destrebecqz 和 Cleeremans（2001）的研究，如果受试被允许有 250~500ms 的思考时间，则可能激发其显性学习。因此，本章将受试反应和下一刺激（五角星）之间的间隔时间调为 200ms。该 SRT 包含六组测试，其中第一组和第六组测试中刺激以随机顺序出现，而第二组、第三组、第四组和第五组中刺激以 3-2-1-3-4-2-1-3-2-4-1-4 顺序反复出现。测试中会记录受试在第五组与第六组测试中的平均反应时间之差，若受试对第五组测试的反应时间快于第六组测试，则认为发生了隐性学习。时间相差越大，序列学习越好。

由于二语语音任务类型可能影响二语学习者的语音成绩（Huang，2014；Liu，2011；Marinova-Todd，2003；Saito，2013），因此本章采用两种任务类型（见附录 D）来测量受试的语音学习成效。第一项任务为段落朗读，属于诱发性任务。该段落选自 Marinova-Todd（2003）的研究，原文节选自 Gregory Maguire 的文学小说 *Wicked: The Life and Times of the Wicked Witch of the West*。段落中包含了一些对于中国学生来说容易发错的音，如/æ/、/ʌ/、/ʒ/、/i:/、/ə/、/u/、/ŋ/、/ə/、/θ/、/ð/等（Jia et al.，2006；Liang，2014；Liu，2011）。在朗读之前，受试有 5 分钟时间熟悉段落内容，然后受试开始朗读并录音。

> A mile above Oz, the Witch balanced on the wind's forward edge, as if she were a green fleck of the land itself, flung up and sent wheeling away by the turbulent air. White and purple summer thunderheads mounded around her. Below, the Yellow Brick Road looped back on itself, like a relaxed noose. Though winter storms and the crowbars of agitators had torn up the road, still it led, relentlessly, to the Emerald City. The Witch could see the companions trudging along, maneuvering around the buckled sections, skirting trenches, skipping when the way was clear. They seemed oblivious of their fate. But it was not up to the Witch to enlighten them.(Marinova-Todd，2003：167)

第二项任务为电影情节复述，属于自发性任务。受试首先观看了时长为 7 分钟的电影短片，该短片节选自卓别林 1936 年参演的电影《摩登时代》。短片为无声电影，没有字幕，仅带有背景音乐和几句关键台词。该短片情节简单明了，且幽默有趣，在其他一些研究中也有使用（如 Perdue，1993；Schmid，2011；Schmid，Gilbers & Nota，2014）。根据 Schmid（2011）的研究，受试看完短片后需立即复述短片内容，没有准备时间，以确保语音样本的相对自发性。采集后的语音样本通过软件 Audacity 2.2.1 进行编辑，选取每个样本的前 30~40 秒音频，并对其中杂音和过多的停顿进行处理。处理后的音频由 5 名英语本族语者从两个维度进行评分：整体外国口音和语音准确度（pronunciation accuracy）。口音评分采取 9 分量表（1 表示"very strong accent"，意为口音很重；9 表示"no foreign accent"，意为没有外国口音）。该评分量表可为评分者提供足够的选择，以更好地区分口音程度（Flege et al.，1999；Granena & Long，2013b；Huang，2014）。语音准确度则基于 Saito（2017）的研究，要求评分者就音频中音段（segments）、重音（stress）、语调（intonation）三个分项的准确度进行评分，各分项的总分为 100 分。评分者为 5 名英语本族语者，其中 2 名在国内高校任教，3 名在国内高校攻读硕士学位。在正式评分开始前，研究者向他们详细解释了评分规则，强调评分只针对两个语音维度而不考虑词汇或语法的准确性。根据 Cronbach's α 系数，评分者在两个任务中都显示了良好的内部一致性（系数分别为 0.928 和 0.939）；两个任务中的音段、重音及语调三个分项的评分之间内部一致性也较好（系数分别为 0.985 和 0.987），表明三个分项作为同一维度（即准确度）的分析是合理的，三者的平均分也因此被视为语音准确度的成绩；而针对语音准确度与外国口音成绩的进一步分析显示，两者在朗读与复述任务中的一致性均较差（系数分别为 0.109 和 0.114），表明准确度与外国口音的确反映了两个不同维度的语音学习成效。

7.4 数据分析与结果

7.4.1 起始年龄与英语语音成绩

表 7.2 显示了早、晚学组及对照组（英语本族语者）在两个任务中的语音成绩。由表可见，对照组内的差异小于早学组与晚学组，且对照组的各项语音成绩似乎都较早、晚学组好，两组中也无人达到对照组值域内成绩。Kolmogorov-Smirnov（K-S）检验结果显示，早、晚学组的各项语音成绩及总成绩均呈正态分布（$p > 0.05$）。根据 Pearson 相关分析，朗读和复述两个任务的语音成绩显著相关（口音：$r=0.903$，$p < 0.001$；准确度：$r=0.906$，$p < 0.001$）。但配对样本 t 检验结果显示，早学组在两个语音产出任务中的成绩存在显著差异[口音：$t(42) = -2.307$，$p < 0.026$；准确度：$t(42) = -5.129$，$p < 0.001$]，晚学组也有类似结果[口音：$t(40) = -3.126$，$p=0.003$；准确度：$t(40) = -2.097$，$p=0.042$]，而对照组的两个任务成绩没有显著差异[口音：$t(8) = 0.555$，$p=0.594$；准确度：$t(8) =1.676$，$p=0.132$]，即早、晚学组的复述任务成绩显著优于朗读成绩，而对照组在两个任务中取得相似成绩。

表 7.2　各项语音成绩的描述性统计

语音成绩		早学组（n=43）		晚学组（n=41）		对照组（n=9）	
		均值（标准差）	值域	均值（标准差）	值域	均值（标准差）	值域
整体口音	朗读	4.70（0.82）	2.96~6.14	4.26（0.81）	2.60~6.66	8.91（0.15）	8.60~9.00
	复述	5.00（1.01）	2.96~7.00	4.51（0.87）	2.74~7.10	8.87（0.20）	8.40~9.00
准确度	朗读	49.11（7.72）	34.67~68.33	46.47（8.10）	29.00~66.13	98.33（1.24）	96.47~99.73
	复述	54.74（8.50）	34.00~75.00	48.85（6.99）	33.80~66.00	97.72（1.28）	95.60~99.20
音段	朗读	49.67（9.56）	32.00~70.00	46.20（8.95）	27.00~65.60	98.96（1.06）	97.60~100.00
	复述	56.95（9.22）	31.00~80.00	50.43（8.26）	33.00~69.40	98.62（1.02）	96.80~99.80
重音	朗读	49.92（8.13）	36.00~70.00	46.69（8.31）	29.00~68.00	99.00（0.93）	97.80~100.00
	复述	54.38（8.40）	37.00~75.00	48.60（6.75）	35.00~64.60	98.00（1.92）	94.00~99.80
语调	朗读	47.76（7.12）	32.00~65.00	46.54（8.61）	25.00~64.80	97.04（2.21）	93.00~100.00
	复述	52.89（9.14）	34.00~72.00	47.53（7.31）	32.00~64.00	96.53（1.57）	94.00~98.60
总成绩	朗读	53.81（8.37）	38.47~74.43	50.74（8.76）	32.60~72.79	107.24（1.29）	105.47~108.73
	复述	59.74（9.32）	37.10~81.70	53.36（7.68）	37.10~73.10	106.59（1.41）	104.00~108.20

注：整体口音成绩满分为 9 分，音段、重音、语调及准确度成绩满分均为 100 分，语音总成绩满分为 109 分

由于早、晚学组的英语学习时长差异显著，本章采用了起始年龄与语音成绩的偏相关分析，以控制学习时长的影响。结果显示，早、晚学组的总体起始年龄与朗读任务的口音成绩显著相关（$r=-0.252$，$p<0.05$），与准确度成绩接近显著水平（$r=-0.215$，$p=0.051$），与复述任务的口音及准确度成绩均显著相关（$r=-0.311$，$p<0.01$；$r=-0.375$，$p<0.001$），且较朗读任务成绩的相关性更强，但早、晚学组各自的起始年龄与两项任务的口音成绩及准确度成绩均不相关（$p>0.05$）。为进一步考察起始年龄与语音成绩的关系，笔者对早学组、晚学组及对照组的四项语音成绩进行了单因素方差分析。方差检验结果显示，三组受试的四项语音成绩均存在显著差异（$p<0.001$）。事后进行的 Bonferroni 多重比较检验则显示，除朗

读任务的准确度成绩（$p=0.338$）外，早学组的其他三项语音成绩均显著优于晚学组（朗读口音：$p<0.05$；复述口音：$p<0.05$；复述准确度：$p<0.001$），而对照组的四项语音成绩均显著优于早学组和晚学组（$p<0.001$）。

7.4.2 语言学能与英语语音成绩

受试的语言学能包括 LLAMA 与 SRT 测试的成绩（表 7.3）。根据单因素方差分析，三组受试的 LLAMA 总成绩存在显著差异[$F(2, 90)=4.42$，$p<0.05$]，SRT 成绩的差异则不显著[$F(2, 90)=0.153$，$p=0.858$]。Scheffé 事后多重比较检验结果显示，LLAMA 总成绩的差异主要源于对照组与晚学组（$p<0.05$），其他组别之间则无显著差异（$p>0.05$）。

表 7.3　各组 LLAMA 与 SRT 测试成绩

学能测试	早学组（$n=43$）		晚学组（$n=41$）		对照组（$n=9$）	
	均值（标准差）	值域	均值（标准差）	值域	均值（标准差）	值域
LLAMA	168.84（54.44）	70~265	156.83（51.49）	65~275	213.33（35.44）	165~285
LLAMA B	39.42（17.22）	5~85	32.32（16.66）	10~85	62.22（18.56）	30~85
LLAMA D	30.23（17.46）	0~70	25.00（15.45）	0~60	36.67（9.68）	20~50
LLAMA E	44.77（28.26）	0~100	44.15（26.74）	0~90	53.33（11.18）	40~70
LLAMA F	54.42（19.31）	10~90	55.37（24.91）	0~90	61.11（18.33）	30~90
SRT	71.78（67.97）	−65.91~262.25	70.45（57.92）	−70.72~222.85	83.13（57.46）	32.10~209.43

为探究语言学能与语音成绩的关系，笔者对各组受试的 LLAMA 和 SRT 测试成绩与各项语音成绩进行了 Pearson 相关分析（表 7.4）。结果显示，早学组的 LLAMA D 分测试成绩与其复述任务的两项成绩存在显著相关关系（复述口音：$r=0.370$，$p<0.05$；复述准确度：$r=0.315$，$p<0.05$），与朗读任务的语音成绩的相关性则不显著，且其他学能测试成绩与语音成绩之间也无显著的相关关系；晚学组的语音成绩则主要与 LLAMA E 分测试和 LLAMA 总成绩有关，其中 LLAMA E

分测试成绩与朗读任务的整体口音成绩显著相关（$r=0.324$，$p<0.05$），但与其他三项成绩无显著相关关系，LLAMA 总成绩则与朗读任务的整体口音、准确度以及复述任务的准确度三项语音成绩均显著相关（$r=0.377$，$p<0.05$；$r=0.324$，$p<0.05$；$r=0.346$，$p<0.05$），与复述任务的整体口音成绩存在相关趋势，但未达到显著水平（$r=0.283$，$p=0.073$）；对照组中则未发现任何学能测试成绩与语音成绩之间的显著相关关系。

表 7.4 语言学能与各项语音成绩的相关系数（r）

组别		LLAMA B	LLAMA D	LLAMA E	LLAMA F	LLAMA	SRT
早学组	朗读口音	0.180 (0.247)	0.160 (0.306)	0.145 (0.354)	0.131 (0.402)	0.211 (0.174)	−0.113 (0.469)
	朗读准确度	0.151 (0.334)	0.131 (0.402)	−0.148 (0.344)	−0.086 (0.584)	−0.035 (0.822)	0.118 (0.452)
	复述口音	0.297 (0.053)	0.370* (0.015)	0.103 (0.511)	−0.052 (0.740)	0.212 (0.171)	0.029 (0.855)
	复述准确度	0.047 (0.763)	0.315* (0.039)	−0.034 (0.829)	−0.021 (0.892)	0.053 (0.735)	0.017 (0.913)
晚学组	朗读口音	−0.002 (0.989)	0.092 (0.568)	0.324* (0.039)	0.244 (0.124)	0.377* (0.015)	−0.016 (0.919)
	朗读准确度	−0.070 (0.663)	0.177 (0.267)	0.218 (0.172)	0.252 (0.112)	0.324* (0.039)	0.109 (0.497)
	复述口音	−0.163 (0.310)	0.084 (0.601)	0.224 (0.159)	0.254 (0.108)	0.283 (0.073)	0.114 (0.479)
	复述准确度	0.061 (0.704)	0.190 (0.235)	0.227 (0.153)	0.241 (0.129)	0.346* (0.027)	−0.109 (0.496)
对照组	朗读口音	−0.005 (0.990)	−0.081 (0.835)	−0.404 (0.281)	−0.146 (0.708)	0.030 (0.939)	−0.624 (0.072)
	朗读准确度	0.664 (0.051)	0.528 (0.144)	0.000 (1.00)	−0.644 (0.061)	0.251 (0.515)	0.300 (0.433)
	复述口音	0.489 (0.182)	0.038 (0.923)	0.255 (0.507)	0.448 (0.227)	0.636 (0.065)	−0.075 (0.849)
	复述准确度	0.224 (0.563)	−0.419 (0.262)	0.026 (0.946)	−0.253 (0.510)	−0.034 (0.932)	−0.092 (0.814)

注：括号内为显著性 p 值

*表示 $p<0.05$

7.4.3 英语语音成绩的预测因素

为了探索哪些个体差异可能影响学习者二语语音学习成效，本章采用了多元线性回归分析。个体因素包括起始年龄、学习时长、语言学能（包括 LLAMA 分项及总成绩、SRT 成绩）、英语学习动机、语言（英语）使用，因变量为学习者的两项语音产出任务成绩（整体口音成绩与准确度成绩之和）。在进行回归分析前，笔者首先对学习时长、学习动机、语言使用与语音成绩进行了 Pearson 相关性分析，发现早学组的学习动机与其两个语音任务的成绩都显著相关（朗读：$r=0.422$，$p<0.01$；复述：$r=0.374$，$p<0.05$），语言使用只与复述成绩显著相关（$r=0.355$，$p<0.05$），而晚学组的学习动机则与复述成绩显著相关（$r=0.554$，$p<0.001$）。

本章选用了逐步进入法进行回归分析，表 7.5 和表 7.6 分别显示了早学组与晚学组的分析结果。在早学组的两项语音任务中，都只有学习动机变量进入了回归方程模型，分别解释朗读成绩 17.8%（$p<0.01$）及复述成绩 14.0%的方差（$p<0.05$），对朗读成绩的解释力更强。但晚学组在两项任务中的模型有所不同，其中朗读成绩的预测变量为 LLAMA 总成绩，能有效解释其 10.5%的方差（$p<0.05$），而复述成绩的预测变量为学习动机，能有效预测其 30.7%的方差（$p<0.01$）。

表 7.5　早学组逐步法回归分析结果

语音任务	模型中的预测变量	相关系数（r）	偏相关系数（B）	决定系数（R^2）	F	t	p
朗读任务	学习动机	0.422	21.90	0.178	8.88**	2.98**	0.005
复述任务	学习动机	0.374	21.46	0.140	6.68*	2.58*	0.013

*表示 $p<0.05$；**表示 $p<0.01$

表 7.6　晚学组逐步法回归分析结果

语音任务	模型中的预测变量	相关系数（r）	偏相关系数（B）	决定系数（R^2）	F	t	p
朗读任务	LLAMA 总成绩	0.325	0.157	0.105	4.592*	2.143*	0.038
复述任务	学习动机	0.554	21.556	0.307	17.247**	4.153**	0.001

*表示 $p<0.05$；**表示 $p<0.01$

7.5　讨　　论

本章针对中国 84 名研究生的英语学习情况，采用两项语音产出任务及 LLAMA 语言学能测试，考察课堂教学环境下二语语音学习的年龄效应表现和语音产出任务的影响，以及不同语言学能要素或维度（内隐性学能与外显性学能）与语音学习成效的关系，重点关注基于儿童与成人认知机制差异的年龄效应解释在语音学习中的有效性，以进一步探讨二语学习年龄效应问题的本质和解释。

7.5.1 起始年龄与二语语音学习成效的关系

在控制学习时长后，中国英语学习者的起始年龄仍与电影情节复述任务的两项语音成绩（整体口音与准确度）显著相关，只与段落朗读任务的一项成绩（整体口音）显著相关，且与两项复述成绩的相关性（口音：$r=-0.311$；准确度：$r=-0.375$）强于朗读的整体口音成绩（$r=-0.252$）；对比分析也显示，早学组在这三项语音成绩中显著优于晚学组，两组的朗读准确度成绩无显著差异，但两组的四项语音成绩均显著低于本族语者，且无一人达到本族语者水平。

起始年龄与多项语音成绩之间的显著负相关关系表明，在中国课堂教学环境下的英语语音学习确实存在年龄效应，为二语语音学习的年龄效应研究提供了补充证据。虽然基于自然学习环境的研究普遍发现了二语语音学习年龄效应的存在（如 Stölten、Abrahamsson & Hyltenstam，2015），但基于课堂学习环境的研究结果不一致，部分研究未发现起始年龄与二语语音成效的相关性，甚至发现晚学组的语音成绩优于早学组（如 Fullana-Rivera & MacKay，2003；MacKay & Fullana-Rivera，2007；Muñoz，2014b）。这可能与受试的选择及语音产出任务的难易程度有关。年龄效应研究主要针对二语学习长期成效（DeKeyser，2012a；Long，2013b），而 MacKay 和 Fullana-Rivera（2007）的研究中受试的二语学习时间为 2.5~7.5 年，其二语知识可能仍处于发展阶段，其语音成绩可能更多地反映了学习速度而非相对稳定的长期学习成效；本章的受试均为在读研究生，早、晚学组的平均英语学习时长分别为 14.84 年和 11.5 年，其二语语音学习更可能达到相对稳定的水平。此外，Fullana-Rivera 和 MacKay（2003）以及 MacKay 和 Fullana-Rivera（2007）两项研究中都使用了单词朗读任务，比本章的段落朗读和电影情节复述任务相对简单，学习者较易获得高水平的语音评分（Munro & Mann，2005），早、晚学组的语音成绩差异可能被掩盖。

此外，年龄效应在复述任务中表现更强，表明二语语音学习的年龄效应表现易受语音产出任务类型（诱发性和自发性）的影响，与 Munro 和 Mann（2005）、Saito（2013）、Thompson（1991）等的研究结果一致。一方面，本章使用的朗读任务难度较大，早学组与晚学组在完成时都面临着许多挑战，两者的朗读成绩也可能因此而缩小差距。学习者需朗读的段落中包含了一些非常见词汇，如 turbulent、agitators、maneuvering 等，且涉及了许多中国英语学习者容易发错的音节，如/æ/、/ʌ/、/ɜ/、/i:/、/ə/、/u/、/ŋ/、/ə/、/θ/、/ð/等（Jia et al., 2006; Liang, 2014; Liu, 2011），而复述任务中受试主要关注故事重构和语义表达，往往选择更熟悉和有把握的词或短语。数据分析也显示，两组学习者的复述成绩确实显著优于朗读成绩。另一方面，两组在朗读任务中的整体口音成绩差异仍然达到了显著水平，而准确度成绩则未达到。这可能与学习者在两个评分维度的成绩差异有关。与整体口音评分不同，准确度成绩包括音段、重音及语调的评分，是对学习者语音学习成效的细致审查。根据 Abrahamsson 和 Hyltenstam（2009）的研究，不管是早学者还是晚学者，其二语学习成绩在更加严格和细致的考察中（如嗓音起始时间辨别与产出）往往低于整体水平评分（如整体口音）。因此，本章的早、晚学组在朗读任务中的准确度成绩都较低，从而减弱了两者之间的差异。

7.5.2 语言学能与二语语音学习成效的关系

首先，早学组的英语语音成绩主要与其内隐性学能相关，具体表现为复述成绩与 LLAMA D 分数之间的显著相关关系。LLAMA D 是唯一一项不含学习时间的 LLAMA 分测试，考察学习者对声音序列的隐性记忆和学习能力（Granena, 2019），表明早学者在二语语音学习中倾向于通过语言输入进行自动的、偶然的隐性学习。但早学组的语音成绩与另一项内隐性学能测试（SRT）的成绩之间无显著相关关系。与 LLAMA D 不同，SRT 源于认知心理学研究，用于测试的材料不含语言材料，考察的是更为广泛的、领域通用的序列学习能力，可能与语言学习的相关性较弱，且本章的 SRT 改编自 Hi-LAB，该套测试主要针对高水平二语学习者（Doughty, 2013, 2019; Linck et al., 2013），可能在区分一般学习者群体时适用性不强。

其次，晚学组的英语语音学习主要与其外显性学能相关，具体表现为语音成绩与 LLAMA E 分测试和 LLAMA 总分的相关关系。LLAMA E 主要考察学习者的语音编码能力，要求学习者对不熟悉的语音材料进行分析，实现知识的编码/解码、记忆与重构（Turker et al., 2018），是基于规则学习的、分析性的学习过程。Hu 等（2013）和 Saito（2017）的研究也发现语音编码能力对晚学者语音学习的影响，表明晚学者的二语语音学习偏向于分析性的、显性的学习过程。此外，LLAMA 总体对晚学组语音学习的影响也可能与其认知和学习特征有关。一方面，在四项 LLAMA 分测试中，只有一个分项（LLAMA D）与隐性学习相关，而其他三个分项（LLAMA B、LLAMA E、LLAMA F）都要求学习者根据测试材料记忆或推断词汇、语音或语法规则，因此 LLAMA 总体上可能更多地反映了学习者的外显性学能，而它对晚学组语音学习的影响也进一步表明了晚学者对显性学习机制的依赖。

另一方面，LLAMA 总体的影响也反映了晚学者在二语学习中可能更加依赖普遍的、综合的认知学习技能或策略（Abrahamsson，2012），包括联想记忆、言语编码、规则推断等，而非某种单一的学习策略。晚学组的语音成绩与 LLAMA 总成绩之间的正相关关系也与 Granena 和 Long（2013b）的研究结果一致。值得注意的是，Granena 和 Long 的研究采用了段落朗读任务，他们认为晚学组的语言学能总分之所以与其语音成绩相关，是因为分析性语言学能高的晚学者在朗读中更能监控自己的发音，而与语音学习过程无关。但本章在朗读任务与自发性的复述任务中都发现了语言学能总体对晚学组语音学习的影响，表明晚学者在语音学习时确实偏向于外显性学能。且 Granena 和 Long 主要针对自然学习环境下的二语学习，发现语言学能总体成绩只与起始年龄最晚的学习组（16≤AO≤29）相关，而本章显示了语言学能在起始年龄为 12~15 岁的晚学组中的作用，表明在二语输入和使用相对有限的课堂教学环境下，学习者可能需要更早地使用分析性的、显性的语音学习策略。

最后，早学组的 LLAMA D 分数只与其复述成绩相关，与朗读成绩无关，而晚学组的 LLAMA E 分数则主要影响其朗读成绩，与复述成绩的相关性未达到显著水平，表明学习者的语言学能与语音成绩的关系在两项语音产出任务中有所不同，可能与测量工具的特征和难易程度有关。根据 Robinson（2005）的观点，语言学能与二语理解或产出任务特征之间存在交互作用，因为一些任务特征会导致不同学习风格、策略和认知能力的参与，包括该任务是否需要推理及是否有准备时间等。本章使用的复述任务侧重于故事描述和语义表达，并要求受试立即作答，没有学习和准备时间，接近于以交流为目的的自然语言产出活动，而此类活动往往需要准确且快速地提取大脑储存的词或短语序列，即语块知识（Kormos，2006），因而早学者感知、记忆和提取语音序列能力（LLAMA D）的重要性在复述任务中更加凸显。朗读任务则包含一定的准备时间，学习者可以对段落材料进行练习和思考，甚至采用相应的学习策略，如语音产出的自我监控（monitoring）。监控策略或能力对晚学者的语音学习尤为重要，包括对较难的语音特征的注意、对本族语者语音的模仿以及对发音准确性的有意关注（Moyer，2014b），但由于自然语言产出活动（如复述任务）中词汇、句法和语音加工也需要注意的参与，学习者可用于监控的注意资源相对有限（Kormos，2006）。因此，晚学者的语音编码能力（LLAMA E）对朗读任务的成绩影响更大。

综上所述，早、晚学组的语音成绩分别与内隐性学能和外显性学能相关，表明两者倾向于使用不同的学习机制进行二语语音学习，即早学者往往通过语言输入进行自动的、偶然的隐性学习，晚学者则需运用更为普遍的认知学习策略，以进行有意识的、有目的的显性学习。此外，本章的早学组的多项语音成绩都显著优于晚学组，而两者的学习动机、语言使用以及 LLAMA 语言学能成绩都没有显著差异，因此两者的学习成效差异可能与其使用了不同的学习机制有关，表明 DeKeyser（2000，2012b）提出的基于儿童与成人认知机制差异的年龄效应解释同样适用于二语语音学习。

7.5.3 二语语音学习成效的预测因素

回归分析结果显示，早学组的英语学习动机可以有效预测其在两个任务中的语音成绩，预测晚学组朗读与复述成绩的因素则分别为 LLAMA 总成绩与学习动机，两组中起始年龄都不是语音成绩的有效预测因素。

大量研究都发现了学习动机对二语语音学习的重要性，尤其是二语输入和使用较少的课堂教学环境下（如 Hopp & Schmid，2013；Huang，2014；Moyer，2004，2007），可能与两方面原因有关。一方面，学习动机的作用可能与二语输入有关。本章关于英语学习动机的调查包含许多关于是否主动进行二语学习的问题，如"我愿意花大量时间学习英语""英语课后我也会主动学习英语"等，因此学习动机评分较高的学习者可能有较多的二语输入量，而根据 Flege 的研究（如 Flege，2009，2018c；Flege & Wayland，2019），二语输入对语音学习至关重要，甚至可能减弱起始年龄的影响。另一方面，学习动机的作用可能反映了语言学能和学习策略的影响。部分研究者指出学习动机、移情和学习焦虑等情感因素对语言学能有影响（Dörnyei & Skehan，2003；Rizvanović，2018），而较高的学习动机一定程度上可以弥补语言学能缺陷（Dörnyei，1998，2010；Richter，2018）。因此，学习动机的预测作用可能反映了相应的语言学能要素对语音学习的影响。后续研究可采用如结构方程模型等其他数据分析方法，考察学习动机是否对语言学能与语音学习的关系具有调节作用，以验证该解释。此外，高动机的学习者往往善于利用可获得的二语输入，依据不同学习情况灵活采取相应的学习策略（Moyer，2014b）。这对于二语输入相对较少的课堂教学环境下的二语学习尤为重要，因此学习者动机越高，就越容易取得较好的二语学习成效。

除学习动机外，晚学组的语言学能也是其语音学习成效的影响因素，但只能有效预测朗读任务的语音成绩。如前文所述，朗读任务较复述任务更为困难，晚学者在完成时更加需要自我监控能力，因而加强了语言学能的影响。

7.6 结　　语

本章针对中国英语学习者的语音学习成效，探讨课堂教学环境下二语语音学习的年龄效应，以及语言学能对不同起始年龄学习者的作用。研究发现，虽然学习者的多项语音成绩都显示了年龄效应，即早学者的语音学习成效总体上优于晚学者，但年龄效应的强度易受语音产出任务类型和难度的影响；早、晚学组在语音学习中倾向于使用不同的语言学能要素，即早学组倾向于使用内隐性学能，而晚学组更加依靠外显性学能；动机可以有效预测早、晚学组的语音学习，语言学能对晚学组的语音学习也有预测作用，而两组的起始年龄都不是其语音学习成效的有效预测因素。研究结果表明，在中国课堂教学环境下，学习者的语言输入、情感与认知等因素共同发挥作用，推动着二语语音学习的发展，而年龄效应的存在可能与早、晚学者赖以使用的认知学习机制差异有关，而不是受起始年龄本身的影响。因此，二语语音教学不应简单地强调早学，而应注意激发学习者的学习兴趣，增加学习者对基于本族语者的真实语料的输入和使用，并根据早、晚学者不同的认知特征开展相应的教学活动，例如，为早学者提供大量真实、有意义的语言材料，使其可以充分发挥隐性的感知和学习能力，而针对晚学者，除了提供二语输入外，还应采取一些基于规则分析的教学措施，帮助他们更好地利用其显性学习能力和策略，以促进学习效果。

此外，本章可能存在以下不足：动机或语言学能都只能解释部分语音学习成效的方差，说明还有其他变量在影响语音学习，如语音专门训练和二语输入。后续研究可增加对课堂语音训练作用的探讨，并利用较为标准和细化的二语输入测量方式（Flege & Wayland，2019）来考察其对语音学习的意义。此外，研究中涉及的多个自变量之间可能存在共线性问题，某个变量可能并不能独立地影响二语学习，而是通过其他变量共同作用（Flege，2018c）。因此，后续研究可采用诸如结构方程模型的分析方法，避免因共线性问题而掩盖了自变量之间的调节作用。

第 8 章

基于结构方程模型的二语语法、词汇与搭配及语音学习成效多因子研究

8.1 引 言

二语学习成效是学习者长期接触语言资源,并通过自身有意识和无意识的学习获得的长期学习结果,常表示为最终水平或者稳定状态,指学习者达到的相对稳定的二语水平,即学习者的语言知识系统发展处于相对稳定的状态。在二语学习成效的研究中影响二语学习成效的因素有不少,其中二语学习的起始年龄与二语学习成效之间的关系一直以来备受人们的关注。起始年龄被认为是最能预测二语学习成效的一个重要因素,因此成为二语习得研究领域的焦点问题之一(Granena & Long, 2013a)。不管是基于人们的日常观察还是基于研究者的实证研究,大量的证据确实表明儿童的二语学习在很多方面都优于起始年龄较晚的学习者,但是加入诸如学习环境、语言层面等变量后,研究结果却出现了差异。比如,李红等(2018)以中国的英语学习者为受试,考察了他们的语音技能,结果发现晚学者的语音成绩优于早学者;Qureshi(2016)的元分析表明二语学习环境下早、晚学者的语法学习成效存在明显的年龄效应,而在外语环境下效应值并没有达到显著水平。

除了起始年龄以外,其他的认知、心理以及社会因素也会影响到学习者的二语学习成效,甚至有的时候这些因素的作用会超过起始年龄的影响。语言学能作为一种相对稳定的、专门用于学习语言的能力,被认为是二语学习者取得较高水平的学习成效的必备因素(Doughty, 2019)。学习动机的作用在二语资源较为匮乏的课堂教学环境中显得尤为重要。Pfenninger 和 Singleton(2016)的研究发现,不论是外语早学者还是晚学者,要取得较高的二语学习成效,学习动机都是必不可少的因素。此外,以 Muñoz(2011,2014c)为代表的研究,通过细致地调查学习者的二语学习经历、语言输入与使用后发现,起始年龄与学习者的学习成效并无显著的相关关系,而影响他们的学习成效的突出因素则是二语的输入和使用。

由此可见，对于二语的学习成效应该进行多因素的解释。然而研究者尚不清楚多因素间有怎样的关系，是各自独立作用于二语学习者的学习成效，还是交互作用后共同影响其学习成效呢？这些问题还有待深入的考察和分析。Bolibaugh 和 Foster（2013）以及 Foster 等（2014）在他们的研究中发现，语言接触、语言学能的记忆力层面、起始年龄以及学习动机在课堂教学环境和自然学习环境下有不同程度的影响。研究分析显示各个影响因子的回归系数存在叠加部分，也就意味着因子间存在交互作用。不过，研究并没有就各影响因子的交互作用做后续的分析。其他的研究者，如 Dörnyei 和 Ryan（2015），认为语言学能与学习动机存在交互作用，呼吁通过实证研究对语言学能与学习动机的交互作用进行分析和论证。

本书的第 5 章、第 6 章以及第 7 章以中国的英语学习者为受试，分别考察了其英语语法、词汇与搭配以及语音的学习成效，相关分析和回归分析结果显示了语言学能、学习动机、英语使用对于早、晚学习者英语学习成效的影响，而且影响早、晚学者学习成效的因子还存在差异，但尚不清楚这些因子对英语学习成效产生影响的途径。以结构方程模型为代表的多因子分析技术为研究者寻找多因子交互作用提供了可靠的研究方式。因此，本章采用结构方程模型进一步挖掘影响早、晚学者的英语语法、语音、词汇以及搭配的学习成效的语言学能、学习动机、英语使用各因子间的交互关系，分析这些因子对学习成效的影响途径，从而更好地探索课堂教学环境下的年龄效应，解析语言学能与二语语法、词汇与搭配及语音学习成效的关系。

8.2　理论基础及有关概念表述

年龄效应一直备受二语习得研究者的关注，随着研究视角的不断展开，众多的因素被纳入分析框架中来，逐渐形成了多因子交互作用的结构来解释学习者学习成效的差异。鉴于前几个章节已经对很多关键问题进行了详细的探讨，本章节只论述相关的重要理论基础，从而构建假设模型，进行结构方程模型分析。

8.2.1　起始年龄与二语学习成效

对起始年龄和二语学习成效关系的详细探讨可以追溯到 Lenneberg（1967）的关键期假说以及后续学者对该理论进行的发展，但是基于生理机制成熟的关键期假说并没有坚固的实证支撑（Granena & Long, 2013a; Long, 2013b; DeKeyser, 2012a）。有研究表明二语学习者的起始年龄与其学习成效呈负相关。对现有研究的结果进行细致的分析可以发现起始年龄与学习成效的负相关在早学组中明显强于晚学组（Long，2013b），并且研究还发现起始年龄的影响作用并不一致：它与语言的不同层面（语法、词汇与搭配、语音）存在交互作用。

　　Long（1990，2005，2013b）认为二语学习存在多个敏感期，不同语言层面的敏感期具有不同的开始与结束时间。有不少的研究显示二语学习的语音层面被认为是最容易受起始年龄的影响，二语语音学习的年龄效应似乎比其他的语言层面表现得更强一些（Scovel，1988；Ioup，2008）。大部分以移民为受试的研究表明起始年龄较早的学习者的语音水平更容易接近本族语者，同时与起始年龄较晚的学习者相比，早学者的语音学习成效显著优于晚学者。Huang（2014）对比了到达美国的中国移民的英语语法和语音学习成效，发现年龄效应在语音层面较为明显。在语法层面，虽然晚学者与早学者相比处于劣势，但仍然有可能达到本族语者的水平。Flege 等（1999）调查了 200 多名移居美国的韩国人，受试的起始年龄为 1~23 岁。在控制了教育程度、居住时间以及二语使用后，起始年龄的作用依旧显著，晚学组（到达美国的平均年龄为 16.6 岁）比早学组（到达美国的平均年龄为 9.7 岁）表现出更重的外国口音。但也有少数的研究没有发现早学的优势。研究结果的差异可能与受试的学习环境以及使用的测量工具有关。

　　在词汇与搭配层面，实证研究结果表明起始年龄的作用较为微弱。Hellman（2008）以 33 名匈牙利英语学习者为受试，研究发现，在高水平的晚学者（AO > 16）的词汇学习成效中，起始年龄并没有表现出显著的相关性；同时该研究还发现有 25 名受试的测试成绩达到了本族语者的水平。课堂教学环境下针对外语学习者的词汇学习成效也没有发现起始年龄的显著作用。Miralpeix（2006，2007，2008）探讨了起始年龄对于课堂教学环境下词汇学习成效的作用。该研究的受试为西班牙语和加泰罗尼亚语双语者，研究者将其分为早学组（AO=8，又细分为 726 学时早学组和 800 学时早学组）和晚学组（AO=11，学时为 726 学时）。研究采用多个产出型测试方法考察了早、晚学者词汇的丰富性，结果显示，起始年龄较早的学习者并没有比起始年龄较晚的学习者表现出在词汇学习成效上的优势，即使增加他们的英语输入量和学时，其词汇丰富性的测试成绩也没有超过晚学者。

　　在语法层面，研究显示起始年龄有重要的作用，早学组往往比晚学组取得更好的语法测试成绩，但 Qureshi（2016）以及本书第 4 章的元分析结果则揭示了起始年龄的作用还与测试任务的类型交织在一起。在有时间限制或者以听觉形式呈现的语法测试中，早学者通常能取得较好的测试成绩，而在没有时间限制或者以视觉形式呈现的语法测试中，这一优势被弱化了。

　　起始年龄的作用与不同的二语学习环境也存在交互作用。在二语的自然学习环境下，学习者的语法学习成效存在显著的年龄效应。这类研究通常是以移民为研究受试，学习者在目标语国家有长时的居住和学习经历。起始年龄的作用与不同的学习环境之间的交互作用在 Qureshi（2016）的元分析结果中有很好的体现。Qureshi（2016）的元分析显示，尽管测试成绩与测试形式等存在交互作用，二语学习的早、晚学者在语法学习上的差异达到了中等以上的效应量级，但对外语学习开展的研究则并没有反映出起始年龄对语法学习的作用，起始年龄较早的学习者并没有体现出早学的优势。本书第 4 章就起始年龄与二语语法学习成效关系元分析的结果也显示学习环境对年龄效应有很大的影响。自然学习环境下的效应均值达到了大量级（$d=1.14$，$r=-0.61$），但在课堂教学环境下，起始年龄对学习者语法成效的影响小到可以忽略（$d=-0.18$，$r=-0.05$）（详见本书 4.5.2 小节的论述）。有学者认为，相较于自然学习环境，课堂教学环境在语言输入、语言使用以及学习目的等方面都存在显著的差异（崔刚，2011；李红、马莉、张小红，2019），这使得自然学习环境下的起始年龄作用远比课堂教学环境外的作用显著，起始年龄较早的外语学习者并不一定比起始年龄较晚的外语学习者有明显的学习优势，甚至还有研究发现了晚学者的外语学习优势，如李红等（2018）、Jaekel 等（2017）。李红等（2018）研究了起始年龄和语言输入量对中国欠发达农村地区英语学习者语音技能的影响，重点探究了起始年龄和语言输入量这两个因素对欠发达农村地区的英语学习者在元音和辅音、省音与同化、连读、停顿与节奏、语调和重音产出过程中的作用。该研究结果表明起始年龄对英语学习者的语音技能有影响。不过，该研究发现了晚学者的学习优势，即晚学者的英语语音技能要好于早学者；研究结果还显示了起始年龄与学习者所获得的英语输入量的交互效应："输入量大的晚学者在英语语音技能上优于早学者和输入量小的晚学者，而输入量对早学者则没有影响。"（李红等，2018：266）作者认为，在中国欠发达农村地区，晚学者在英语语音学习上比早学者更有学习的优势。Jaekel 等（2017）分别考察了德国第五学年（小学阶段）和第七学年（中学阶段）开始学习英语的两组受试。该研究发现，起始年龄较早的学习者并没有达到教育政策制定者想要的学习结果。在多个语言测试中，晚学者的成绩甚至显著超过了早学者。该研究认为晚学者的优势可能得益于其具备更强的认知能力。当然，该研究也指出因为早、晚学者起始年龄的差异只有两岁左右，因此晚学者的认知优势还需要进一步的研究。此外，该研究还对比分析了早、晚学组在小学阶段和中学阶段的语言输入量，发现两个阶段的输入量并没有显著变化，但是教师的教学方法和学习者的学习方式却有了明显的变化。因此，该研究建议，为了使早学者的优势得以保持，急需改变小学阶段的英语教学方式和方法，同时增加有益的语言输入和语言使用。

8.2.2 影响学习成效的其他因子

如前一小节所述，起始年龄对二语学习成效的影响在不同的语言层面及不同的学习环境都有所不同。因此，起始年龄本身并不足以解释早学者与晚学者之间学习成效的不同。研究者逐渐转向关注不同的起始年龄所引发的学习环境及学习者个体差异的变化，并探索它们对早学者与晚学者二语学习成效的影响。由于篇幅有限，本章主要考察以下三个因素：语言学能（认知因素）、学习动机及语言使用（社会心理因素）。

8.2.2.1 语言学能

语言学能或外语学能是人们学习二语或者学习外语的专门能力。根据 Carroll（1965）的观点，语言学能被认为是人们与生俱来并且相对比较稳定的语言学习专门能力。现在比较通行的语言学能测试工具比如 LLAMA 以及 Hi-LAB 等主要反映的是这种较为静态的语言学能观点。随着语言学能理论的不断发展以及更多的语言学能测试工具的开发和运用，研究者将语言学能和起始年龄相结合，对二语学习年龄效应提出了新的解释，从语言学能的角度探究它对二语学习成效的影响。Granena 和 Long（2013a）认为除了起始年龄以外，语言学能是最能解释学习者学习成效差异的因素，它的解释力可达 10%~20%。但是对于语言学能与早、晚学者学习成效之间的关系，实证研究还没有得出一致的意见。在语法层面，以 DeKeyser（2000）以及 DeKeyser 等（2010）的研究为代表，语言学能与晚学者的语法学习成效达到了显著正相关，而语言学能与早学者的语法成效不相关。有研究发现语言学能与早、晚学者的语法学习成效都相关（如 Abrahamson & Hyltenstam，2008），也有研究发现都不相关（Granena & Long，2013b），但通过分析上述研究的设计，可以发现语法测试的呈现形式以及测试涉及的语法结构会影响起始年龄的作用。在有时间限制的语法测试中，早、晚学者的语言学能没有与其语法测试成绩呈现出显著相关性，而在没有时间限制的语法测试中，语言学能的作用得到了凸显，早、晚学组的测试成绩与语言学能的相关性达到了显著（Granena，2013a，2014）。相较于语法层面，在词汇与搭配以及语音层面探究起始年龄、语言学能与二语学习成效关系的研究相对较少。在词汇和搭配层面，Forsberg Lundell 和 Sandgren（2013）以二语环境下的高水平晚学者（AO > 12 岁）为研究受试，测试了受试的产出性搭配知识和语言学能（测试工具为 LLAMA），结果发现受试的产出性搭配知识成绩与其 LLAMA D 分项测试成绩之间有显著的相关性。Granena 和 Long（2013b）以 65 名母语为汉语的西班牙语学习者为受试，采用 LLAMA，探讨语言学能对其语音、词汇、语法学习的作用。结果显示，两个早学组（3≤AO≤6；7≤AO≤15）的语言学能与其语音、词汇、语法三个语言层面的成绩都不相关；晚学组（16≤AO≤29）的语言学能与其词汇搭配和语音成绩呈正相关，但晚学组的语言学能与其语法成绩不相关。整体而言，语言学能和学习成效的关系是存在的，但是在不同的语言层面，语言学能的作用有所不同。

此外，语言学能作为一种能力综合体，还可以细分为内隐性学能和外显性学能（Granena，2012，2013b，2016；DeKeyser，2013）。内隐性学能对应的是一种经验、直觉型的信息加工方式，而外显性学能则对应的是一种分析型的信息加工方式。就起始年龄、内隐性学能和外显性学能对学习成效的作用而言，研究者认为早学者更倾向于使用其内隐性学能，而晚学者更依赖其外显性学能。DeKeyser（2000）以及DeKeyser等（2010）都认为外显性学能与早学者的语法水平不相关，外显性学能与晚学者语法水平的显著性相关源自晚学者对于外显性学能的依赖。李红等（2019）发现内隐性学能（LLAMA D）对外语学习早学组的英语语法学习的预测性最强，显著解释了其英语语法判断测试成绩的方差，外显性学能（LLAMA F）对晚学组的英语语法学习的预测性最强。该研究揭示了早学组的语法学习倾向于依赖其内隐性学能，晚学组更依赖其外显性学能。但针对外语词汇及搭配学习的研究则没有揭示出早学组与晚学组在学习机制上的差异（见本书的第6章）。

8.2.2.2 学习动机

学习动机毫无疑问是二语学习的关键因素之一（Kinsella & Singleton，2014；Hyltenstam，2018；Moyer，2014b，2018），学习动机与学习者的二语学习成效之间的相关系数通常能达到0.30~0.40（Dörnyei，2010）。且Dörnyei和Ryan（2015）认为二语学习过程中的诸多因素或多或少都与学习动机有联系。综合现有的理论论述和实证研究，学习动机对于学习成效的作用主要分为以下两大类。

学习动机的第一类作用便是学习动机自身以及通过某些中介因素直接或间接地作用于学习成效。例如，Saito等（2018）发现在日本的课堂教学环境下，英语学习者较弱的理想二语自我（ideal L2 self）以及焦虑感和二语认知理解力（学习成效的一部分）发展呈显著的负相关；相反，更好的理想二语自我与学习成效呈显著的正相关，而且能显著预测学习者的学习效果。Pfenninger和Singleton（2016，2017）也证实了学习动机对二语学习成效的预测作用。同时，结合起始年龄以及学习环境，研究认为对于语言输入较为贫乏的外语学习而言，学习动机的作用更为凸显，甚至可以说它是最具影响力的因素。该研究还分析了学习水平较高且起始年龄较晚的学习者，发现其学习动机水平比早学者的学习动机水平更高。这一结果突出了学习动机对晚学者学习成效的作用。在学习动机的间接作用方面，研究者主要关注的是学习动机通过语言输入和语言使用的中介作用间接地对学习成效产生的影响。Bolibaugh和Foster（2013）通过研究英国和波兰的英语学习者发现，学习者对二语的积极态度、对二语社区的亲近感以及交流动机能够推动他们主动地寻求语言资源，争取更多的交流和使用二语的机会。尽管这几个因素并不能显著预测受试的二语学习成效，但因子间的关系是成立的。Dörnyei和Ushioda

（2010）也认为其他因素会成为学习动机的中介变量，使得学习动机能对学习者的学习成效产生更大的作用。

学习动机的第二类作用并不在于它自身对二语学习成效的直接或间接的影响，而是作为中介或者调节变量，使得其他因素对学习成效的影响发生变化（强弱或是方向）。Kormos（2013）、Dörnyei 和 Ryan（2015）都认为学习者的学习动机和语言学能可能存在某种互动关系，因此他们鼓励其他研究者积极验证或者挖掘这些互动关系。Baker-Smemoe 和 Haslam（2013）的研究发现学习动机影响了学习者对二语学习策略的使用，而学习策略会直接作用于学习者的学习成效。该研究使用 PLAB，将学习动机也作为学能的一个部分，因此在解释时将学习动机和语言学能放在一起解释其对学习策略的影响。Moyer（2018）的研究也得出类似的结论，研究者认为自我意识能显著作用于学习策略的使用，进一步影响学习者的语音学习成效。通过对西班牙语二语晚学者的历时研究，Serafini（2017）发现学习动机与认知能力之间有动态的交互关系，学习动机能影响认知能力，并对学习成效产生作用，同时认知能力的发展也带来动机的增强，从而形成一个良性的循环互动。

8.2.2.3　语言使用

作为重要的个体差异因素，语言的输入与使用（language use）能显著地影响学习者的学习成效（Muñoz, 2011, 2014c），同时又与语言接触（language exposure）交织在一起。束定芳（2017）和桂诗春（2015）指出，通过不断的语言使用与练习，语言知识才能不断地被学习者内化从而达到流利使用的效果，这一点对于词汇学习而言尤为重要。王初明（2009，2016）提出的"学伴用随"原则关注的正是外语学习过程中如何使外语学习与其使用相伴相随，从而提高外语学习的效果。在该原则的指引下，伍志伟和郑超（2013）以写作工作坊为研究主题，分析结果显示，在由本族语者主持的工作坊环境下，外语学习者获得了丰富的语言输入，在真实的语境中参与了大量的互动交际，学习者的外语水平取得了显著的进步。de Wilde 等（2020）以比利时佛兰德斯地区未开始正式课堂英语学习的小学生为受试，考察了不同类型的英语接触与英语水平的关系。该研究采用听力、阅读与写作、口语表达和词汇知识等测试分析受试所达到的英语水平，研究结果表明，大部分受试通过大量的语言接触和非正式学习已经具备了一定的英语使用能力，可以达到欧洲共同语言参照标准 A2 级的水平。该研究的分析还显示，能显著预测学习效果的语言接触类型分别为使用英语社交媒体（use of social media in English）、在电子游戏中使用英语（gaming in English）以及英语口语表达。因此，在语言接触类型中，与语言交流和语言使用关系密切的接触类型更容易促进二语的学习。Peters（2018）及 González 和 Schmitt（2015）的研究也得出类似的结果。

这些研究发现，大量的语言接触以及语言使用确实可以提高成人和青少年学习者的二语水平。不过，正如 de Wilde 等（2020）所评述的一样，Peters（2018）以及González 和 Schmitt（2015）的研究并没有排除课堂教学对研究受试的影响，笔者无法判断该两项研究中语言接触和使用是否作为独立的因素对学习者语言能力的提升产生了作用，或许研究结果揭示的是语言接触、使用语言与课堂教学的共同效果。

语言使用与其他的个体差异因素结合之后可以对二语学习发挥更好的作用。王初明（2009）所提出的"学伴用随"原则提倡用多变量交互作用下形成的语境来促学习，这些变量包括情感、认知以及社会等因素。在这样的语境下正确地使用二语，二语学习能收到事半功倍的学习效果。Dörnyei 和 Ushioda（2010）也指出强烈的学习动机可以激发学习者主动地寻找语言资源，增加语言输入，积极参与交际互动，使用目标语言，从而提高学习者的语言水平。从这个角度来看，语言使用就成为学习动机与学习效果间的中介变量。

8.2.3　结构方程模型

8.2.3.1　结构方程模型简介

结构方程模型（Structural Equation Modeling，SEM）是一种建立、估计和检验变量间关系的多元统计分析技术。SEM 综合了因子分析（factor analysis）、回归分析（regression analysis）和路径分析（path analysis）等多种统计手段的特点，规避它们的弊端，同时又具有自身的特点，比如能同时处理多个变量（包括观测变量和潜在变量），直观地揭示出潜在变量之间的关系。因为允许各个变量存在测量误差，SEM 可以从整体上估计出理论模型与实际数据之间的拟合程度，并能够对复杂的变量关系进行解释，因此 SEM 广泛地应用于心理学、社会学以及教育学领域（许宏晨，2019）。随着 SEM 技术的不断发展和完善，出现了两大主流技术，即共变数型结构方程模型（covariance-based SEM）和变异数型结构方程模型（variance-based SEM）。共变数型结构方程模型以变数的共变数结构进行分析，从而定义一个因素结构来解释变数间的共变关系，常见的 Amos、LISREL 等软件采用的就是共变数型结构方程模型。变异数型结构方程模型以变数的线性整合定义出一个变异数结构后，再利用回归原理来检验变异间的预测与解释关系。变异数型结构方程模型使用的技术是偏最小二乘法（partial least square，PLS）。与共变数型结构方程模型相比，变异数型结构方程模型对数据样本量要求较小，对数据的正态分布也没有硬性要求，更多的是用于模型的探索分析（萧文龙，2018）。此外，以 SmartPLS 为代表的变异数型结构方程模型软件比较关注模型中潜在变量之间的交互作用，包括调节效应和中介效应，能直观简便地揭示因子间的复杂关系网络，因而适合本章的研究目的和数据特点。

8.2.3.2 中介效应和调节效应

在数据分析的过程中，研究者通常会试图寻找因变量（Y）和自变量（X）之间的因果关系，但有时候它们之间只是普通的相关关系，直接的因果关系并不显著。那自变量（X）到底对因变量（Y）有没有影响呢？它的影响方式又是怎样的呢？这就需要引入进一步的分析方法。间接效应分析关注的就是这种非直接的因果关系，它主要包括中介效应和调节效应（温忠麟、刘红云、侯杰泰，2012）。

如果自变量（X）对因变量（Y）的影响要通过另一个变量（M）来实现，那么 M 就称作中介变量，而 M 的作用就称为中介效应。如图 8.1 所示，箭头表示影响方向，a、b、c 为路径系数（a 与 b 必须达到显著）。广义的中介分析并不考虑 X 对 Y 的直接效应是否达到显著（路径系数 c 显著），而是通过运算间接效应和直接效应之间的比值来确定是否存在中介效应；如果存在中介效应，则需要运算是完全的中介效应还是部分的中介效应。对应到本章所使用的 SmartPLS 软件，开发者和相关学者提出 VAF 值运算公式作为参考，即如果 VAF 值大于 80%，表明变量间存在完全的中介效应，X 对 Y 的影响必须通过中介变量 M 来实现；如果 VAF 值介于 20%~80%，则变量间存在部分的中介效应，X 对 Y 的影响一部分通过直接效应实现，另一部分影响则是通过 M 的中介作用实现的；而如果 VAF 值小于 20%，则中介效应不存在，此时如果直接作用的路径系数 c 也不显著，那么 X 与 Y 不存在统计学上有显著意义的影响关系。此外，考虑中介效应时，需要关注各个变量间的解释关系是否存在理论依据，有时候自变量（X）对中介变量（M）的作用只是在统计上达到显著，而并不存在理论的解释关系，那么这样的中介效应也是不存在的。

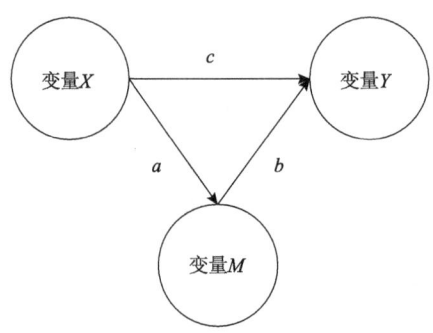

图 8.1 中介效应模型

当自变量（X）与因变量（Y）的关系是另一个变量（M）的函数时，则称 M

为调节变量（温忠麟、刘红云、侯杰泰，2012），此时 Y 与 X 之间的关系受到了 M 的影响，如图 8.2 所示。调节变量可以是定性的，如性别、种族等，也可以是定量的，如年龄、身高、体重、教育年限、刺激次数等。调节变量影响的是自变量（X）与因变量（Y）之间关系的方向（正或负）或者强弱。在复杂的结构模型中，一个变量可以同时承担中介变量和调节变量的作用，关键是这个变量与其他变量的关系是否存在理论依据，同时在统计学上达到显著。不过需要注意的是，如果一个变量与自变量和因变量的相关性不高，它不可能成为中介变量，但它有可能成为调节变量。理想的调节变量是与自变量和因变量的相关关系都不大的变量（温忠麟、刘红云、侯杰泰，2012）。

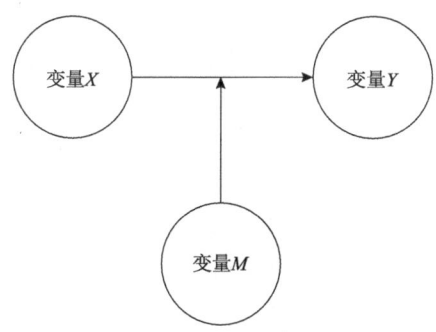

图 8.2 调节效应模型

SEM 是用于计算中介效应和调节效应的一种有效方式。基于偏最小二乘法开发的 SmartPLS 软件可以建立直观的结构方程模型，软件直接提供间接效应（中介效应）的路径系数，并通过简便的运算公式计算 VAF 值，对于调节效应，软件运算数据后会给出调节效应的 t 值、p 值以及路径系数。

本章 8.2.2 小节简要地论述了有关语言学能、学习动机以及语言使用对二语学习可能产生的作用。本章将把语言学能、学习动机以及英语使用作为自变量，把中国英语学习者两个起始年龄组的三个语言层面的学习成效（即语法、词汇与搭配以及语音学习成效）作为因变量进行建模，以便更为深入地分析自变量与因变量之间是否存在复杂的交互作用。在建模的过程中，笔者加入了中介效应和调节效应分析。Dörnyei 和 Ryan（2015）认为语言学能与社会以及心理因素之间存在着交互作用，但语言学能与社会以及心理因素之间并不存在直接的解释关系，因此符合调节效应的建立条件。在模型中，笔者将动机和英语使用分别作为语言学能和三个语言层面的学习成效之间的调节变量。学习动机对英语使用的解释关系在 Dörnyei 和 Ushioda（2010）的理论和实证分析中有提及。因此，三个语言层面的学习成效、动机以及英语使用之间可以建立三角关系，进而考察英语使用是否在学习动机和学习成效之间扮演中介变量的角色。如果中介效应成立，本章则可以进一步分析中介效应的强弱。

8.2.4 小 结

起始年龄对二语学习有着深刻的影响，语言学能、学习动机以及语言使用作为重要的认知和社会心理因素，对二语学习的整个过程和学习成效也发挥着至关重要的作用。除了能直接作用于学习成效外，许多因素都能通过中介变量或者调节变量对学习成效施加更多的影响，如学习动机可以通过语言使用的中介作用对学习成效产生间接效应，学习动机能够调节语言学能的使用，从而促使学习者取得更好的学习效果。这些间接作用在前人的理论分析和实证研究中有部分的体现，Birdsong（2018）就指出二语学习的起始年龄和可塑性（plasticity）和变异性（variability）存在交互。本书第 5 章、第 6 章以及第 7 章的相关分析和回归分析也提供了重要的参考，起始年龄的作用和语言学能、学习动机等因素的作用交织在一起。基于此，本章将利用本书的第 5 章、第 6 章以及第 7 章所采集的三组数据，通过 SEM 的分析方法，进一步挖掘因子间的交互关系，理清认知和社会心理因素影响课堂教学环境下中国英语早学组与晚学组学习成效的机制和结构。本章拟回答以下四个研究问题：①在 SEM 中，哪些因子能够解释中国英语学习早学组与晚学组的语法、词汇与搭配以及语音学习成效？②在 SEM 中是否存在显著的中介效应和调节效应？如果有，是怎样的中介效应和调节效应？③语法、词汇与搭配以及语音学习成效的 SEM 的因子和结构是否存在差异？如果有，是怎样的差异？④早学组与晚学组在语法、词汇与搭配以及语音的语言层面上的 SEM 是否存在差异？如果有，这些差异体现在哪些层面？

8.3 研 究 设 计

8.3.1 数据概况

本章的数据来自本书的第 5 章、第 6 章以及第 7 章的研究所采集的数据。三套数据均以国内多所大学的研究生为受试，受试专业涉及哲学、英语、新闻、土木工程、数学、物理等学科。为了保证受试的英语学习主要是在中国的课堂教学环境下完成的，第 5 章、第 6 章以及第 7 章的研究根据受试提供的背景信息对受试进行了筛选，有海外学习经历的受试被排除在数据分析之外。三个研究的测试工具包含英语学习调查问卷（内容分为三个部分：①受试基本信息，包括英语学习起始年龄、学习年限、是否有海外学习经历等；②受试的英语学习动机量表；③受试的英语使用量表）、LLAMA、SRT 任务以及三个语言层面的学习成效测试。

语言学能测试工具为 Meara（2005）开发的 LLAMA，该测试分为四个部分：LLAMA B、LLAMA D、LLAMA E 和 LLAMA F。详情可见本书 3.4.4 小节的相关论述。同时这四个分测试又可以分为内隐性学能（LLAMA D）和外显性学能（LLAMA B、LLAMA E、LLAMA F）测试。笔者在下文的分析中会采用此分类。本书第 5 章、第 6 章以及第 7 章的分析结果显示测量内隐性学能的 SRT 任务（详见本书 5.3.2.4 小节）没有与受试的语法、词汇与搭配以及语音学习成效相关，因此，没有将 SRT 的数据纳入本章的分析中。

本书第 5 章的研究采用语法判断测试来测量受试的语法学习成效。实验材料来自于 DeKeyser（2000）和 Ellis 等（2009）的研究，涉及的英语语法规则包含过去时、第三人称单数、现在进行时等。测试分为视觉呈现方式和听觉呈现方式，每个呈现方式还细分为限时测试和不限时测试（详见本书 5.3.2.2 小节的有关论述）。该章的有关数据汇总见表 8.1。

表 8.1 第 5 章研究均值（标准差）数据汇总

数据类别		对照组（n=10）	早学组（n=43）	晚学组（n=40）
因素	测试时的年龄	27.90（2.64）	22.88（1.03）	23.88（1.42）
	起始年龄	—	9.4（1.24）	12.50（0.64）
	英语使用	—	2.43（0.54）	2.38（0.58）
	学习动机	—	4.01（0.46）	3.95（0.54）
分项学能	LLAMA B	39.50（16.58）	46.63（18.92）	36.5（19.12）
	LLAMA D	27.00（10.59）	31.16（15.77）	30.00（14.14）
	LLAMA E	42.50（9.50）	55.81（26.46）	51.13（27.02）
	LLAMA F	44.50（15.89）	54.88（21.64）	53.63（22.07）
语法判断测试	限时听觉测试	86.40（3.37）	50.60（8.44）	49.05（8.24）
	不限时听觉测试	86.80（4.54）	58.28（6.36）	56.53（8.21）
	限时视觉测试	80.00（2.11）	58.09（8.04）	54.85（8.06）
	不限时视觉测试	90.40（2.27）	69.53（7.96）	64.85（8.75）

本书第 6 章的研究分别采用 CAVT、COLLEX 和 CONTRIX 三个测试来测量受试的词汇知识和搭配知识（详见 6.4.3.4 小节的有关论述）。第 6 章的有关数据汇总见表 8.2。

表 8.2 第 6 章研究均值（标准差）数据汇总

数据类别		对照组（n=9）	早学组（n=44）	晚学组（n=36）
因素	测试时的年龄	23.89（7.65）	22.89（1.10）	23.91（1.46）
	起始年龄	—	9.4（1.20）	12.50（0.65）
	英语使用	—	2.35（0.45）	2.21（0.34）
	学习动机	—	3.99（0.43）	3.86（0.52）
分项学能	LLAMA B	62.22（18.56）	44.89（17.40）	37.22（17.17）
	LLAMA D	36.67（9.68）	32.61（14.03）	31.11（15.91）
	LLAMA E	53.33（11.18）	59.55（26.39）	47.91（28.57）
	LLAMA F	61.11（18.33）	57.04（22.68）	56.11（23.94）
词汇学习成效测试	词汇知识	86.54（7.55）	41.36（12.09）	37.96（16.91）
	搭配知识	173.26（10.61）	94.49（20.76）	87.25（21.14）

本书第 7 章的研究采用了两项语音产出任务（即朗读任务和复述任务）来测量受试的语音学习成效（详见 7.3.2 小节），该章的有关数据汇总见表 8.3。

表 8.3 第 7 章研究均值（标准差）数据汇总

数据类别		对照组（n=9）	早学组（n=43）	晚学组（n=41）
因素	测试时的年龄	24.78（8.36）	23.53（1.37）	24.54（2.08）
	起始年龄	—	8.79（1.61）	12.73（0.95）
	英语使用	—	2.25（0.45）	2.26（0.53）
	学习动机	—	4.23（0.36）	3.95（0.55）
分项学能	LLAMA B	62.22（18.56）	39.42（17.22）	32.32（16.66）
	LLAMA D	36.67（9.68）	30.23（17.46）	25.00（15.45）
	LLAMA E	53.33（11.18）	44.77（28.26）	44.15（26.74）
	LLAMA F	61.11（18.33）	54.42（19.31）	55.37（24.91）
语音学习成效测试	朗读任务	107.24（1.29）	53.81（8.37）	50.74（8.76）
	复述任务	106.59（1.41）	59.74（9.32）	53.36（7.68）

8.3.2 假设模型及运算步骤

基于前人提出的理论分析、数据论证以及本书第 5 章、第 6 章及第 7 章的前期分析，本章提出了以下假设模型（图 8.3）。模型分为早学组模型和晚学组模型。在模型中，因变量为学习成效，分为语法、词汇与搭配以及语音三个层面，自变量为语言学能的四种能力（即 LLAMA 四个分测试的成绩）、学习动机和英语使用。为了寻找因子间的交互关系，本章将英语使用作为学习动机和学习成效之间的中介变量，考察是否存在中介效应，同时将学习动机和英语使用作为语言学能和学习成效之间的调节变量进行考察和分析。

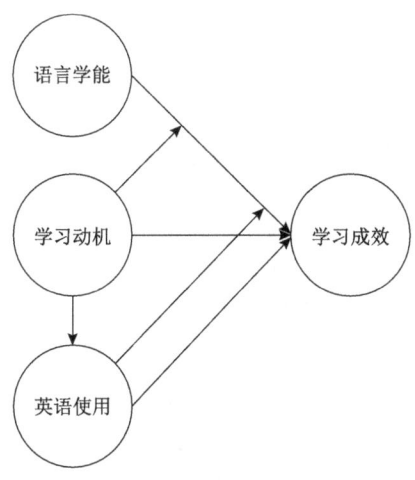

图 8.3　假设模型

本章使用 SmartPLS 软件建立 SEM，就中国英语学习者的语法、词汇与搭配以及语音学习成效建立起三对 SEM，每对模型又细分为早学组模型和晚学组模型，共 6 个模型。由于 SmartPLS 软件没有类似 Amos 软件提供的模型修正建议指标，因此本模型的修正采取两阶段修正法。第一阶段主要参考 SPSS 的相关分析和回归分析结果，经过 SmartPLS 运算后，将回归系数达到显著水平的因子、中介关系以及调节关系保留在模型中。第二阶段结合理论依据和软件给出的模型拟合指标 SRMR 值（SRMR 值小于 0.1 即为模型符合实际数据，保守估计时采用小于 0.08）和决定系数 R^2 的解释力，再对保留的因子和关系进行调整。如果某个因子或关系被移除之后 SRMR 值仍在允许范围之内，同时决定系数 R^2 解释力变化不大或者有所改善时，则该因子或关系将被移除。

8.4　建模与分析

8.4.1　语法学习成效模型

本书的第 5 章采用四种形式的语法判断测试来测量各组的英语语法学习成效，分别为限时听觉测试、不限时听觉测试、限时视觉测试和不限时视觉测试。

由于语法判断测试的四种测试维度不能拟合为一个因变量，因此在建模过程中将四项测试分别作为了独立的因变量，不同于第 5 章的回归分析方法（详见 5.4.4 小节）。在逐步对模型进行删减的过程中，凡没有达到显著的因果关系、调节效应以及中介效应都被去除。因此，因变量和自变量的个数相较于假设模型偏少。此外，晚学组模型中学习动机对不限时视觉测试成绩的解释并未达到显著水平，但学习动机可以通过英语使用的中介作用间接地对不限时视觉测试的成绩施加影响，因此三角关系依旧保留。

8.4.1.1 早学组的语法学习成效模型

早学组的语法学习成效模型见图 8.4 所示，回归分析结果见表 8.4。在限时测试（包括听觉和视觉两个呈现方式）中，LLAMA D 是显著的解释因子，学习动机能够部分解释限时视觉测试的差异。整个模型的 SRMR 值为 0.010，达到了与数据拟合的要求。LLAMA D 和学习动机能解释限时视觉测试成绩 23.2%的方差，LLAMA D 为显著解释限时听觉测试成绩的唯一因子，其解释力为 14%。虽然在假设模型中，本章试图寻找学习动机和英语使用在语言学能分项成绩与语法测试成绩之间的调节效应，但回归分析的数据显示调节效应均没有达到显著水平。同时，学习动机、英语使用与语法判断测试成绩之间没有建立起有效的三角关系，因此英语使用作为学习动机和语法测试成绩之间的中介变量也不成立。总体来说，早学组的语法学习成效模型只存在直接的因果关系，没有发现因子间的调节效应和中介效应。

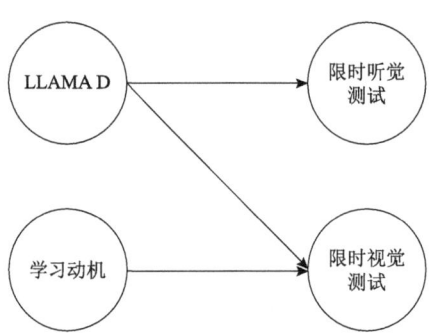

图 8.4　早学组的语法学习成效模型

表 8.4　早学组语法学习成效模型中的回归分析结果

变量间的关系	t	p	路径系数
LLAMA D→限时视觉测试	4.079**	0.000	0.385
LLAMA D→限时听觉测试	2.681**	0.007	0.374
学习动机→限时视觉测试	2.255*	0.024	0.264

*表示 $p < 0.05$；**表示 $p < 0.01$

8.4.1.2 晚学组的语法学习成效模型

晚学组的语法学习成效模型较为复杂，主要的解释因子为 LLAMA F 和学习动机，同时在学习动机和不限时视觉测试成绩之间出现了英语使用的完全中介作用（VAF 值为 85.4%），如图 8.5 所示，回归分析结果见表 8.5。由此可见，外显性学能（LLAMA F）的作用在晚学组模型中得到了凸显，除了没有进入模型的限时听觉测试以外，对于其他三项语法测试成绩，LLAMA F 都具有很好的解释力。同时，除了能直接解释不限时听觉测试成绩和限时视觉测试成绩以外，学习动机还可以通过英语使用的中介作用间接地解释不限时视觉测试成绩。整个模型的 SRMR 值为 0.038，符合模型拟合指标。各因子的决定系数 R^2 解释力如表 8.6 所示。增加中介效应后，不限时视觉测试成绩的 R^2 解释力增加了 15.7%，模型拟合指标更趋于理想，因此该中介效应被保留。总体来说，晚学组语法测试成绩中除了 LLAMA F、学习动机及英语使用对语法判断测试成绩有直接的解释力外，中介效应的解释力也较强。

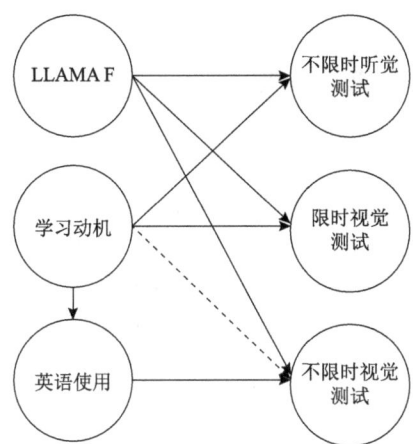

图 8.5　晚学组的语法学习成效模型
注：虚线表示直接效应的 p 值未达到显著水平

表 8.5　晚学组语法学习成效模型中的回归分析结果

变量间的关系	t	p	回归系数
LLAMA F→不限时听觉测试	4.255**	0.000	0.478
LLAMA F→不限时视觉测试	3.062**	0.002	0.393
LLAMA F→限时视觉测试	2.553*	0.011	0.385
学习动机→不限时听觉测试	3.671**	0.000	0.330
学习动机→英语使用	4.484**	0.000	0.521
学习动机→限时视觉测试	2.304*	0.021	0.418

续表

变量间的关系	t	p	回归系数
英语使用→不限时视觉测试	2.418*	0.016	0.300
学习动机→不限时视觉测试	0.967	0.334	0.153

*表示 $p < 0.05$；**表示 $p < 0.01$

表 8.6　晚学组语法学习成效模型中各变量的决定系数 R^2

考察的变量	决定系数 R^2	调整后的决定系数 R^2
不限时听觉测试	0.534	0.509
不限时视觉测试	0.417	0.332
英语使用	0.271	0.252
限时视觉测试	0.341	0.306

8.4.2　词汇与搭配学习成效模型

本书第 6 章的分析发现，与对照组的词汇知识成绩和搭配知识成绩相比，早学组和晚学组的各项成绩均显著低于对照组，但早学组与晚学组在词汇知识和搭配知识的各项测试成绩之间并没有显著的差异。另外，起始年龄没有进入早、晚学组的词汇知识和搭配知识的回归分析。能解释早、晚学组的词汇和搭配学习成效差异的因子是语言学能各分项能力、学习动机以及英语使用。本章基于第 6 章的分析结果，试图用 SEM 进一步分析各因子间的调节和中介作用。经过运算，本章所得出的早学组与晚学组词汇与搭配模型的数据结果与第 6 章基本一致。此外，早学组模型显示了英语使用在学习动机和词汇知识之间的部分中介效应。晚学组模型显示了学习动机的调节作用，学习动机分别调节了 LLAMA D 和 LLAMA E 对搭配知识的作用。

8.4.2.1　早学组的词汇与搭配学习成效模型

在剔除不显著的因子以及关系，同时保证模型拟合指标达到标准、解释力较好的前提下，本章得出了早学组的词汇与搭配学习成效模型（图 8.6）。在该模型中，LLAMA D 和学习动机是早学组词汇知识和搭配知识最有力的解释因子（回归分析结果见表 8.7），英语使用也能解释该组的词汇知识。同时英语使用在学习动机与词汇知识之间形成了部分中介作用（VAF 值为 62%）。模型拟合度 SRMR 值为 0.043，增加英语使用的中介效应后，词汇知识的决定系数 R^2 的解释力增加了 9.9%，SRMR 值变化不大，其他变量的决定系数 R^2 数据结果见表 8.8。

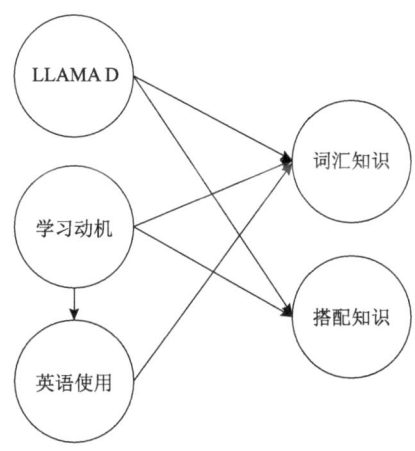

图 8.6　早学组的词汇与搭配学习成效模型

表 8.7　早学组词汇与搭配学习成效模型中的回归分析结果

变量间的关系	t	p	路径系数
LLAMA D→搭配知识	2.806**	0.005	0.334
LLAMA D→词汇知识	2.510*	0.012	0.272
学习动机→搭配知识	5.282**	0.000	0.447
学习动机→词汇知识	3.881**	0.000	0.370
学习动机→英语使用	2.451*	0.014	0.332
英语使用→词汇知识	2.586**	0.010	0.299

*表示 $p<0.05$；**表示 $p<0.01$

表 8.8　早学组词汇与搭配学习成效模型中各变量的决定系数 R^2

考察的变量	决定系数 R^2	调整后的决定系数 R^2
搭配知识	0.318	0.284
词汇知识	0.399	0.354
英语使用	0.110	0.089

8.4.2.2　晚学组的词汇与搭配学习成效模型

剔除不显著的因子和关系后，在晚学组的词汇与搭配学习成效的模型中，只有 LLAMA D、LLAMA E 以及学习动机三个因变量得到了保留（模型见图 8.7，回归分析结果见表 8.9）。整个模型的拟合度 SRMR 值为 0.039（小于 0.08，拟合度较好）。对晚学组的英语词汇知识学习成效的直接影响因子为 LLAMA D、学习动机和

LLAMA E，而对其英语搭配知识学习成效的直接影响因子为 LLAMA D 和学习动机。模型还显示晚学组的学习动机对其英语搭配知识的学习成效有两次调节作用。首先，学习动机调节了 LLAMA D 对其英语搭配知识的影响力，使得 LLAMA D 和学习动机两个因素对晚学组英语搭配知识决定系数 R^2 的影响力增加了 5.3%。其次，学习动机还调节了 LLAMA E 对于晚学组的英语搭配知识学习成效的作用。在直接效应中，LLAMA E 对晚学组的英语搭配知识的影响力并没有达到显著水平。增加了学习动机这一调节变量后，调节作用能够显著解释晚学组英语搭配知识成绩 4.5%的方差。总体上来说，LLAMA D、LLAMA E 和学习动机能够解释该组英语搭配知识成绩 22.1%的方差，LLAMA D 和学习动机可以解释该组英语词汇知识成绩 34.3%的方差。

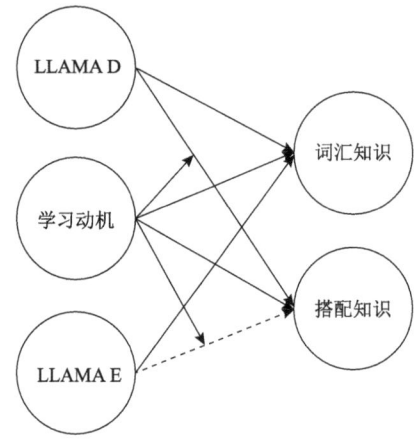

图 8.7 晚学组的词汇与搭配学习成效模型
注：虚线表示直接效应的 p 值未达到显著水平

表 8.9 晚学组词汇与搭配学习成效模型中的回归分析结果

变量间的关系	t	p	路径系数
LLAMA D→搭配知识	2.672**	0.008	0.338
LLAMA D→词汇知识	2.134*	0.033	0.296
LLAMA D※学习动机→搭配知识	2.366*	0.018	0.463
LLAMA E→搭配知识	0.501	0.617	0.037
LLAMA E→词汇知识	2.277*	0.023	0.361
LLAMA E※学习动机→搭配知识	3.671**	0.000	0.269
学习动机→搭配知识	2.266*	0.024	0.253
学习动机→词汇知识	2.995**	0.003	0.286

注：※后的变量为调节变量
*表示 $p < 0.05$；**表示 $p < 0.01$

8.4.3 语音学习成效模型

本书第 7 章的分析显示起始年龄与早、晚学组语音学习的多项成绩呈显著的负相关。除朗读任务的准确度成绩外，早学组的其他三项语音成绩均显著优于晚学组，而对照组的四项语音成绩均显著优于早学组和晚学组（详见 7.4.1 小节的分析）。本书第 7 章的研究采用朗读任务和复述任务来测量受试的语音学习成效。由于朗读任务和复述任务测试的内容和方法不同，且 SmartPLS 的因子分析也显示两个任务的成绩不能很好地整合成一个因变量，因此本章将朗读任务和复述任务的数据作为两个独立的因变量来建立 SEM。

8.4.3.1 早学组的语音学习成效模型

根据前文提到的方法，笔者对早学组语音学习成效的 SEM 进行了两阶段的调整，大部分因子和关系被剔除，只保留了学习动机一个自变量。该因素分别解释早学组朗读任务成绩 17.9% 的方差和复述任务成绩 14.1% 的方差（模型见图 8.8，回归分析结果见表 8.10）。同时，该模型的 SRMR 值为 0.077，在保守估计允许的范围内，但相比其他几个 SEM，语音学习成效的 SEM 与实际数据的差异较大。

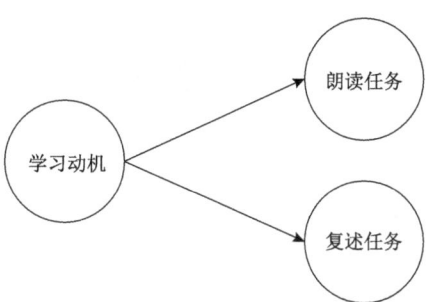

图 8.8　早学组的语音学习成效模型

表 8.10　早学组语音学习成效模型的回归分析结果

变量间的关系	t	p	路径系数
学习动机→朗读任务	4.218**	0.000	0.423
学习动机→复述任务	3.837**	0.000	0.376

**表示 $p < 0.01$

8.4.3.2 晚学组的语音学习成效的模型

经过调整，晚学组的语音学习成效模型也被删除了大量的因子和因子关系，最后只保留了学习动机和 LLAMA E 两个自变量（图 8.9）。在该模型中，对因变量有直接解释力的只有学习动机这个自变量，它可以解释晚学组复述任务成绩30.6%的方差，学习动机和 LLAMA E 共同解释了晚学组朗读任务成绩 19.8%的方差。LLAMA E 虽然没有对晚学组的朗读任务成绩产生显著的直接影响，但是通过学习动机的调节作用，LLAMA E 的影响力得到了增强。学习动机在 LLAMA E 和朗读任务成绩之间的调节作用能够解释该组朗读任务成绩 8.8%的方差（其他的回归分析结果见表 8.11）。该模型的 SRMR 值为 0.069，说明模型与实际数据已达到拟合。

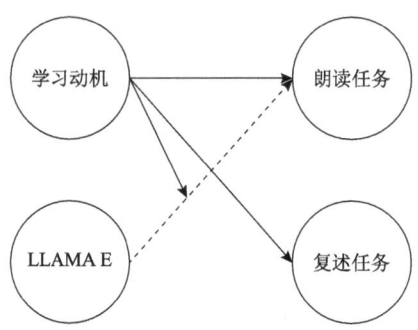

图 8.9　晚学组的语音学习成效模型

注：虚线表示直接效应的 p 值未达到显著水平

表 8.11　晚学组语音学习成效模型的回归分析结果

变量间的关系	t	p	路径系数
LLAMA E→朗读任务	1.647	0.100	0.217
LLAMA E※学习动机→朗读任务	2.487*	0.013	0.289
学习动机→朗读任务	2.133*	0.032	0.148
学习动机→复述任务	4.244**	0.000	0.553

注：※后的变量为调节变量

*表示 $p<0.05$；**表示 $p<0.01$

8.5　讨　论

8.5.1　SEM 中的调节效应和中介效应

本章的研究目的是基于本书第 5 章、第 6 章及第 7 章的数据和前期分析，探寻影响中国英语学习早学组与晚学组语法、词汇与搭配及语音学习成效的因子间是否存在显著的调节和中介效应。SEM 的数据显示，学习动机在晚学组的词汇与搭配模型中有两次调节效应，在晚学组的语音模型中有一次调节效应；英语使用在晚学组的语法模型中存在完全中介效应，在早学组的词汇与搭配模型中存在部分中介效应。笔者将就学习动机和英语使用的上述效应进行讨论。

在晚学组的词汇与搭配模型中，学习动机调节了内隐性学能（LLAMA D）和外显性学能（LLAMA E）对搭配学习成效的效应，LLAMA D、LLAMA E 以及学习动机对该组的搭配成绩的影响力增加了近 10%，模型拟合度得到明显提高。在晚学组的语音模型中，学习动机调节了 LLAMA E 对该组朗读任务的成绩，增加了 LLAMA E 对该组英语语音朗读任务的作用。值得注意的是 LLAMA E 本身对晚学组的搭配成绩和语音朗读成绩的直接效应并未达到显著的水平，增加学习动机的这一调节变量后，其调节效应在回归分析中达到显著的水平，因此被保留在修正后的 SEM 中。这说明学习动机明显增强了外显性学能（LLAMA E）的作用。

上文已经提到，本章为了呈现 LLAMA 不同分项的作用，在 SEM 建模的过程中未采用 LLAMA 总分。由于前人的研究均发现了 LLAMA 总分的作用，因此，本章基于现有的调节作用，采用 LLAMA 总分做了进一步的验证分析。验证分析结果显示学习动机的两次调节作用都达到了显著的水平：增加学习动机调节作用后，语言学能对晚学组英语搭配知识成绩的影响力为 17.6%（$p<0.05$），对晚学组英语朗读任务成绩的影响力为 12.1%（$p<0.05$）。验证分析说明：总体上，晚学组的学习动机显著地调节了语言学能对于英语搭配知识和英语朗读任务的作用。针对 LLAMA 分项测试的分析则揭示了学习动机对外显性学能（LLAMA E）有更强的调节作用。

在中介效应方面，英语使用作为中介变量在晚学组的学习动机与不限时视觉测试成绩之间发挥了完全中介作用（运算得出的 VAF 值为 85.4%），在早学组词汇与搭配模型中，英语使用则是学习动机与早学组英语词汇知识成绩之间的中介变量，该中介作用的 VAF 值为 62%，为较强的部分中介效应。这些结果说明晚学组的学习动机水平本身对不限时视觉测试成绩的影响较弱，必须通过显著影响晚学组的英语使用量，最终对不限时视觉测试成绩发挥间接作用。此外，早学组的学习动机水平则通过影响英语使用量对其英语词汇知识的测试成绩施加更多的影响，学习动机的直接影响也是显著的。Flege（2018c）以及 Flege 和 Wayland（2019）从二语输入与使用的角度解释了学习成效的差异，这为本章发现的英语使用的直接解释力提供了支撑。同时，SEM 显示英语使用的中介效应丰富了英语使用对学习成效的解释。一方面，英语使用对晚学组的语法测试成绩和早学组的词汇测试成绩有直接显著的影响；另一方面，英语使用作为中介变量使得学习动机能够对测试成绩产生间接的影响。本章所采用的动机量表涉及"我希望能用英语和外国朋友交流""我愿意花大量时间学习英语"等问题。这些问题直接与英语使用相对应，一定程度上解释了英语使用为什么会发挥中介变量的作用。Dörnyei 和 Ushioda（2010）认为学习动机水平可以引导学习者主动寻求语言资源，参与语言互动，并在语境中使用所学的目标语言。这一观点与 SEM 揭示的语言使用作为中介变量在晚学组的语法学习和早学组的词汇学习中的作用相符，也说明了课堂教学环境下学习动机与语言使用之间的重要关系。

结合上述调节效应和中介效应，可以看出学习动机对起始年龄稍晚的外语学习是一个较为活跃的因素。Flege（2018c）以及 Moyer（2014b，2018）等研究都认为，对于语言输入和使用较为缺乏的外语学习，学习者要想取得较好的学习成效，高水平的学习动机水平是不可缺少的因素。这里，笔者需要强调的是学习动机对晚学组的外语学习可能更为重要。

对于学习动机的间接作用的解释有两条思路。一条是补充观，认为学习动机能够在一定程度上弥补语言学能的缺陷，以 Dörnyei（2010）以及 Richter（2018）为代表。从本章的数据分析来说，早学组与晚学组的 LLAMA 的分数没有显著的差异，语言学能却在不同层面的学习成效发挥了不同的作用（详见下文的讨论）：晚学组的外显性学能（LLAMA E 和 LLAMA F）的作用较强，而早学组的内隐性学能（LLAMA D）的作用较强。在英语词汇与搭配学习中，无论是早学组还是晚学组，内隐性学能的作用都是必不可少的，与 Ellis（1997）的论述一致。在早学组与晚学组的词汇与搭配模型中，内隐性学能（LLAMA D）对两组词汇与搭配知识的测试成绩都发挥着直接而显著的作用。不过，在晚学组的模型中，LLAMA D 对该组英语搭配知识测试成绩的作用不及早学组。加入学习动机的调节作用后，LLAMA D 对该组英语搭配知识测试成绩的作用有明显的提升。因此，晚学组的词汇与搭配模型的分析结果表明，学习动机水平一定程度上弥补了晚学组内隐性学能的不足，使得内隐性学能的影响得以增强，因此本章的研究结果支持了学习动机对语言学能的补充观。

另一条是学习动机的资源整合观。在这种思路下，研究者认为针对不同的二语学习任务（比如语法、词汇与搭配以及语音），学习者将利用不同的资源。这些资源就包括学习策略、语言学能以及情感态度等，而学习动机则在最合适的资源组合过程中发挥了重要的作用。Moyer（2018）认为学习动机调节了学习者对学习策略的使用，从而使学习者获得了更好的学习成效，而学习策略与认知机制和能力又存在显著相关性。同样以晚学者的搭配学习成效为例，学习动机的调节作用使得内隐性学能（LLAMA D）的作用增强，同时又使本身无显著影响的外显性学能（LLAMA E）通过调节后能够有力地解释搭配知识成绩。这说明学习动机在晚学组搭配知识的学习过程中整合了其内隐性学能和外显性学能的使用，提升了晚学组的搭配知识学习的成效。晚学组语音模型中学习动机在 LLAMA E 与朗读任务成绩之间的调节作用也是如此。

此外，英语使用作为学习动机与晚学组不限时视觉语法测试成绩之间的中介变量的效应也可以看作学习动机的资源整合，即学习动机水平引导外语晚学者主动使用目标语言，并通过英语使用间接影响了其英语语法学习的成效。

8.5.2 不同语言层面的因子以及因子结构差异

DeKeyser（2000）以及 DeKeyser 等（2010）将早学者与晚学者二语学习的差异归因为学习机制的差异，认为早学者在学习二语时主要依赖其隐性学习能力，而晚学者则依靠的是显性学习能力（详见本书 2.3.2.3 小节的有关阐述）。但是，该理论所关注的学习机制的差异在本章分析的不同语言层面的因子结构中有不同的表现。

第一，在语法层面，早学组与晚学组学习成效不同的预测因子明显体现出了学习机制的差异，早学组的英语语法学习依赖内隐性学能（LLAMA D），而晚学组依赖外显性学能（LLAMA F）。

第二，在词汇与搭配层面，内隐性学能（LLAMA D）能显著地解释早学组与晚学组的英语词汇与搭配知识成绩的方差。另外，外显性学能（LLAMA E）也能够有效地预测晚学组的英语词汇知识与搭配知识的成绩，还通过学习动机的调节作用增强了其对晚学组的英语搭配知识的影响力。尽管早学组与晚学组的英语词汇与搭配学习对内隐性学能和外显性学能表现出了不同的偏向性，但是其差异并没有如 DeKeyser 的理论预测那样表现出本质性的区别。晚学组的词汇与搭配学习成效的模型还反映了内隐性学能和外显性学能的共同作用。

第三，在语音层面，早学组的语音学习与内隐性学能（LLAMA D）有显著的相关关系（即早学组的英语复述任务的准确度和口音成绩与其 LLAMA D 分数之间显著相关），但 LLAMA D 并未进入回归模型。外显性学能（LLAMA E）对晚学组英语朗读任务成绩的影响力则需要经学习动机的调节作用才达到显著的水平，学习动机和 LLAMA E 共同解释了晚学组英语朗读任务成绩 19.8% 的方差。这里需要指出的是，语音层面的分析没有显示外显性学能（LLAMA F）与晚学组的语音学习成效有关系，与语法层面的分析结果有很大的不同。本书第 7 章的相关数据分析（详见 7.5.2 小节的阐述）及本章的分析显示，早学组与晚学组的语音学习成效分别与内隐性学能（LLAMA D）和外显性学能（LLAMA E）相关，外显性学能（LLAMA E）在与学习动机的共同作用下可以有效地预测晚学组英语朗读任务的成绩。综合起来，笔者认为外显性学能（LLAMA E）对晚学组的语音学习成效影响更大。

除上述三个语言层面因子结构的差异以外，语法、词汇与搭配以及语音的因子结构也有共同点。毫无疑问，六个有效模型的第一个共同点就是学习动机，它对三个语言层面的学习成效都具有影响力。学习动机在六个模型中都显示了显著的影响力，这与 Kinsella 和 Singleton（2014）、Moyer（2014b，2018）以及 Hyltenstam（2018）的论断一致，说明课堂教学环境下各语言层面的外语学习成效都需要学习动机的参与。同时 8.5.1 小节所讨论的调节效应也表明，起始年龄稍晚的外语学习者更需要学习动机调节包括语言学能在内的各种资源才能取得更好的词汇与搭配以及语音学习成效。

六个有效模型的第二个共同点是英语使用。Muñoz（2014c）、王初明（2009，2016）以及束定芳（2017）都强调了语言使用在外语学习过程中的作用。本章的模型揭示了英语使用在晚学组的不限时视觉语法测试成绩以及早学组的词汇知识测试成绩中的直接作用，同时英语使用还作为学习动机的中介变量，使学习动机对晚学组的不限时视觉语法测试成绩及早学组的词汇知识测试成绩产生了间接的影响。综合六个模型的分析，英语使用的作用主要反映在语法学习和词汇知识学习两个层面。

8.5.3　早学组与晚学组模型对比

就本章中 SEM 的数据来说，首先，早学组的三个模型主要体现的是因子的直接影响力，而晚学组的三个模型，除了存在因子的直接影响以外，因子间的调节和中介作用明显，形成了较为复杂的因子结构。晚学组的词汇与搭配模型以及语音模型都显示了外显性学能（LLAMA E）的作用，同时在外显性学能（LLAMA E）与晚学组的英语搭配知识、英语朗读任务成绩之间还受到了学习动机的调节作用。其次，除了在早学组的词汇与搭配模型中英语使用在学习动机与该组英语词汇知识之间发挥了中介作用外，其他的中介效应和调节效应仅在晚学组的模型中有所反映。本章的分析结果说明对于课堂教学环境中的晚学组来说，语言学能、学习动机以及英语使用多个因素共同影响其外语学习的成效，而且这些因素对晚学组的影响要大于早学组。该结果与 Hyltenstam 和 Abrahamsson（2003）阐述的年龄效应的综合性解释有相同之处：对于起始年龄为 0~15 岁的二语学习者而言，其二语学习能够达到的最终水平与语言学能、学习动机、课堂教学等因素有关。不过，认知、社会、心理等因素对晚学者的最终水平影响较大。基于此，本章认为这或许是中国课堂教学环境下年龄效应的一种表现形式。晚学组开始学习英语时，其显性学习的认知能力和母语经历强于早学组，其隐性学习能力却要弱于早学组。晚学组在接触新的语言学习任务时，能够动用诸如外显性学能（LLAMA E、LLAMA F）、课外反复练习、增加外语输入量等多途径进行学习。晚学组还可以通过学习动机调节这些资源共同对其外语学习的成效发挥作用。

8.6 结　　语

本章基于本书的第 5 章、第 6 章以及第 7 章所采集的前期数据，建立起了六个有效的 SEM，数据分析显示了几个重要的结果。第一，在中国课堂教学环境下，早学组与晚学组的语法、词汇与搭配及语音学习成效的 SEM 中体现了语言学能、学习动机和英语使用等多个因素的影响。第二，语言学能、学习动机和英语使用三个因素在三个语言层面的晚学组模型中存在着较为复杂的中介效应和调节效应。第三，最为活跃的因子为学习动机。学习动机除了能直接作用于三个语言层面的学习成效之外，还能通过英语使用的中介作用影响晚学组的不限时视觉测试成绩。学习动机还调节了内隐性学能（LLAMA D）和外显性学能（LLAMA E）对晚学组搭配知识学习的成效，显著地增强了语言学能对晚学组搭配知识学习的作用。第四，对比语法、词汇与搭配以及语音三个层面的 SEM 可以看出，DeKeyser（2000）和 DeKeyser 等（2010）的学习机制差异论并没有得到一致的支持。词汇与搭配层面的早学组与晚学组的 SEM 并未显示两个年龄组的英语词汇学习与隐性学习机制和显性学习机制的差异有关。

对比中国英语学习早学组与晚学组的结构模型，本章认为，起始年龄在中国的外语学习中扮演了一定的作用，不过其影响并不直接表现在早学组与晚学组学习成效的差异上，而是晚学组的外语学习更容易与外显性学能、学习动机、语言使用等其他的因素交织在一起，使得晚学组的学习成效的归因结构明显比早学组的结构更为复杂。

不过本章也有许多不足之处。例如，研究使用的学习动机和英语使用量表过于简单，使得复杂的交互关系被简化的调节效应和中介效应所掩盖，无法解释更复杂的因子关系。如果按照 Muñoz（2014c）的研究方法，可以更细化地追踪调查受试的英语输入与使用状况，或许有助于找到更多关于英语使用对学习成效的直接影响以及与其他影响因子关系的数据支撑。建议今后的研究可以关注近年来不断发展的动态复杂理论的分析视角，结合二语学习历时研究的 SEM，更好地考察因子间的交互关系以及动态发展路径，从而更好地解释影响学习成效的各个因子间的关系。

第 9 章

语言学能与外语早学者口语学习成效关系研究

9.1 引　　言

　　二语的自然学习环境与课堂教学环境的差异受到越来越多的研究者的关注，二语学习者在自然学习环境中可以获得大量的目标语语言输入和真实的语言使用的交际环境，而二语学习者在课堂教学环境中只能获得每周大约几个学时的语言输入，且课外的语言交际机会也非常有限。因此，有学者认为课堂教学环境下的二语学习成效（指二语学习的长期学习结果，常表示为最终水平或渐近线水平等，详见本书 2.2.2 小节）容易受到课外目标语的使用、海外学习经历、学习动机、起始年龄、语言学能等诸多学习者个体因素的影响（Muñoz，2014b），其中语言学能或外语学能被视为重要的预测因素（Saito，2017）。因此，探究课堂环境下语言学能对二语学习成效的关系正逐渐兴起，一些学者开始关注在二语的自然学习环境中得出的研究结论能否推广到课堂教学环境中（Saito，Suzukida & Sun，2019）。

　　语言学能是人们学习二语或外语的专门能力（Carroll，1981；Skehan，2002），包含了一系列的认知与感知能力，能有效地预测二语或外语的学习成效（Granena，2019；Saito，2017）。语言学能含有多个学能要素（Doughty，2019），其特点是相对稳定且有别于学习动机等其他个体差异因素（Cox et al.，2019；Turker et al.，2018），因此语言学能与二语学习成效的关系受到研究者的关注。近几年，随着语言学能理论研究的进一步发展，学界对语言学能两个成分与两种信息加工方式的关系的认识也在逐步地深化。Granena（2016）指出内隐性学能倾向于经验性的、直觉的认知方式，而外显性学能则与理性的、分析性的方式相关。两个成分的划分深化了研究者对语言学能构念的理解，推动了语言学能构念的更新。语言学能的两个成分与二语学习成效以及二语学习环境之间复杂的关系是近期研究的焦点问题之一。不过，值得注意的是，研究者大多聚焦的是自然学习环境下语言学能与二语语法学习成效的关系，缺乏对课堂教学环境下的语言学能与二语口语学习成效关系的探讨。二语口语能力是决定二语学习者能否更好地参与科技、文化、人文及教育国际竞争和交流的重要方面，因此探究语言学能与二语口语学习成效的关系显得尤其重要。Saito（2017）采用自发性口语产出任务，较为深入地分析了内隐性学能和外显性学能与日本英语学习晚学者的口语学习成效的关系，发现外显性学能与晚学者的英语语音及句法形态的正确性、口语表达的流利性、词汇丰富性和语法的复杂性相关，而内隐性学能对其口语产出的成绩则没有太多的作用。研究结果支持了 DeKeyser 提出的基于学习机制差异的年龄效应解释（有关源于学习机制差异的关键期理论详见本书 2.3.2.3 小节），表明关键期以后开始二语学习的晚学者主要依赖分析性的显性或有意识的学习。但是该研究并未考察内隐性学能和外显性学能与二语早学者的口语学习成效之间的关系。因此，语言学能对课堂环境下外语早学者口语学习效果的作用还尚需探究。基于此，本章针对中国英语学习者的口语学习成效，考察课堂教学环境下起始年龄稍早的中国英语学习者的语言学能与其长期的英语口语能力发展之间的关系，以期验证 DeKeyser 的理论假设对早学者二语口语学习的解释力，为口语教学提供启示。

9.2 二语口语学习成效的有关概念、测量及研究进展

9.2.1 二语口语水平的构成

关于二语学习者的言语产生、口语水平以及口语能力的发展是二语习得不断兴起的研究内容，致力于探究两个重要的研究问题：①什么因素使得二语学习者成为熟练的二语使用者？②二语口语水平如何得以可靠并有效地测量？前一个问题涉及二语水平的性质，对其的研究引起了学者从语言学、心理学等角度的关注。研究者积极地描述二语水平的特性，探讨二语水平与其他构念的关系，如智力、语言学能、课堂教学等。在阐述二语口语水平的特性之前，笔者先简要地回顾言语产生和口语发展的几个理论。

根据 Levelt（1989）提出的言语产出模式，话语的产生主要涉及概念形成（conceptualizer）机制、形式合成（formulator）机制和发声（articulator）机制。概念形成机制使得说话人可以选择与其所要表达的意图有关的知识，并将这些知识组成话语前信息（pre-verbal message），以命题内容的形式输出到形成合成机制。形成合成机制则使说话人从其心理词库中找寻到具有可接受性的语言形式（包括词目的句法信息、词形及语音信息），将话语前信息转化为语音计划，并

输出到发声机制。最后，发声机制调动说话人的言语肌动系统执行上述语音计划，形成所听到的言语（张文忠，1999）。虽然 Levelt 的言语产出模式针对的是本族语者的母语言语产出，但它对二语的言语产出理论的发展有着重要的影响。Anderson（1983）提出的思维的适应性控制模式尝试解释二语学习者的口语发展，强调二语学习者要达到口语流利的水平需要将陈述性的知识（即"是什么"的知识）转为程序性的知识（即"怎样做"的知识）。他认为二语学习者的陈述性知识发展到程序性知识需要经过认知、联想和自主三个阶段。在认知阶段，二语学习者仅具有陈述性的知识，并且对这类知识提取的速度缓慢；在联想阶段，二语学习者具有陈述性和程序性两种知识，对两种知识的提取仍然较为缓慢，并会时常出现语言错误；在自主阶段，二语学习者的知识都转化为程序性的知识，对其提取的速度极快。de Bot（1996）建议把 Levelt 的言语产出模式与 Anderson 的思维的适应性控制模式结合起来考察二语学习者口语能力的发展，并认为陈述性的知识向程序性的知识转化是二语口语发展的重要前提。国内学者张文忠（1999）探讨了外语课堂环境下二语口语发展的理论模式。他认为外语学习者通过学习材料获得了语言输入，语言输入使学习者可以获得陈述性的语言知识。然后学习者的认知学习机制对接受的语言输入进行分析，对重复的语言形成进行组合，构成以意群或句法结构为单位的产出式。产出式经外语学习者多次练习或语言的使用后可能被程序化，实现陈述性知识向程序性知识的转变，从而使外语学习者能够流利地表达意义和思想。与 Anderson（1983）的思维的适应性控制模式相似，张文忠的口语发展理论模式比较强调认知学习机制在外语口语发展中的作用，并未涉及如学习动机、语言交互等社会文化因素的作用。

在二语口语研究中，二语学习者的口语水平或者能力被普遍视为具有多成分（multicomponential）的特性，其主要的成分可以用复杂性（complexity）、流利性（fluency）和正确性（accuracy）来描述（Housen, Kuiken & Vedder, 2012a）。这三个成分源于 Skehan（1998）提出的二语水平模式。该模式首次把复杂性、流利性和正确性三个成分整合起来，而且每个成分的操作定义仍然沿用至今。复杂性通常指二语学习者使用多种复杂的语法结构和词汇的能力，流利性指具有本族语者化的口语表达的语速、停顿、犹豫或者重述的能力，正确性指具有产出目标语化的正确无误的语言的能力。自复杂性、流利性和正确性的概念被提出以来，三个成分常常被用作二语水平的特征来考察诸如起始年龄对二语学习成效的影响、课堂教学效果以及学习环境效果等，其重要性在二语习得研究中越来越高，学界对三个成分的理论探索和研究使其逐渐成为既不同又相互联系的三个成分（Housen, Kuiken & Vedder, 2012a; Larsen-Freeman, 2009）。Towel（2012）从二语习得的理论角度阐述了复杂性、流利性和正确性的语言和认知基础。Towel 认为学习者的语言能力是二语产出复杂性的基础，语言加工程序的心理表征是二语产出流利性的关键,而学习者学得的语言知识是正确性的核心。因此,他强调复杂性、流利性和正确性这三个成分与二语学习者的水平和学习成效有紧密的联系。

除上述理论探索之外,研究者还对构成二语口语水平的成分和特征进行了分析。Brown 等(2005)从口语评价的角度认为二语学习者发音的水平是判断其口语水平高低的决定性因素。Iwashita 等(2008)从语言特征(包括语法的正确性、语法和词汇的复杂性)、语音(包括发音、语调和音律)以及流利性(包括语速、停顿和话语的平均长度)等成分考察了不同熟练程度的二语学习者的口语产出。研究发现,语言特征、语音以及流利性与二语学习者的整体口语水平都有关系,词汇的复杂性和流利性与口语水平的关系却更为重要。de Jong 等(2012a)以181名不同口语熟练程度的成人荷兰语学习者和54名荷兰语本族语者为受试,采用SEM 的方法分析了不同技能与不同口语水平的受试能否成功地表达主题内容的关系。该研究区分了两类口语技能层面,即语言技能和语言加工技能,与 Anderson(1983)的思维的适应性控制模式中的陈述性知识与程序性知识的思路基本吻合。研究还基于 Levelt(1989)的言语产出模式,分析了9个口语指标与荷兰语学习者表达的主题内容得分之间的相关性。语言技能层面的指标测量了受试的词汇知识和语法知识,语言加工技能层面的指标测量了受试的词汇提取速度、发声速度、组建句子的速度、发音、单词重音以及语调。分析结果显示,词汇知识、语法知识与发音、单词重音以及语调各指标与受试的口语水平显著相关,其中词汇知识和语调的相关性最高(相关系数分别为0.79和0.78);但受试的发声速度与其口语水平不相关。分析还显示,对于口语水平较低的受试来讲,词汇知识和语法知识的作用更大;而对于口语水平较高的受试来讲,语言技能和语言加工技能各指标的作用大致相当。Saito(2017)也认为二语学习者的口语能力通常由多个语言成分构成,如语音、流利性、词汇和语法。Saito(2015)的研究显示二语学习者选择对其更有交际价值的语言成分去发展自身的口语能力。上述研究都支持了二语学习者的口语水平和学习成效由多个语言成分构成的观点。

9.2.2 二语口语学习成效的测量

二语口语学习成效的测量关注的是二语学习者经过长期的学习,其口语能力达到的某个熟练的程度,而非口语水平发展的速度。二语口语学习成效的测量任务大致分为以测量口语主题内容为主和以测量语言特征为主的两种类型。图片描述(如 Saito,2017)、讲故事(如 Yilmaz & Granena,2016)、口语面谈(如 Abrahamsson & Hyltenstam,2009)等自发性言语产出的任务属于前一类的任务,朗读任务则是后一类比较典型的任务。Abrahamsson 和 Hyltenstam(2009)认为自发性言语产出任务反映了二语学习者口语水平的发展，代表二语口语学习成效的真实状态。Spada 和 Tomita（2010）认为自发性言语产出任务可以鼓励二语学习者有效地表达交际内容，同时关注语音、语法、词汇等成分，认为今后的研究应更多地采用自发性言语产出任务来测量二语的口语学习成效。

在自发性言语产出任务中，图片描述任务在口语研究中的应用较为广泛。该任务可以成功地诱发较长的自发性言语产出，使二语学习者可以有效地表述交际内容，同时产出的言语样本的语言成分分析也具有较好的可操作性，因此已被多个研究所采用，如 Saito（2017）、Saito 等（2016）、Saito 等（2018）、Trofimovich 和 Isaacs（2012）等。Saito 等（2018）采用图片描述任务考察了 48 名母语为汉语的英语学习者（6≤AO≤13）的语音学习成效，分析的指标有音段、重音、语调、节奏、速度等。Saito（2017）同样采用图片描述任务对 50 名日本英语学习晚学者（7 年级后开始英语学习）的 4 个语言成分进行了分析。语音成分分析的是受试的音段（包括元音与辅音）及超音段（包括词重音与音调）的成绩。语法知识测量了正确性和复杂性两个指标：正确性指受试在语境中正确使用句法形态标记的能力，分析语法错误在言语样本中的比例；复杂性指受试使用高级和复杂句法结构的能力，分析单个言语单位中的从句数量以及每个从句中的单词数量。词汇使用测量受试在语境中使用词汇的适当性（appropriateness）以及广泛地使用高级词和低频词的词汇丰富性（richness）。流利性考察受试口语产出的语速及停顿。为方便研究结果的对比，本章对二语口语学习成效的测量方式也采用与 Saito（2017）相同的图片描述任务，从二语口语产出的语音、流利性、词汇和语法 4 个成分来分析中国外语学习者的英语口语学习成效。

9.2.3 语言学能与二语口语学习成效的关系

语言学能是除年龄因素以外最能预测二语学习成效和二语水平的因素（Granena & Long，2013a），它包括一系列与语言学习相关的认知能力与感知能力，其构念具有多要素与成分的特性（Granena，2019）（有关语言学能理论模型的论述详见本书 3.2、3.3 小节的有关论述；有关语言学能的构念及测量详见本书 7.2.2.1 小节）。近年来，二语习得研究者开始积极关注语言学能对二语口语学习成效的作用。较早关注这一问题的研究有 Granena 和 Long（2013b）、Hu 等（2013）等。Granena 和 Long（2013b）考察了自然学习环境下语言学能对二语语音、词汇、语法学习的作用。研究以 65 名母语为汉语的西班牙语学习者为对象，采用 LLAMA 测量受试的语言学能，采用段落朗读任务来评价受试的整体口音。研究显示：两个早学组（3≤AO≤6；7≤AO≤15）的语言学能与其三个语言层面的成绩都不相关；晚学组（16≤AO≤29）的语言学能与其语音成绩和词汇搭配呈正相关。Hu等（2013）考察了100多名德国英语学习者（AO=10±1）的语言学能与其语音产出成绩的关系。该研究采用段落朗读任务，对受试的朗读成绩进行了总体的评价。语言学能测试则包括根据拼写推测发音（MLAT中的一项分测试）以及数字记忆广度和非词重复任务。研究发现，受试的语音编码能力对语音成绩有显著的预测作用（$r=0.31$, $p<0.001$）。不过，上述两项研究所采用的任务皆为段落朗读任务，而非自发性的言语产出任务，对语言学能与语音成绩的关系也并未从外显性学能和内隐性学能的角度就语言学能的不同成分与语音学习的相关性进行更为详尽的分析，因此，就语言学能对二语口语学习成效的解释力有其局限性。

Granena（2016）认为外显性学能和内隐性学能分别与双加工理论中的信息加工处理的两大认知风格相关。外显性学能基于意识层面，具有分析性的、有规则可依的、需要努力的、较慢的信息加工处理体系，与理性的、分析性的信息加工处理的认知风格一致；而内隐性学能则不基于意识层面，具有整体性的、联想性的、毫不费劲的、较快的信息加工处理体系，与经验性的、直觉性的信息加工处理的认知风格一致。因此，从外显性学能和内隐性学能两个成分去探索语言学能与二语口语学习成效之间的关系就显得更加重要。

近期有少量的几项研究关注了外显性学能和内隐性学能与二语口语产出水平不同成分之间的复杂关系。Saito等（2018）分别采用了两项外显性学能测试和两项内隐性学能测试探究两种语言学能与二语语音学习成绩的关系。受试为48名母语为汉语的英语学习早学者，口语产出任务为图片描述任务，分析的语言指标为音段、重音、语调、节奏、速度等。研究发现，受试的音段学习成效与显性的语音编码能力及隐性的语音 F1 共振峰神经编码都显著相关；超音段学习则与显性的节奏感知能力相关。Granena（2019）采用 LLAMA、Hi-LAB（详见本书 3.4.5 小节的有关论述）和图片描述任务分析了 135 名母语为英语的西班牙语学习者（AO=13）的语言学能对其二语口语水平的流利性、复杂性和正确性的预测作用。研究将两种语言学能测试所测量的能力归纳为三种：①外显性学能；②隐性记忆能力（implicit memory ability）；③隐性学习能力（implicit learning ability）。研究结果显示，受试的隐性记忆能力显著地预测了其口语产出语速的流利性（speed fluency），与隐性学习能力有交互作用，两者同时预测了口语产出的词汇复杂性。这意味着受试的隐性记忆能力越强，其口语产出词汇的复杂性越高，不过，这个效果还有赖于受试隐性学习能力的强弱。但是，Saito（2017）以日本英语晚学者为受试的研究结果与 Granena（2019）的结论并不相同。研究也采用了 LLAMA 探究了外显性学能和内隐性学能与口语产出水平的关系，但是研究没有发现 LLAMA D（即内隐性学能）与受试口语产出的任何成分相关；而外显性学能的分项测试均与受试的口语学习成效显著相关，LLAMA E 与受试的三项语音指标的成绩呈正相关，LLAMA B 与受试流利性成分中的发音速度呈正相关，LLAMA F 与受试使用高级词的词汇丰富性成分呈正相关，与受试使用低频词的词汇丰富性成分呈负相关。Saito（2017）强调外显性学能对外语学习者口语成效的作用远远大于内隐性学能。该研究结果支持了 DeKeyser（2000，2014）基于儿童和成人依赖不同的二语学习机制的理论假设（详见本书 2.3.2.3 小节的论述）。虽然上述研究初步揭示了语言学能的不同成分与二语口语学习的复杂关系，但遗憾的是，无论是 Saito（2017）还是 Granena（2019）都没有探究二语早学者语言学能的不同成分与其口语学习成效的关系。

9.2.4 小　结

本小节首先回顾了言语产生和口语发展的三个国内外理论，指出 Anderson（1983）的思维的适应性控制模式与张文忠（1999）的口语发展理论模式都强调认知学习机制在外语口语发展中的作用，但理论阐述中并未涉及如学习动机、语言交互等社会文化因素的作用。其次，本小节阐述了二语口语水平的特性，强调学习者的二语口语水平或者能力由多个语言成分构成的观点，其中复杂性、流利性和正确性三个成分在口语研究中占有重要的地位。本小节还梳理了测量二语口语学习成效的研究方法，并重点分析了自发性言语产出任务。最后，本小节还回顾了有关语言学能与二语口语学习成效关系研究的近期文献。综合上述文献回顾，笔者认为现有研究还有以下不足：①语言学能与二语学习成效关系的研究多集中于自然学习环境下语言学能与二语语法学习成效的探讨，缺乏对课堂教学环境下的语言学能与二语口语学习成效关系的探讨，尤其是结合了语言学能理论与测试新发展的考察。②现有的研究结果似乎表明，晚学者的二语口语学习与外显性学能有关，但尚不清楚早学者的口语学习受何种语言学能要素或成分的影响，无法全面验证 DeKeyser 的理论假设对早学者二语口语学习的解释力。③在现有的探究语言学能与二语口语学习成效的研究中，分析语言学能与二语语音成绩关系的研究（如 Granena & Long, 2013b）较多，关注语言学能与二语口语产出各项成分（如 Saito, 2017）的研究相对缺乏。基于此，本章将针对中国课堂教学环境下的英语口语学习，采用 LLAMA 及图片描述任务，深入地研究外显性学能和内隐性学能与二语口语产出水平不同成分的复杂关系。

9.3　研究目的及研究问题

本章探讨课堂教学环境下起始年龄稍早的中国英语学习者的语言学能与

其二语口语学习成效的关系，分析他们的外显性学能和内隐性学能与二语口语产出水平不同成分的复杂关系，以期验证 DeKeyser 的理论假设对早学者二语口语学习的解释力。为方便研究结果的对比，本章将复制 Saito（2017）的研究方法，采用 LLAMA 学能四项分测试（Meara, 2005，详见本书 3.4.4 小节的有关论述）来测量中国英语早学者的语言学能，使用图片描述任务来测量中国英语早学者的口语学习成效。本章将以中国大学生为对象，试图回答以下的研究问题：①外语早学者的语音辨别能力（LLAMA D）与其英语口语学习成效的不同成分是否相关？如果是，是哪个成分？②外语早学者的机械和联想记忆能力（LLAMA B）与其英语口语学习成效的不同成分是否相关？如果是，是哪个成分？③外语早学者的语音编码能力（LLAMA E）与其英语口语学习成效的不同成分是否相关？如果是，是哪个成分？④外语早学者的语言分析能力（LLAMA F）与其英语口语学习成效的不同成分是否相关？如果是，是哪个成分？

9.4 研 究 设 计

9.4.1 研究对象

受试为 51 名国内某重点大学就读于药学、法学、电气工程、生物医药等专业的本科生。剔除 7 名未完成全部实验任务以及学习动机和语言使用的数据超过小组平均值 3 个标准差的受试后，有 44 名受试的数据进入了分析，其中男性 20 名，女性 24 名。受试的平均年龄为 19.64 岁（值域：18~21 岁），英语学习的平均起始年龄为 7.75 岁（值域：5~10 岁）。受试从小学开始学习英语，在学校接受正式的英语教学，英语学习的平均时间为 11.89 年。

9.4.2 实验任务及过程

首先，受试填写英语学习调查问卷。然后，受试依次完成 LLAMA D、LLAMA B、LLAMA E、LLAMA F 学能测试以及图片描述任务。受试的数据采集都在学校的自习教室单独进行，每位受试完成全部实验任务的时间大致为 50 分钟。

9.4.2.1 英语学习调查问卷

本章采用 Li 和 MacWhinney（2011）的问卷（详见附录 C 语言学习调查表），

考察了受试的英语学习经历、英语水平、日常英语使用的自我评价、起始年龄等。语言学习调查表还参照了 Taguchi 等（2009）的问卷调查了受试的英语学习动机。本章还采集了受试的大学英语四级考试的笔试成绩。调查数据显示，所有受试均在国内中小学和大学接受了英语教育，有较高的学习动机，没有海外访问或学习的经历，英语水平达到中高级水平（表 9.1）。

表 9.1　学习动机、英语水平及英语使用数据

考察的因素	均值（标准差）	值域
学习动机	3.94（0.56）	2.5~4.9
英语水平	522.95（43.71）	425~629
英语使用	2.29（0.48）	1.43~3.29

注：学习动机和英语使用的最高分均为 5 分，英语水平的最高分为 710 分

9.4.2.2　LLAMA

与 Saito（2017）相同，本章也采用了 Meara（2005）开发的 LLAMA，即 LLAMA D、LLAMA B、LLAMA E 和 LLAMA F（详见本书 3.4.4 小节）。Granena（2013a）验证了该学能测试，表明 LLAMA D 测量了序列学习能力，与学习者的内隐性学能相关；LLAMA B、LLAMA E 和 LLAMA F 测量了语言分析能力，与外显性学能相关。该测试所有分项测试的内部一致性在可接受范围内：LLAMA D 为 0.72（$k=30$），LLAMA B 为 0.69（$k=20$），LLAMA E 为 0.73（$k=20$），LLAMA F 为 0.77（$k=20$）。受试在电脑上依次完成各 LLAMA 分测试，每完成一项测试，测试的分数将自动计算，并显示在屏幕上。

9.4.2.3　图片描述任务

图片描述任务采用与 Saito（2017）相同的任务。任务材料为 8 张图片，描述了两位陌生人在街角相撞，然后他们误拿了对方的箱子。受试在描述图片前有一分钟时间熟悉图片材料。然后，受试根据图片讲述一个完整的故事。图片描述没有设定时间的限制。

9.4.3　评分方式与分析

图片描述任务将从语音、流利性、词汇及语法来评价受试的英语口语学习成效（表 9.2）。

表 9.2 测量指标及评分、分析方式

测量指标			评分、分析方式
语音	音段错误		三位评分人的平均分为音段、重音及语调的最后分数（按 0~1000 分计分）
	重音错误		
	语调		
流利性	停顿流利性（Breakdown Fluency）	带有填充停顿标识的停顿	每种停顿的总量除以单个口语样本的单词量
		不带填充停顿标识的停顿	
	语速流利性（Speed Fluency）	语速（Speech Rate）	单个口语样本的单词量除以单个口语样本的时长
		发声速度（Articulation Rate）	单个口语样本的音节量除以单个口语样本的时长
词汇	词汇适当性（Appropriateness）		用词错误占口语样本单词总量的比例
	词汇丰富性（Richness）	多样性（Diversity）	Guiraud 词表
		平均词频（Average Frequency）	Coh-Metrix（McNamara et al., 2014）
语法	语法正确性（Grammatical Accuracy）		句法形态错误占口语样本单词总量的比例
	语法复杂性（Grammatical Complexity）	语句的从属关系（Subordination）	每个言语单位中的从句数量
		从句长度（Clause Length）	每个从句中的单词数量

9.4.3.1 语音评分

采集后的音频样本通过软件 Audacity 2.2.1 进行编辑，选取每个样本的前 30 秒音频，并对其中杂音和过多的停顿进行处理。将编辑后的语音样本单独保存，作为语音分析的样本。该语音样本处理方式主要是为减少评分人可能产生的疲倦，是二语语音样本分析的标准方式（Saito, 2017; Trofimovich & Isaacs, 2012）。采集后的每个完整的图片描述任务的音频数据（即未编辑的数据）被转写为文字以便对受试图片描述任务的流利性、词汇及语法层面进行分析。

音频样本的评分人为 3 名英语本族语者，在国内某高校攻读硕士学位。在正式评分开始前，研究人向评分者详细解释了评分规则。然后，评分者对 10 个练习材料进行试评，要求评分者就音频中的音段、重音、语调三个分项进行评分。每位评分人完成试评后，需要就评分进行讨论，达成一致之后方能进入正式的评分环节。在正式的评分环节中，评分人听完每个音频样本后，分别对音频样本中出现的音段错误（按 0~1000 分给分，0 表示时常出错，1000 表示错误很少或者没有错误）、重音错误（按 0~1000 分给分，0 表示时常出错，1000 表示错误很少或者没有错误）和语调（按 0~1000 分给分，0 表示非常不自然，1000 表示非常自然）进行评分。当每位评分人完成了全部音频样本的评分后，评分人需要对是否清楚评分的内容进行自我评价（按 1~9 分进行评价）。上述评分方式和自评方式与 Saito（2017）完全相同。3 位评分人的自我评价结果是：对音段的理解为 8.5 分，对重音的理解为 8 分，对语调的理解为 9 分。根据 Cronbach's α 系数，评分人对语音 3 个指标的评价都显示了良好的内部一致性（系数分别为 0.95、0.94 和 0.95）。

9.4.3.2 流利性、词汇及语法分析

流利性考察受试口语产出的停顿、语速两个指标。这两项指标经常在近期的口语研究中使用，如 de Jong 等（2012b）。停顿流利性考察的是受试能否轻松地进行口头表述，即没有停顿和犹豫，分析带有填充停顿标识（如 eh）的停顿和不带填充停顿标识的停顿。使用 Praat 语音软件（Boersma & Weenink，2010）自动计算出不带填充停顿标识的停顿，采用每种停顿的总量除以单个口语样本的单词量来分析口语的停顿流利性。语速流利性考察受试在单位时间内产出的单词量和音节量，由语速和发声速度构成。前者是单个口语样本的单词量除以单个口语样本的时长，后者是单个口语样本的音节量除以单个口语样本的时长。

词汇分析受试口语产出中词汇使用的适当性和丰富性，与 Read（2000）的词汇模式相同。适当性指受试能否在语境中恰当地使用词汇，分析受试口语产出的用词错误占其单词总量的比例。该指标由三位评分人来评价。丰富性指受试广泛地使用高级词和低频词的能力，分为词汇多样性和词频两项。词汇多样性采用 Guiraud 词表（Guiraud，1954）来测量，而词频测量采用 Coh-Metrix（McNamara et al.，2014）来分析。

语法分析测量受试口语产出的正确性和复杂性两个指标。正确性指受试在语境中正确使用句法形态标记的能力，分析语法错误占口语样本的比例；复杂性指受试使用高级和复杂句法结构的能力，分析单个言语单位中的从句数量以及每个从句中的单词数量，测量方式与 Norris 和 Ortega（2009）的研究一致。

9.5 结果与分析

9.5.1 LLAMA 及图片描述任务的描述性统计数据

受试 LLAMA 各分项测试的描述性统计数据见表 9.3。从数据可以看出，

LLAMA E 的平均分（58.2）最高，LLAMA B 的平均分（42.4）最低。受试图片描述任务的各项测量共 13 项指标的描述性数据见表 9.4。

表 9.3 LLAMA 各分项测试描述性统计数据

LLAMA 分项测试	均值	标准差	值域		95% 置信区间	
			最小值	最大值	下限	上限
LLAMA D	48.6	15.2	10	70	43.4	53.9
LLAMA B	42.4	17.3	15	85	37.8	47.0
LLAMA E	58.2	27[①]	5	100	51.1	65.3
LLAMA F	52.5	23.4	10	90	44.3	60.7

表 9.4 图片描述任务各项测量的描述性数据

测量指标			均值	标准差	值域	
					最小值	最大值
语音		音段错误	500	99	360	775
		重音错误	497	95	365	740
		语调	469	88	360	760
流利性	停顿流利性	带有填充停顿标识	0.03	0.04	0	0.15
		不带有填充停顿标识	0.30	0.10	0.07	0.51
	语速流利性	语速	85.80	17.02	50.14	120.99
		发声速度	163.89	30.21	109.09	233.72
词汇	词汇适当性	用词错误比例	0.03	0.02	0	0.09
	词汇丰富性	多样性	5.49	0.65	4.12	6.61
		平均词频	1.80	0.22	1.44	2.40
语法	语法正确性	句法形态错误比例	0.12	0.04	0.04	0.21
	语法复杂性	语句的从属关系	3.46	1.66	0.93	7.69
		从句长度	5.47	1.70	2	12

9.5.2 语言学能与英语口语学习成效的相关性

为了分析受试的语言学能与其英语口语学习成效的关系，本章对受试的 LLAMA

---

① 全书表格中的数据，如果是整数，则统一仅保留整数部分。

的各分项测试和图片描述任务的 13 项成绩进行了相关分析（数据见表 9.5）。

表 9.5　LLAMA 各分项测试与图片描述任务各项成绩的 Spearman 相关分析数据

图片描述任务的测试成绩			LLAMA D		LLAMA B		LLAMA E		LLAMA F	
			ρ	p	ρ	p	ρ	p	ρ	p
语音		音段错误	0.36*	0.02	0.26	0.09	0.38*	0.01	0.12	0.43
		重音错误	0.45**	0.001	0.34	0.30	0.35*	0.02	0.28	0.07
		语调	0.39**	0.004	0.28	0.07	0.31*	0.04	0.17	0.26
流利性	停顿流利性	带有填充停顿标识	−0.24	0.12	−0.31*	0.04	−0.02	0.91	−0.06	0.68
		不带有填充停顿标识	−0.25	0.10	−0.08	0.62	0.03	0.84	0.02	0.88
	速度流利性	语速	0.24	0.11	0.09	0.58	−0.16	0.29	−0.05	0.73
		发声速度	0.03	0.83	0.11	0.49	−0.25	0.11	0.05	0.76
词汇	词汇适当性	用词错误比例	−0.28	0.07	−0.13	0.39	−0.12	0.45	0.12	0.42
	词汇丰富性	多样性	0.11	0.50	0.37*	0.02	0.16	0.30	−0.05	0.74
		平均词频	−0.13	0.41	−0.10	0.53	−0.03	0.84	0.04	0.79
语法	语法正确性	句法形态错误比例	−0.37*	0.014	−0.31*	0.04	−0.06	0.69	−0.21	0.17
	语法复杂性	语句的从属关系	−0.03	0.87	0.09	0.64	−0.13	0.39	−0.002	0.99
		从句长度	0.17	0.26	0.20	0.21	−0.02	0.90	0.07	0.66

*表示 $p < 0.05$；**表示 $p < 0.01$

单样本 Kolmogorov-Smirnov（K-S）检测结果显示，受试的 LLAMA D、LLAMA B、LLAMA E 以及 LLAMA F 的得分呈非正态分布，因此采用了 Spearman 相关分析。与 Saito（2017）的分析相同，若相关系数 $\rho=0.25$ 则为低相关，$\rho=0.40$ 为中度相关，$\rho=0.60$ 为高度相关。分析结果显示：LLAMA D 与受试的音段错误、重音错误和语调三个指标呈显著性正相关，相关系数分别为 0.36、0.45 和 0.39，均达到显著水平（$p < 0.05$）。LLAMA D 还与受试的用词错误的比例呈负的低相关，相关系数为−0.28（$p=0.07$），没有达到显著水平。此外，LLAMA D 还与受试的句法形态错误比例呈显著性负相关，相关系数为−0.37（$p < 0.05$）。LLAMA B 与受试的音段错误、重音错误和语调三个指标呈正相关，不过相关性较低，相关系数分别为 0.26、0.34 和 0.28，均没有达到显著水平，但 LLAMA B 与受试的停顿流利性的一个指标呈显著性负相关，相关系数为−0.31（$p < 0.05$）（即带有填充停顿标识的停顿比例越低，口语产生的流利性越高）。LLAMA B 还与受试的词汇多样性呈显著性正相关，相关系数为 0.37（$p < 0.05$），与受试的句法形态错误比例呈

显著性负相关，相关系数为-0.31（$p<0.05$）。LLAMA E 也与受试的音段错误、重音错误和语调三个指标呈显著性正相关，相关系数分别为 0.38、0.35 和 0.31，均达到显著水平（$p<0.05$）。LLAMA F 与受试的重音得分呈低的正相关（相关系数为 0.28，$p=0.07$），不过相关性没有达到显著水平；LLAMA F 与受试图片描述任务的其他成绩没有相关性。此外，分析没有发现 LLAMA 任何一项分测试与受试的速度流利性相关，也没有发现 LLAMA 任何一项分测试与受试的语法复杂性相关。

9.6 讨 论

本章考察了中国课堂教学环境下起始年龄稍早的英语学习者的语言学能与其英语口语学习成效的关系，分析了外语早学者的语音辨别能力（LLAMA D）、机械和联想记忆能力（LLAMA B）、语音编码能力（LLAMA E）以及语言分析能力（LLAMA F）与其口语产出任务的语音、流利性、词汇及语法 4 个成分各指标之间可能存在的关系。Spearman 相关分析结果显示，语言学能与外语早学者英语口语学习成效之间有小到中等的相关关系（详见表 9.5）。本结果与 Saito（2017）的研究结果最大的差异是：①LLAMA D 与早学者口语的语音成分三个分析指标（即音段错误、重音错误和语调）都呈显著性正相关；②LLAMA F 与早学者口语的任何一个成分的成绩都没有显著性相关。本结果与 Saito（2017）的研究结果相同之处是：LLAMA E 与早、晚学者口语的语音成分三个分析指标都呈显著性正相关。

9.6.1 语音辨别能力（LLAMA D）

如表 9.5 所示，外语早学者的 LLAMA D 与其语音成分呈显著性正相关，LLAMA D 越强的早学者，其音段及重音错误就越少，语调的得分就越高。LLAMA D 考察学习者对声音序列的隐性记忆、感知和学习能力（Granena，2019），与学习者的内隐性学能相关；与 LLAMA 其他的分项测试相比，LLAMA D 测量的认知能力更多地涉及隐性的认知过程，这表明外语早学者的语音学习倾向于通过语言输入进行自动的、偶然的隐性学习，这与 Saito（2017）基于外语晚学者的研究结果完全不同。如本章 9.2.3 小节所述，Saito（2017）没有发现外语晚学者的语音辨认能力与其口语产出的语音成绩有相关性。这两项研究结果初步说明内隐性学能对外语早学者与晚学者的口语学习成效有不同的作用：内隐性学能对早学者的二语语音能力的发展有利，对晚学者的二语语音能力的发展则没有发挥作用。根据

DeKeyser（2000，2014）的理论观点，儿童的二语学习主要依赖其隐性学习机制，他们从语言输入和交际互动中学习二语的隐性学习能力优于成人（或青少年），而成人（或青少年）的二语学习主要依赖分析性的显性学习机制；成人要成功地学习二语（即达到高水平或接近本族语者的水平），就要具备较强的语言分析能力。因此，笔者认为即便是在输入量有限的外语环境中，具有较强的隐性学习能力对外语早学者语音能力的发展仍然是一个优势。

Spearman 相关分析显示，外语早学者的 LLAMA D 还与其口语的用词错误的比例呈负的低相关（ρ=−0.28，p=0.07）。这一相关性虽然没有达到 0.05 的显著水平，但从一定的程度上表明早学者在 LLAMA D 上表现出的优势可以帮助他们在语境中恰当地使用词汇。

体现早学优势的隐性学习能力并不限于外语早学者口语的语音成分，分析还发现外语早学者的 LLAMA D 与早学者的句法形态错误占比呈显著负相关性，也就是 LLAMA D 越强的早学者，其句法形态错误在口语产出总量中所占的比例就越小，所犯的句法形态错误就越少，口语产出的语法正确性就越高。Granena（2012）指出 LLAMA D 分测试对诸如姓、数、主谓一致性等语法规则较为敏感，因此，这一结果说明 LLAMA D 可以预测出早学者的语法正确性，与本书第 5 章回归分析得到的研究结果类似（见 5.4.4 小节的详细分析）：LLAMA D 对早学组语法成效的预测性最强，显著解释了早学组英语语法学习成绩的方差。不过，需要注意的是，外语早学者的 LLAMA D 仅与其语法的正确性相关，与其语法复杂性的两个指标语句的从属关系和从句长度则没有显著的相关关系，相关系数分别为−0.03 和 0.17。由于语法正确性与复杂性分属于不同的语法知识层面，前者测量学习者在口语产出任务的语境中正确使用句法形态标记的能力，涉及句法形态方面的知识，语法结构的凸显性较强；后者测量学习者在口语产出任务中能否使用高级和复杂句法结构的能力，对学习者口语能力的要求明显要高于前者。本章所考察的学习者只达到中高级水平的英语水平，在语法复杂性两个指标上的得分都很低，平均分分别为 3.46 和 5.47（表 9.4），说明他们使用高级和复杂句法结构的能力偏低。由于课堂教学环境能为外语学习者提供的语言交际的机会有限，因此外语学习者——即便是早学者——也难以突破这个限制，从而增大了在口语交际中使用高级和复杂句法结构的难度。笔者推断 LLAMA D 对凸显性的句法形态方面的语法知识的学习和提取有益，而对于复杂句法结构的语法知识的学习以及在交际中有效地提取这类语法知识还需要学习者经过更多的练习或使用，才可能使这类语法知识被程序化，进而有效地实现陈述性知识向程序性知识的转变。

简言之，外语早学者的 LLAMA D 与其英语口语学习成效的语音和语法正确性显著性相关。

9.6.2 机械和联想记忆能力（LLAMA B）

LLAMA B 测量学习者在短时间内学习新词汇的能力，反映了学习者的机械和联想记忆能力。Spearman 相关分析结果显示外语早学者的 LLAMA B 与其停顿流利性中的一个指标呈显著性负相关，即 LLAMA B 越强，口语产出中带有填充停顿标识的停顿比例越低，口语的流利性就越高。这一结果说明拥有更强记忆能力的早学者能够保持更多的词汇信息，其口语就更加流利。不过，Spearman 相关分析没有显示早学者的 LLAMA B 与其口语产出的速度流利性有显著的相关性（$\rho=0.11$，$p=0.49$）。Spearman 相关分析所揭示的早学者的 LLAMA B 与其口语产出的停顿流利性与速度流利性两个成分之间的不同结果印证了很多研究者对口语流利性成分所持有的观点（Housen，Kuiken & Vedder，2012b），表明了停顿流利性与速度流利性的差异，前者可能与学习者的二语词汇知识的关联性更大，后者与学习者的母语说话风格有关。此外，本章的相关分析所发现的早学者的 LLAMA B 与其口语产出的停顿流利性与速度流利性两个成分上的结果与 Saito（2017）基于日本课堂学习环境的晚学者的分析结果有所不同：日本晚学者的 LLAMA B 与其口语产出的停顿流利性不相关，而与其口语产出的速度流利性的测量指标之一的发声速度相关。从 Saito（2017）与本章的受试在速度流利性方面的数据来看，中国早学者的平均语速（即单个口语样本的单词量除以单个口语样本的时长）是 85.8，发声速度（即单个口语样本的音节量除以单个口语样本的时长）是 163.89，而日本晚学者的平均语速是 62.7，发声速度是 107，因此，中国早学者的平均语速和发声速度都远快于日本晚学者，可能说明速度流利性的确整体上反映了中国早学者的话语风格，与 LLAMA B 没有显著的联系。虽然在口语流利性的具体指标上，本章与 Saito（2017）的结果有差异，但不可否认的是 LLAMA B 对早学者和晚学者的口语流利性都是有利的。

Spearman 相关分析结果还显示外语早学者的 LLAMA B 与其词汇丰富性指标之一的词汇多样性呈显著性正相关，即 LLAMA B 越强，口语产出使用的词汇多样性越好，说明拥有更强记忆能力的早学者能保持更多的词汇信息，在口语产出时就能更多地使用高级词，其口语的丰富性就更好。不过，相关分析没有显示早学者的 LLAMA B 与其词汇适当性有显著的相关性（$r=-0.13$，$p=0.39$），表明早学者的 LLAMA B 有助于口语产出词汇使用的多样性，但这个能力与能否在语境中恰当地使用词汇没有明显的相关性。

Spearman 相关分析结果还显示外语早学者的 LLAMA B 与其句法形态错误比例呈显著性负相关，即 LLAMA B 越强，口语产出的语法正确性越高，说明拥有更强记忆能力的早学者不仅能够更多地使用高级词汇，同时其口语产出的语法正确性也越高。该结果与 Serrano 和 Llanes（2012）的观点一致：如果不考虑学习者词汇使用的语境是否正确，那么 LLAMA B 越强，其语法正确性就越高。

总之，外语早学者的 LLAMA B 与其英语口语学习成效的停顿流利性、词汇多样性以及语法正确性显著性相关。

9.6.3 语音编码能力（LLAMA E）

LLAMA E 测试学习者在声音与符号之间建立联系的能力，考察学习者编码和记忆不熟悉声音的能力，要求学习者对不熟悉的语音材料进行分析，实现知识的编码/解码、记忆与重构（Turker et al., 2018）。Spearman 相关分析结果显示外语早学者的 LLAMA E 与其音段错误、重音错误和语调三个指标呈显著性正相关，即 LLAMA E 越强，口语产出的语音得分就越高。Saito（2017）的研究显示 LLAMA E 与晚学者的语音成绩呈正相关，与 Hu 等（2013）采用段落朗读任务得到的结果相似，即受试的 LLAMA E 对语音成绩有显著的预测作用。由于 LLAMA E 测量的是学习者把单词分解为语音单元，并对其语音和意义进行分析的编码/解码能力（Meara, 2005），是基于规则学习的、分析性的学习过程，与学习者的外显性学能相关。已有很多的研究表明儿童完全依靠语音短时记忆来保持语音信息（Baddeley, Gathercole & Papagno, 1998; Baddeley, 2003），但学习者模仿、分析或者记忆新的语音材料的 LLAMA E 却对二语的自然学习环境以及课堂教学环境下成人二语口语产出的语音成绩都有很好的预测作用（Saito, 2017），表明二语晚学者的语音学习涉及分析性的学习过程。本相关分析结果表明这种分析性的 LLAMA E 也有助于课堂教学环境下早学者的语音学习。因此，LLAMA E 这一外显性学能对二语课堂教学环境的早、晚学习者口语产出的语音成绩都是有利的。按照 DeKeyser 的理论观点，儿童与成人二语学习的差异体现在依赖两种不同的学习机制，儿童的二语学习主要依赖其隐性学习能力，而成人（或青少年）则主要依赖分析性的显性学习能力。显然，DeKeyser 的理论还不能解释早学者口语产出的语音成绩也与他们的显性学习能力有关。

概言之，外语早学者的 LLAMA E 与其英语口语学习成效的语音成分呈显著性相关。

9.6.4 语言分析能力（LLAMA F）

LLAMA F 测量学习者推断语言规则的能力，考察学习者的语言分析能力。Spearman 相关分析结果显示，外语早学者的 LLAMA F 与其口语学习成效的语音、流利性、词汇及语法的各项指标都没有显著相关性。早学者的 LLAMA F 只与其口语产出的重音错误的得分呈低等正相关，相关系数为 0.28（$p=0.07$），相关性没有达到显著水平。相关分析结果与 Saito（2017）基于晚学者的结果不同。根据 Saito（2017）的相关分析，晚学者的 LLAMA F 与其口语产出的词汇丰富性显著性相关，与晚学者使用高级词呈正相关，与使用低频词呈负相关。Saito（2017）认为晚学者的 LLAMA F 有助于调动他们现有的语言知识，促进他们在口语产出的过程中有效地使用更多的高级词汇。不过，对于早学者而言，LLAMA F 并没有提升他们口语产出词汇的丰富性。从本章考察的早学者和 Saito（2017）考察的晚学者的 LLAMA F 平均分来看，早学者的平均分（52.5）稍低于晚学者的平均分（57.4）。由于语法推断能力并不是早学者外语的学习优势，他们可能借助其 LLAMA B 来弥补，从而提升口语产出词汇的丰富性。总而言之，外语早学者的 LLAMA F 没有与其英语口语学习成效的任何成分有显著性相关。

9.6.5 内隐性学能与外显性学能对外语早学者口语学习成效的作用

有研究表明 LLAMA D 测量了学习者的序列学习能力，涉及隐性学习的过程，与学习者的内隐性学能相关；LLAMA B、LLAMA E 和 LLAMA F 涉及学习者显性、分析性的学习过程，与外显性学能相关（Granena，2013a）。从本章前 4 个小节的分析可以得知，语言学能与中国外语早学者英语口语学习成效之间有小到中等的相关关系，内隐性学能和外显性学能对早学者的口语学习成效都发挥了作用，是课堂教学环境下二语口语学习的影响因素之一。

第一，代表内隐性学能的 LLAMA D 与早学者英语口语学习成效的语音、语法的正确性显著相关，与词汇适当性有低度的相关性。本书第 7 章分别采用复述任务和朗读任务考察了中国外语早学者的语言学能与语音学习成效的关系，发现早学组的 LLAMA D 分数只与其复述成绩相关，与朗读成绩无关。本章中 Spearman 相关分析揭示的早学者的内隐性学能与其口语产出语音成分的相关性所采用的图片描述任务与第 7 章采用的复述任务都属于自发性产出任务，两项研究的分析结果也一致（第 7 章的有关结果见表 7.4）。因此，内隐性学能对早学者语音成分的作用与口语任务的特点有关。本章的图片描述任务要求受试按照 8 张系列图片设置的语境完整、清楚地讲述故事，任务要求接近于以交流为目的的言语产出活动，而自然的言语交际往往需要准确且快速地提取大脑中储存的词或短语序列，即语块知识（Kormos，2006），因而早学者拥有的感知和提取语音序列的能力（LLAMA D）的重要性在自发性产出任务中更加凸显。

第二，Spearman 相关分析显示 LLAMA D 还与早学者口语产出的语法正确性（体现在句法形态方面）显著相关。同时，反映学习者机械和联想记忆能力的 LLAMA B 与口语产出的语法正确性也相关。因此，早学者的内隐性学能和外显性学能与语法正确性的相关性表明早学者的感知、联想记忆和提取语音序列能力对提升其口语产出的语法正确性都有积极的作用。

第三，LLAMA B 还与早学者英语口语学习成效的词汇丰富性显著相关，也是唯一与早学者用词丰富性相关的外显性学能。该相关性或许说明学习者在言语产出任务中，拥有更强的联想记忆能力可以帮助他们在言语交际中快速地提取、使用更多的高级词汇。

第四，LLAMA E 与早学者英语口语学习成效的语音成分显著相关。如 9.6.3 小节所述，LLAMA E 考察学习者编码和记忆不熟悉声音的能力，要求学习者对不熟悉的语音材料进行分析、记忆与重构，是基于规则的分析性的学习过程，与学习者的外显性学能相关。值得注意的是，代表内隐性学能的 LLAMA D 与早学者英语口语学习成效的语音成分也显著相关。结果说明外显性学能与内隐性学能对早学者口语学习成效的语音成分都是有利的。正如 Saito（2017）所言，虽然早学者的二语学习主要依赖其内隐性学能，但二语课堂教学环境下的早学者还需要借助自身的外显性学能，这或许与课堂教学的语言输入有限且课外的真实语言交际有限有关。

综上所述，LLAMA D、LLAMA B 以及 LLAMA E 对早学者的口语学习成效都发挥了作用，即内隐性学能和外显性学能对早学者英语口语产出的每个成分有不同的作用。同时，本章相关分析显示的语言学能的作用与 Saito（2017）基于日本英语学习晚学者所揭示的作用既有相同之处，也有不同之处：主要的相同之处在于外显性学能 LLAMA E 与早、晚学者的语音成分都相关；而不同之处在于本章相关分析显示了内隐性学能（LLAMA D）对早学者口语学习成效的重要作用，Saito 的分析则显示了外显性学能（LLAMA F）对晚学者口语学习成效的重要作用。因此，笔者认为就外语口语学习成效而言，早、晚学习者并没有像 DeKeyser 的理论所预测的那样，在学习机制上表现出本质性的差异，早学者既可以利用其内隐性学能，也可以利用其外显性学能更好地表述自己的思想、实现其交际目的。不可否认的是，本章和 Saito（2017）揭示的语言学能对早、晚学习者的口语学习成效的作用有所不同，尤其体现为内隐性学能（LLAMA D）和外显性学能（LLAMA F）的不同作用。因此，早、晚学习者对内隐性学能和外显性学能表现出明显的偏向性，即早学者偏向于内隐性学能，晚学者偏向于外显性学能，但这种偏向性可能不是绝对的，偏向性似乎与学习者的认知能力、学习环境、学习任务都有一定的联系。

9.7 结　　语

　　本章以中国本科生为考察对象，探究课堂教学环境下早学者的语言学能与其二语口语学习成效的关系。研究发现，语言学能与早学者英语口语学习成效之间有小到中等的相关关系，内隐性学能和外显性学能对早学者的口语学习成效都发挥了积极的作用。LLAMA D、LLAMA B 以及 LLAMA E 与早学者的英语口语产出的语音、流利性、词汇及语法都有显著的相关性，但 LLAMA F 没有与早学者的英语口语学习成效的任何成分有显著相关性。虽然早学者既可以利用其隐性学习能力也可以利用其显性学习能力来表述自己的意义，实现其交际意图，但 LLAMA D 与其英语口语学习成效的语音、语法正确性的相关性显示了早学者的英语口语学习偏向于利用其隐性学习能力，不同于晚学者的英语口语学习。

　　本章的研究可能还存在一些局限性。例如，由于语言学能与中国早学者英语口语学习成效之间有小到中等的相关关系，可以解释学习者英语口语学习部分成绩的方差，说明还有其他变量在影响其口语学习，如动机、外语输入、学时等。后续研究可增加对语言学能、学习动机、语言输入等因素对外语口语学习作用的探讨。另外，本章采用了单一的口语产出任务，今后的研究可以考虑采用多种口语产生任务，以便更好地分析内隐性学能对早学者口语学习的作用是否受到产出任务的影响。

参考文献

蔡金亭. 2012. 元分析在二语研究中的应用. 外语教学与研究（外国语文双月刊）, (1): 105-115.

蔡金亭, 王婷婷. 2008. 《整合语言学习与教学研究》述介. 外语教学与研究, (6): 467-469.

柴省三. 2013. 汉语作为第二语言习得的关键期假设研究. 外语教学与研究, (5): 692-706.

崔刚. 2011. 关于语言习得关键期假说的研究. 外语教学, (3): 48-51.

戴运财. 2006. 语言学能对二语习得的影响. 外语教学与研究, (6): 451-459.

戴运财, 蔡金亭. 2008. 二语习得中的语言学能研究: 回顾、现状、思考与展望. 外国语, (5): 80-90.

顾伟勤. 2008. 重谈语言学能——外语学习中个体差异的一个重要构成. 中国外语, (6): 62-67.

桂诗春. 1992. "外语要从小学起"质疑. 外语教学与研究, (4): 52-54.

桂诗春. 2004. 我国外语教育的根本出路. 中国外语, (1): 10-13.

桂诗春. 2012. 此风不可长——评幼儿英语教学. 中国外语, 9 (1): 41-47.

桂诗春. 2015. 我国英语教育的再思考——实践篇. 现代外语, (5): 687-704.

黄怀飞. 2011. 汉语母语者第二语言习得成绩的年龄效应研究. 福建师范大学博士学位论文.

黄怀飞, 李荣宝. 2008. 英语作为第二语言的学习起始年龄与学习成绩的相关性研究. 福建师范大学学报（哲学社会科学版）, (3): 147-152.

李红. 2003. 第二语言语义提取中的词汇知识效应. 现代外语, (4): 385-393.

李红. 2004. 语义提取: 基于第二语言词汇能力角度的研究. 广东外语外贸大学博士学位论文.

李红, 马莉. 2016. 语言学能研究新进展. 第二语言学习研究, (2): 39-53.

李红, 马莉, 张小红. 2019. 起始年龄和语言学能与二语语法学习成效的关系. 现代外语（双月刊）, (4): 527-539.

李红, 隋海兵, 孟娟, 等. 2018. 探索起始年龄和语言输入量对中国欠发达农村地区英语学习者语音技能的影响. 现代语言学, (2): 265-272.

李兰荣. 2013. 外语学能之语言分析能力试题的开发、试测与效度研究. 山东外语教学, (1): 68-74.

刘骏, 蒋楠. 2006. 中国学生外语学习能力倾向研究. 中国外语, (4): 63-68.

刘润清. 1990. 决定语言学习的几个因素. 外语教学与研究, (2): 36-45.

刘涛, 刘利民, 邓隽. 2005. 语言学能倾向中语法敏感性测验指标的相关系数法研究. 西南民族大学学报（人文社会科学版），(10): 292-295.

马凯. 2013. 我国学前双语教育实施的问题与改进策略. 现代中小学教育, (5): 88-92.

裴正薇, 丁言仁. 2013. 音乐能力影响中国大学生英语语音能力的实证研究. 外语界, (1): 36-44.

施珊珊, 倪传斌. 2009. 基于荟萃分析的语言认知性别差异研究. 外语教学理论与实践, (3): 35-43.

束定芳. 2017. 外语学习中的使用与记忆——桂诗春先生关于外语学习的再思考. 现代外语, (6): 861-866.

苏建红. 2012. 显性/隐性教学与语言分析能力对二语知识习得的交互作用. 现代外语, (4): 385-392.

王初明. 2009. 学相伴用相随——外语学习的学伴用随原则. 中国外语, (5): 53-59.

王初明. 2016. "学伴用随"教学模式的核心理念. 华文教学与研究, (1): 56-63.

温植胜. 2005. 对外语学能研究的重新思考. 现代外语, (4): 383-392.

温忠麟, 刘红云, 侯杰泰. 2012. 调节效应和中介效应分析. 北京: 教育科学出版社.

吴雪, 雷蕾. 2018. 二语水平与句法复杂度研究元分析. 现代外语, (4): 481-492.

吴一安, 刘润清, Jeffrey, P. 1993. 中国英语本科学生素质调查报告. 外语教学与研究, (1): 36-46.

伍志伟, 郑超. 2013. "学伴用随"原则下二语写作工作坊的设计及其效果评估. 广东外语外贸大学学报, (1): 68-72.

夏慧言. 2011. 汉语语境下的外语学能测试研究及效度验证. 山东外语教学, (5): 52-55.

萧文龙. 2018. 统计分析入门与应用. 2 版. 台北: 碁峰咨询股份有限公司.

许宏晨. 2019. 第二语言研究中的结构方程模型案例分析. 北京: 外语教学与研究出版社.

张文忠. 1999. 第二语言口语流利性发展的理论模式. 现代外语, (2): 202-217.

赵飞, 邹为诚. 2008. 外语学习年龄问题的传记性研究——成功外语学习者对外语教学的启示. 现代外语, (3): 317-327.

钟启泉. 1985. 印刻现象与印刻研究. 心理科学, (5): 48-51.

Abraham, L. B. 2008. Computer-mediated glosses in second language reading comprehension and vocabulary learning: A meta-analysis. *Computer Assisted Language Learning*, 21(3): 199-226.

Abrahamsson, N. 2018. But first, let's think again! *Bilingualism: Language and Cognition*, 21(5): 906-907.

Abrahamsson, N. 2012. Age of onset and nativelike L2 ultimate attainment of morphosyntactic and phonetic intuition. *Studies in Second Language Acquisition*, 34(2): 187-214.

Abrahamsson, N. & Hyltenstam, K. 2008. The robustness of aptitude effects in near-native second language acquisition. *Studies in Second Language Acquisition*, 30(4): 481-509.

Abrahamsson, N. & Hyltenstam, K. 2009. Age of onset and nativelikeness in a second language: Listener perception versus linguistic scrutiny. *Language Learning,* 59(2): 249-306.

Alarcón, I. V. 2011. Spanish gender agreement under complete and incomplete acquisition: Early and late bilinguals' linguistic behavior within the noun phrase. *Bilingualism: Language and Cognition,* 14(3): 332-350.

Altenberg, B. 1993. Recurrent verb-complement constructions in the London-Lund Corpus. In J. Aarts, P. de Haan & N. Oostdijk (Eds.), *English Language Corpora: Design, Analysis and Exploitation* (pp. 227-245). Amsterdam: Rodopi.

Álvarez, E. 2006. Rate and route of acquisition in EFL narrative development at different ages. In C. Muñoz (Ed.), *Age and the Rate of Foreign Language Learning* (pp. 127-155). Clevedon: Multilingual Matters.

Anderson, J. R. 1983. *The Architecture of Cognition.* Cambridge, Massachusetts: Harvard University Press.

Andringa, S. & Dąbrowska, E. 2019. Individual differences in first and second language ultimate attainment and their causes. *Language Learning,* 69(S1): 5-12.

Andringa, S. & Rebuschat, P. 2015. New directions in the study of implicit and explicit learning. *Studies in Second Language Acquisition,* 37(2): 185-196.

Arnaud, P. J. L. & Savignon, S. J. 1997. Rare words, complex lexical units and the advanced learner. In J. Coady & T. Hunkin (Eds.), *Second Language Vocabulary Acquisition: A Rationale for Pedagogy* (pp. 157-173). Cambridge: Cambridge University Press.

Baddeley, A. 1992. Working memory. *Science,* 255(5044): 556-559.

Baddeley, A. 2003. Working memory and language: An overview. *Journal of Communication Disorders,* 36(3): 189-208.

Baddeley, A., Gathercole, S. & Papagno, C. 1998. The phonological loop as a language learning device. *Psychological Review,* 105(1): 158-173.

Baddeley, A., Papagno, C. & Vallar, G. 1988. When long-term learning depends on short-term storage. *Journal of Memory and Language,* 27(5): 586-595.

Bahns, J. & Eldaw, M. 1993. Should we teach EFL students collocations? *System,* 21(1): 101-114.

Baker, W., Trofimovich, P., Flege, J. E., et al. 2008. Child-adult differences in second-language phonological learning: The role of cross-language similarity. *Language and Speech,* 51(4): 317-342.

Baker-Smemoe, W. & Haslam, N. 2013. The effect of language learning aptitude, strategy use and learning context on L2 pronunciation learning. *Applied Linguistics*, 34(4): 435-456.

Bialystok, E. 1979. Explicit and implicit judgments of L2 grammaticality. *Language Learning*, 29(1): 81-103.

Bialystok, E. 1997. The structure of age: In search of barriers to second language acquisition. *Second Language Research*, 13(2): 116-137.

Bialystok, E. 2002. On the reliability of robustness: A reply to DeKeyser. *Studies in Second Language Acquisition*, 24(3): 481-488.

Bialystok, E. & Hakuta, K. 1994. *In Other Words: The Science and Psychology of Second Language Acquisition*. New York: Basic Books.

Bialystok, E. & Hakuta, K. 1999. Confounded age: Linguistic and cognitive factors in age differences for second language acquisition. In D. Birdsong (Ed.), *Second Language Acquisition and the Critical Period Hypothesis* (pp. 161-181). Mahwah, NJ: Lawrence Erlbaum Associates, Inc.

Bialystok, E. & Miller, B. 1999. The problem of age in second language acquisition: Influences from language, structure and task. *Bilingualism: Language and Cognition*, 2(2): 127-145.

Birdsong, D. 1999. Introduction: Whys and why nots of the Critical Period Hypothesis for second language acquisition. In D. Birdsong (Ed.), *Second Language Acquisition and the Critical Period Hypothesis* (pp. 1-22). Mahwah, NJ: Lawrence Erlbaum Associates, Inc.

Birdsong, D. 2004. Second language acquisition and ultimate attainment. In A. Davies & C. Elder (Eds.), *The Handbook of Applied Linguistics* (pp. 82-105). London: Blackwell Publishing Ltd.

Birdsong, D. 2005a. Nativelikeness and non-nativelikeness in L2A research. *International Review of Applied Linguistics in Language Teaching*, 43(4): 319-328.

Birdsong, D. 2005b. Interpreting age effects in second language acquisition. In J. F. Kroll & A. M. B. de Groot (Eds.), *Handbook of Bilingualism: Psycholinguistic Approaches* (pp. 109-127). New York: Oxford University Press.

Birdsong, D. 2006. Age and second language acquisition and processing: A selective overview. *Language Learning*, 56(s1): 9-49.

Birdsong, D. 2009. Age and the end state of second language acquisition. In W. C. Ritchie & T. K. Bhatia (Eds.), *The New Handbook of Second Language Acquisition* (pp. 401-424). Bingley: Emerald Group Publishing Limited.

Birdsong, D. 2014. Dominance and age in bilingualism. *Applied Linguistics*, 35(4): 374-392.

Birdsong, D. 2018. Plasticity, variability and age in second language acquisition and bilingualism. *Frontiers in Psychology*, (9): 81.

Birdsong, D. & Flege, J. E. 2001. Regular-irregular dissociations in the acquisition of English as a second language. In H. Anna et al. (Eds.), *BUCLD 25: Proceedings of the 25th Annual Boston University Conference on Language Development* (pp. 123-132). Boston, MA: Cascadilla Press.

Birdsong, D. & Molis, M. 2001. On the evidence for maturational constraints in second language acquisition. *Journal of Memory and Language*, 44(2): 235-249.

Biskup, D. 1992. L1 influence on learner's renderings of English collocations: A Polish/German empirical study. In P. J. L. Arnaud & H. Bejoint (Eds.), *Vocabulary and Applied Linguistics* (pp. 85-93). Basingstoke: Palgrave Macmillan.

Bley-Vroman, R. 1990. The logical problem of foreign language learning. *Linguistic Analysis*, 20(1): 3-49.

Bley-Vroman, R. 2009. The evolving context of the fundamental difference hypothesis. *Studies in Second Language Acquisition*, 31(2): 175-198.

Blondin, C., Candelier, M., Edelenbos, P., et al. 1998. *Foreign Languages in Primary and Pre-school Education*. London: CILT.

Boersma, P. & Weenink, D. 2010. Praat: Doing phonetics by computer. *Ear & Hearing*, 32(2): 266.

Bolibaugh, C. & Foster, P. 2013. Memory-based aptitude for native-like selection: The role of phonological short-term memory. In G. Granena & M. Long (Eds.), *Sensitive Periods, Language Aptitude, and Ultimate L2 Attainment* (pp. 205-230). Amsterdam: John Benjamins.

Bongaerts, T. 1999. Ultimate attainment in L2 pronunciation: The case of very advanced late L2 learners. In D. Birdsong (Ed.), *Second Language Acquisition and the Critical Period Hypothesis* (pp. 133-159). Mahwah, NJ: Lawrence Erlbaum Associates.

Bongaerts, T., Mennen, S. & van der Slik, F. 2000. Authenticity of pronunciation in naturalistic second language acquisition: The case of very advanced late learners of Dutch as a second language. *Studia Linguistica*, 54(2): 298-308.

Bongaerts, T., van Summeren, C., Planken, B., et al. 1997. Age and ultimate attainment in the pronunciation of a foreign language. *Studies in Second Language Acquisition*, 19(4): 447-465.

Bonk, W. J. 2001. Testing ESL learners' knowledge of collocations. In T. Hudson & J. D. Brown (Eds.), *A Focus on Language Test Development: Expanding the Language Proficiency Construct across a Variety of Tests* (*Technical Report #21*) (pp. 113-142). Honolulu: University of Hawaii.

Borenstein, M., Hedges, L. V., Higgins, J. P. T., et al. 2009. *Introduction to Meta-analysis*. Chichester, UK: Wiley.

Boulton, A. & Cobb, T. 2017. Corpus use in language learning: A meta-analysis. *Language Learning*,

67(2): 348-393.

Bowles, M. A. 2011. Measuring implicit and explicit linguistic knowledge: What can heritage language learners contribute? *Studies in Second Language Acquisition*, 33(2): 247-271.

Brink, T. 2011. Psychology: A student friendly approach — Unit 12: Developmental psychology. https://www.saylor.longsight.com/handle/1/6109 [2018-05-26].

Brown, A., Iwashita, N. & McNamara, T. 2005. An examination of rater orientations and test taker performance on English for academic purposes speaking tasks. *Educational Testing Service Research Report Series*, 2005(1): 1-157.

Brown, D. 2016. The type and linguistic foci of oral corrective feedback in the L2 classroom: A meta-analysis. *Language Teaching Research*, 20(4): 436-458.

Bundgaard-Nielsen, R. L, Best, C. T., Kroos, C., et al. 2012. Second language learners' vocabulary expansion is associated with improved second language vowel intelligibility. *Applied Psycholinguistics*, 33(3): 643-664.

Butler, Y. G. 2002. Second language learners' theories on the use of English articles: An analysis of the metalinguistic knowledge used by Japanese students in acquiring the English article system. *Studies in Second Language Acquisition*, 24(3): 451-480.

Carroll, J. B. 1962. The prediction of success in intensive foreign language training. In R. Glaser (Ed.), *Training Research and Education* (pp. 87-136). Pittsburgh, PA: University of Pittsburgh Press.

Carroll, J. B. 1965. The contributions of psychological theory and educational research to the teaching of foreign languages. *The Modern Language Journal*, 49(5): 273-281.

Carroll, J. B. 1981. Twenty-five years of research on foreign language aptitude. In K. C. Diller (Ed.), *Individual Differences and Universals in Language Learning Aptitude* (pp. 83-117). Rowley, MA: Newbury House.

Carroll, J. B. & Sapon, S. M. 1959/2002. *Modern Language Aptitude Test (MLAT)*. New York, NY: Psychological Corporation.

Celaya, M. L., Torras, M. R. & Pérez-Vidal, C. 2001. Short and mid-term effects of an earlier start: An analysis of EFL written production. *EUROSLA Yearbook*, 1(1): 195-209.

Cenoz, J. 2002. Age differences in foreign language learning. *ITL-International Journal of Applied Linguistics*, 135(1): 125-142.

Chapelle, C. 1998. Construct definition and validity inquiry in SLA research. In L. F. Bachman & A. D. Cohen (Eds.), *Interfaces between Second Language Acquisition and Language Testing Research* (pp. 32-70). Cambridge: Cambridge University Press.

Cook, V. J. 1991. *Second Language Learning and Language Teaching*. London: Edward Arnold.

Coppieters, R. 1987. Competence differences between native and near-native speakers. *Language*, 63(3): 544-573.

Cox, J. G., Lynch, J. M., Mendes, N., et al. 2019. On bilingual aptitude for learning new languages: The roles of linguistic and nonlinguistic individual differences. *Language Learning*, 69(2): 478-514.

Crookes, G. & Schmidt, R. W. 1991. Motivation: Reopening the research agenda. *Language Learning*, 41(4): 469-512.

Crossley, S. A., Salsbury, T. & McNamara, D. S. 2015. Assessing lexical proficiency using analytic ratings: A case for collocation accuracy. *Applied Linguistics*, 36(5): 570-590.

Curtiss, S. 1977. *Genie: A Psycholinguistic Study of a Modern-Day "Wild Child"*. New York: Academic Press.

Curtiss, S. 2014. The case of Chelsea: The effects of late age at exposure to language on language performance and evidence for the modularity of language and mind. In C. T. Schütze & L. Stockall (Eds.), *Connectedness: Paers by and for Sarah VanWagenen* (pp. 115-146). Los Angeles, CA: UCLA Linguistics Department.

Dąbrowska, E. 2019. Experience, aptitude, and individual differences in linguistic attainment: A comparison of native and nonnative speakers. *Language Learning*, 69(s1): 72-100.

Daller, H., Milton, J. & Treffers-Daller, J. 2007. *Modelling and Assessing Vocabulary Knowledge*. Cambridge: Cambridge University Press.

Davies, W. D. & Kaplan, T. I. 1998. Native speaker vs. L2 learner grammaticality judgments. *Applied Linguistics*, 19(2): 183-203.

de Bot, K. 1996. The psycholinguistics of the output hypothesis. *Language Learning*, 46(3): 529-555.

de Graaff, R. 1997. The Esperanto experiment: Effects of explicit instruction on second language acquisition. *Studies in Second Language Acquisition*, 19(2): 249-276.

de Groot, A. M. B. & van Hell, A. G. 2005. The learning of foreign language vocabulary. In J. F. Kroll & A. M. B. de Groot (Eds.), *Handbook of Bilingualism: Psycholinguistic Approaches* (pp. 371-388). Oxford: Oxford University Press.

de Jong, N. H., Steinel, M. P., Florijin, A. F., et al. 2012a. Facets of speaking proficiency. *Studies in Second Language Acquisition*, 34(1): 5-34.

de Jong, N. H., Steinel, M. P., Florijin, A. F., et al. 2012b. The effect of task complexity on functional adequacy, fluency and lexical diversity in speaking performances of native and nonnative speakers. In A. Housen, F. Kuiken & I. Vedder (Eds.), *Dimensions of L2 Performance and*

Proficiency: Complexity, Accuracy and Fluency in SLA (pp. 121-142). Amsterdam: John Benjamins.

de Ribaupierre, A. 2001. Piaget's theory of child development. *International Encyclopedia of the Social & Behavioral Sciences*, 4(4): 11434-11437.

de Wilde, V., Brysbaert, M. & Eyckmans, J. 2020. Learning English through out-of-school exposure: Which levels of language proficiency are attained and which types of input are important? *Bilingualism: Language and Cognition,* 23(1): 171-185.

Deary, I., Egan, V., Gibson, G., et al. 1996. Intelligence and the differentiation hypothesis. *Intelligence*, 23(2): 105-132.

DeKeyser, R. M. 2000. The robustness of critical period effects in second language acquisition. *Studies in Second Language Acquisition,* 22(4): 499-533.

DeKeyser, R. M. 2003. Implicit and explicit learning. In C. J. Doughty & M. H. Long (Eds.), *The Handbook of Second Language Acquisition* (pp. 313-348). Oxford: Blackwell Publishing.

DeKeyser, R. M. 2012a. Age effects in second language learning. In S. M. Gass & A. Mackey (Eds.), *The Routledge Handbook of Second Language Acquisition (pp.* 442-460). New York: Routledge.

DeKeyser, R. M. 2012b. Interactions between individual differences, treatments, and structures in SLA. *Language Learning*, 62(s2): 189-200.

DeKeyser, R. M. 2013. Age effects in second language learning: Stepping stones toward better understanding. *Language Learning*, 63(s1): 52-67.

DeKeyser, R. M. 2014. Age effects in second language learning. In S. M. Gass & A. Mackey (Eds.), *The Routledge Handbook of Second Language Acquisition* (pp. 442-460). London: Routledge.

DeKeyser, R. M. 2019. The future of language aptitude research. In Z. Wen, P. Skehan, A. Biedron, et al. (Eds.), *Language Aptitude: Advancing Theory, Testing, Research and Practice* (pp. 317-329). New York and London: Routledge.

DeKeyser, R. M. & Larson-Hall, J. 2005. What does the critical period really mean? In J. F. Kroll & A. M. B. de Groot (Eds.), *Handbook of Bilingualism: Psycholinguistic Approaches* (pp. 89-108). Oxford: Oxford University Press.

DeKeyser, R. M., Alfi-Shabtay, I. & Ravid, D. 2010. Cross-linguistic evidence for the nature of age effects in second language acquisition. *Applied Psycholinguistics*, 31(3): 413-438.

Destrebecqz, A. & Cleeremans, A. 2001. Can sequence learning be implicit? New evidence with the process dissociation procedure. *Psychonomic Bulletin & Review*, 8(2): 343-350.

Dewaele, J. M. & MacIntyre, P. D. 2014. The two faces of Janus? Anxiety and enjoyment in the foreign language classroom. *Studies in Second Language Learning and Teaching,* 4(2): 237-274.

Dörnyei, Z. 1998. Motivation in second language learning. *Language Teaching,* 31(3): 117-135.

Dörnyei, Z. 2010. The relationship between language aptitude and language learning motivation: Individual differences from a dynamic systems perspective. In E. Macaro (Ed.), *Continuum Companion to Second Language Acquisition* (pp. 247-267). London: Continuum International Publishing Group.

Dörnyei, Z. & Ryan, S. 2015. *The Psychology of the Language Learner Revisited.* New York: Routledge, Taylor & Francis Group.

Dörnyei, Z. & Skehan, P. 2003. Individual differences in second language learning. In C. J. Doughty & M. H. Long (Eds.), *The Handbook of Second Language Acquisition* (pp. 589-630). Oxford: Blackwell Publishing.

Dörnyei, Z. & Ushioda, E. 2010. *Teaching and Researching: Motivation.* London: Routledge.

Doughty, C. J. 2013. Optimizing post-critical-period language learning. In G. Granena & M. H. Long (Eds.), *Sensitive Periods, Language Aptitude and Ultimate L2 Attainment* (pp. 153-176). Amsterdam: John Benjamins.

Doughty, C. J. 2019. Cognitive language aptitude. *Language Learning,* 69(S1): 101-126.

Doughty, C. J., Campbell, S. G., Bunting, M. F., et al. 2010. Predicting near-native ability: The factor structure and reliability of Hi-LAB. In M. T. Prior, Y. Watanabe & S. Lee (Eds.), *Selected Proceedings of the 2008 Second Language Research Forum: Exploring SLA Perspectives, Positions, and Practices* (pp. 10-31). Somerville, MA: Cascadilla Proceedings Project.

Dunn, L. M. & Dunn, D. M. 1981. *Peabody Picture Vocabulary Test-Revised.* Circle Pines, MN: American Guidance Service.

Dunn, L. M. & Dunn, D. M. 2007. *Peabody Picture Vocabulary Test-Fourth Edition (PPVT-4).* Circle Pines, MN: AGS.

Ehrman, M. E. & Oxford, R. L. 1995. Cognition plus: Correlates of language learning success. *The Modern Language Journal,* 79(1): 67-89.

Ellis, N. C. 1994. Implicit and explicit language learning: An overview. In P. Rebuschat (Ed.), *Implicit and Explicit Learning of Languages* (pp. 1-24). London: Academic Press.

Ellis, N. C. 1996. Sequencing in SLA: Phonological memory, chunking, and points of order. *Studies in Second Language Acquisition,* 18(1): 91-126.

Ellis, N. C. 1997. Vocabulary acquisition: Word structure, collocation, grammar, and meaning. In M. McCarthy & N. Schmidt (Eds.), *Vocabulary: Description, Acquisition and Pedagogy* (pp. 122-139).

Cambridge: Cambridge University Press.

Ellis, N. C. 2002. Frequency effects in language processing: A review with implications for theories of implicit and explicit language acquisition. *Studies in Second Language Acquisition,* 24(2): 143-188.

Ellis, N. C. 2003. Constructions, chunking, and connectionism: The emergence of second language structure. In C. J. Doughty & M. H. Long (Eds.), *Handbook of Second Language Acquisition* (pp. 63-103). Oxford: Blackwell.

Ellis, N. C. 2008. Implicit and explicit knowledge about language. In H. Cenoz & N. Hornberger (Eds.), *Encyclopedia of Language and Education* (pp. 119-131). Boston: Springer.

Ellis, R. 2005. Measuring implicit and explicit knowledge of a second language: A psychometric study. *Studies in Second Language Acquisition,* 27(2): 141-172.

Ellis, R., Loewen, S., Elder, C., et al. 2009. *Implicit and Explicit Knowledge in Second Language Learning, Testing and Teaching.* Bristol: Multilingual Matters.

Erlam, R. 2005. Language aptitude and its relationship to instructional effectiveness in second language acquisition. *Language Teaching Research,* 9(2): 147-171.

Eubank, L. & Gregg, K. R. 1999. Critical periods and (second) language acquisition: Divide et impera. In D. Birdsong (Ed.), *Second Language Acquisition and the Critical Period Hypothesis* (pp. 65-99). Mahwah, NJ: Lawrence Erlbaum.

Farghal, M. & Obeidat, H. 1995. Collocations: A neglected variable in EFL. *International Review of Applied Linguistics in Language Teaching,* 33(4): 315-332.

Fayez-Hussein R. 1990. Collocations: The missing link in vocabulary acquisition amongst EFL learners. In J. Fisiak (Ed.), *Papers and Studies in Contrastive Linguistics: The Polish English Contrastive Project* (pp. 123-136). Poznan: Adam Michiewicz University.

Felix, S. W. 1985. More evidence on competing cognitive systems. *Second Language Research,* 1(1): 47-72.

Flege, J. E. 1999. Age of learning and second language speech. In D. Birdsong (Ed.), *Second Language Acquisition and the Critical Period Hypothesis* (pp. 101-131). Mahwah, NJ: Lawrence Erlbaum Associates.

Flege, J. E. 2005. Origins and development of the Speech Learning Model (Lecture presented at the First Acoustical Society of America Workshop on L2 Speech Learning). Simon Fraser University, Vancouver, BC, Canada.

Flege, J. E. 2009. Give input a chance! In T. Piske, M. Young-Scholten & J. E. Flege (Eds.), *Input Matters in SLA* (pp. 175-190). Bristol: Multilingual Matters.

Flege, J. E. 2018a. The Critical Period Hypothesis fails to predict L2 foreign accent and segmental production accuracy (Lecture presented at Research Frontiers of Second Language Speech). Nanjing University of Science and Technology, China.

Flege, J. E. 2018b. How the revised Speech Learning Model (SLM-r) works for word-initial stop consonants (Lecture presented at Research Frontiers of Second Language Speech). Nanjing University of Science and Technology, China.

Flege, J. E. 2018c. It's input that matters most, not age. *Bilingualism: Language and Cognition*, 21(5): 919-920.

Flege, J. E., Mackay I. R. A. & Piske T. 2002. Assessing bilingual dominance. *Applied Psycholinguistics*, 23(4): 567-598.

Flege, J. E., Munro, M. J. & MacKay, I. R. A. 1995a. Factors affecting strength of perceived foreign accent in a second language. *The Journal of the Acoustical Society of America*, 97(5): 3125-3134.

Flege, J. E., Munro, M. J. & Mackay, I. R. A. 1995b. Effects of age of second-language learning on the production of English consonants. *Speech Communication*, 16(1): 1-26.

Flege, J. E. & Wayland, R. 2019. The role of input in native Spanish late learners' production and perception of English phonetic segments. *Journal of Second Language Studies*, 2(1): 1-44.

Flege, J. E., Yeni-Komshian, G. H. & Liu, S. 1999. Age constraints on second-language acquisition. *Journal of Memory and Language*, 41(1): 78-104.

Forsberg Lundell, F. F. & Sandgren, M. 2013. High-level proficiency in late L2 acquisition: Relationships between collocational production, language aptitude and personality. In G. Granena & M. H. Long (Eds.), *Sensitive Periods, Language Aptitude, and Ultimate L2 Attainment* (pp. 231-256). Amsterdam: John Benjamins.

Foster, P., Bolibaugh, C. & Kotula, A. 2014. Knowledge of nativelike selections in a L2: The influence of exposure, memory, age of onset and motivation in foreign language and immersion settings. *Studies in Second Language Acquisition*, 36(1): 101-132.

Fullana-Rivera, N. & MacKay, I. R. A. 2003. Production of English sounds by EFL learners: The case of /i/ and /ɪ/. In D. Recasens, M. J. Solé & J. Romero (Eds.), *Proceedings of the 15th International Congress of Phonetic Sciences* (pp. 1525-1528). Barcelona/Australia: Causal Productions.

García Lecumberri, M. & Gallardo, F. 2003. English FL sounds in school learners of different ages. In M. García Mayo & M. García Lecumberri (Eds.), *Age and the Acquisition of English as a Foreign Language* (pp. 115-35). Clevedon: Multilingual Matters.

Gardner, R. C. 1980. On the validity of affective variables in second language acquisition: Conceptual, contextual, and statistical considerations. *Language Learning*, 30(2): 255-270.

Gardner, R. C. & Trudgill, P. 1979. Social psychological aspects of second language acquisition. In H. Giles & R. N. St. Clair (Eds.), *Language and Social Psychology* (pp. 193-220). Oxford: Basil Blackwell.

Gathercole, S. E. & Baddeley, A. D. 1989. Evaluation of the role of phonological STM in the development of vocabulary in children: A longitudinal study. *Journal of Memory and Language*, 28(2): 200-213.

Gathercole, S. E. & Baddeley, A. D. 1990. The role of phonological memory in vocabulary acquisition: A study of young children learning new names. *British Journal of Psychology*, 81(4): 439-454.

Gathercole, S. E., Hitch, G. J., Service, E., et al. 1997. Phonological short-term memory and new word learning in children. *Developmental Psychology*, 33(6): 966-979.

Gathercole, S. E., Willis, C., Emslie, H., et al. 1991. The influences of number of syllables and wordlikeness on children's repetition of nonwords. *Applied Psycholinguistics*, 12(3): 349-367.

Gitsaki, C. 1999. *Second Language Lexical Acquisition: A Study of the Development of Collocational Knowledge*. San Francisco: International Scholars Publications.

Glass, G. 1976. Primary, secondary, and meta-analysis of research. *Educational Researcher*, 5(10): 3-8.

Godfroid, A., Loewen, S., Jung, S., et al. 2015. Timed and untimed grammaticality judgments measure distinct types of knowledge: Evidence from eye-movement patterns. *Studies in Second Language Acquisition*, 37(2): 269-297.

González, F. B. & Schmitt, N. 2015. How much collocation knowledge do L2 learners have? The effects of frequency and amount of exposure. *International Journal of Applied Linguistics*, 166(1): 94-126.

Granena, G. 2012. *Age Differences and Cognitive Aptitudes for Implicit and Explicit Learning in Ultimate Second Language Attainment* (Unpublished doctoral dissertation). University of Maryland, Maryland.

Granena, G. 2013a. Cognitive aptitudes for L2 learning and the LLAMA aptitude test: What aptitude does LLAMA measure? In G. Granena & M. H. Long (Eds.), *Sensitive Periods, Language Aptitude, and Ultimate L2 Attainment* (pp. 105-129). Amsterdam: John Benjamins.

Granena, G. 2013b. Reexamining the robustness of language aptitude in SLA. In G. Granena & M. H. Long (Eds.), *Sensitive Periods, Language Aptitude, and Ultimate L2 Attainment* (pp. 179-204). Amsterdam: John Benjamins.

Granena, G. 2014. Language aptitude and long-term achievement in early childhood L2 learners. *Applied Linguistics*, 35(4): 483-503.

Granena, G. 2016. Cognitive aptitudes for implicit and explicit learning and information-processing styles: An individual differences study. *Applied Psycholinguistics*, 37(3): 577-600.

Granena, G. 2019. Cognitive aptitudes and L2 speaking proficiency: Links between LLAMA and Hi-LAB. *Studies in Second Language Acquisition*, 41(2): 313-336.

Granena, G. & Long, M. H. 2013a. *Sensitive Periods, Language Aptitude, and Ultimate L2 Attainment*. Amsterdam: John Benjamins.

Granena, G. & Long, M. H. 2013b. Age of onset, length of residence, language aptitude and ultimate L2 attainment in three linguistic domains. *Second Language Research*, 29(3): 311-343.

Granena, G. & Yilmaz, Y. 2019. Cognitive aptitudes for explicit and implicit learning. In Z. S. Wen, P. Skehan, A. Biedron, et al. (Eds.), *Language Aptitude: Advancing Theory, Testing, Research and Practice* (pp. 238-256). New York and London: Routledge.

Grigorenko, E. L., Sternberg, R. J. & Ehrman, M. E. 2000. A theory-based approach to the measurement of foreign language learning ability: The CANAL-F theory and test. *The Modern Language Journal*, 84(3): 390-405.

Guion, S. G., Harada, T. & Clark, J. J. 2004. Early and late Spanish-English bilinguals' acquisition of English word stress patterns. *Bilingualism Language and Cognition*, 7(3): 207-226.

Guiraud, P. 1954. *Les Caractères Statistiques du Vocabulaire: Essai de Méthodologie*. Paris: Presses Universitaires de France.

Gyllstad, H. 2007. *Testing English Collocations: Developing Receptive Tests for Use with Advanced Swedish Learners*. Lund: Lund University.

Hakuta, K., Bialystok, E. & Wiley, E. W. 2003. Critical evidence: A test of the critical-period hypothesis for second-language acquisition. *Psychological Science*, 14(1): 31-38.

Han, Z. H. 2015. Striving for complementarity between narrative and meta-analytic reviews. *Applied Linguistics*, 36(3): 409-415.

Hanfstingl, B., Benke, G. & Zhang, Y. F. 2019. Comparing variation theory with Piaget's theory of cognitive development: More similarities than differences? *Educational Action Research*, 27(4): 511-526.

Harley, B. 1986. *Age in Second Language Acquisition*. Clevedon, Avon: Multilingual Matters.

Harley, B. & Hart, D. 1997. Language aptitude and second language proficiency in classroom learners of different starting ages. *Studies in Second Language Acquisition*, 19(3): 379-400.

Hartshorne, J. K., Tenenbaum, J. B. & Pinker, S. 2018. A critical period for second language acquisition: Evidence from 2/3 million English speakers. *Cognition*, (177): 263-277.

Hawkins, E. 1996. The early teaching of modern languages. A pilot scheme. In E. Hawkins (Ed.), *Thirty Years of Language Teaching* (pp. 155-164). London: CILT.

Hedges, L. V. 1986. Issues in meta-analysis. *Review of Research in Education*, 13(1): 353-398.

Hellman, A. 2008. *The Limits of Eventual Lexical Attainment in Adult-onset Second Language Acquisition* (Unpublished doctoral dissertation). Boston University, Boston.

Henriksen, B. 1999. Three dimensions of vocabulary development. *Studies in Second Language Acquisition*, 21(2): 303-317.

Hopp, H. & Schmid, M. 2013. Perceived foreign accent in first language attrition and second language acquisition: The impact of age of acquisition and bilingualism. *Applied Psycholinguistics*, 34(2): 361-394.

Housen, A., Kuiken, F. & Vedder, I. 2012a. Complexity, accuracy and fluency. In A. Housen, F. Kuiken & I. Vedder (Eds.), *Dimensions of L2 Performance and Proficiency: Complexity, Accuracy and Fluency in SLA (pp. 1-20)*. Amsterdam: John Benjamins.

Housen, A., Kuiken, F. & Vedder, I. 2012b. *Dimensions of L2 Performance and Proficiency: Complexity, Accuracy and Fluency in SLA*. Amsterdam: John Benjamins.

Howarth, P. 1998. Phraseology and second language proficiency, *Applied Linguistics*, 19(1): 24-44.

Hsu, J. Y. 2007. Lexical collocations and their relation to the online writing of Taiwanese college English majors and non-English majors. *Electronic Journal of Foreign Language Teaching*, 4(2): 192-209.

Hu, X. C., Ackermann, H., Martin, J. A., et al. 2013. Language aptitude for pronunciation in advanced second language (L2) learners: Behavioural predictors and neural substrates. *Brain and Language*, 127(3): 366-376.

Huang, B. H. 2014. The effects of age on second language grammar and speech production. *Journal of Psycholinguistic Research*, 43(4): 397-420.

Huang, B. H. 2015. A synthesis of empirical research on the linguistic outcomes of early foreign language instruction. *International Journal of Multilingualism*, 13(3): 1-17.

Hummel, K. 2009. Aptitude, phonological memory, and second language proficiency in nonnovice adult learners. *Applied Psycholinguistics*, 30(2): 225-249.

Hwu, F. F. & Sun, S. Y. 2012. The aptitude-treatment interaction effects on the learning of grammar rules. *System*, 40(4): 505-521.

Hyltenstam, K. 2018. Second language ultimate attainment: Effects of maturation, exercise, and social/psychological factors. *Bilingualism: Language and Cognition*, 21(5): 921-923.

Hyltenstam, K. & Abrahamsson, N. 2003. Maturational constraints in SLA. In C. J. Doughty & M. H. Long (Eds.), *The Handbook of Second Language Acquisition* (pp. 538-588). Oxford: Blackwell.

In'nami, Y. & Koizumi, R. 2010. Database selection guidelines for meta-analysis in applied linguistics. *TESOL Quarterly*, 44(1): 169-184.

Ioup, G. 2008. Exploring the role of age in the acquisition of a second language phonology. In J. G. H. Edwards & M. L. Zampini (Eds.), *Phonology and Second Language Acquisition* (pp. 41-62). Amsterdam: John Benjamins Publishing.

Iwashita, N., Brown, A., McNamara, T., et al. 2008. Assessed levels of second language speaking proficiency: How distinct? *Applied linguistics*, 29(1): 24-49.

Jaekel, N., Schurig, M., Florian, M., et al. 2017. From early starters to late finishers? A longitudinal study of early foreign language learning in school. *Language Learning*, 67(3): 631-664.

Jia, G. & Aaronson, D. 2003. A longitudinal study of Chinese children and adolescents learning English in the United States. *Applied Psycholinguistics*, 24(1): 131-161.

Jia, G. & Fuse, A. 2007. Acquisition of English grammatical morphology by native mandarin-speaking children and adolescents: Age-related differences. *Journal of Speech, Language and Hearing Research*, 50(5): 1280-1299.

Jia, G., Aaronson, D. & Wu, Y. H. 2002. Long-term language attainment of bilingual immigrants: Predictive variables and language group differences. *Applied Psycholinguistics*, 23(4): 599-621.

Jia, G., Strange, W., Wu, Y., et al. 2006. Perception and production of English vowels by Mandarin speakers: Age-related differences vary with amount of L2 exposure. *The Journal of the Acoustical Society of America*, 119(2): 1118-1130.

Johnson, J. S. 1992. Critical period effects in second language acquisition: The effect of written versus auditory materials on the assessment of grammatical competence. *Language Learning*, 42(2): 217-248.

Johnson, J. S. & Newport, E. L. 1989. Critical period effects in second language learning: The influence of maturational state on the acquisition of English as a second language. *Cognitive Psychology*, 21(1): 60-99.

Johnson, J. S. & Newport, E. L. 1991. Critical period effects on universal properties of language: The status of subjacency in the acquisition of a second language. *Cognition*, 39(3): 215-258.

Johnson, J. S., Shenkman, K. D., Newport, E. L., et al. 1996. Indeterminacy in the grammar of adult language learners. *Journal of Memory and Language*, 35(3): 335-352.

Juffs, A. & Harrington, M. 1995. Parsing effects in second language sentence processing: Subject and object asymmetries in wh-extraction. *Studies in Second Language Acquisition,* 17(4): 483-516.

Kim, J. & Nam, H. 2017. Measures of implicit knowledge revisited: Processing modes, time pressure, and modality. *Studies in Second Language Acquisition,* 39(3): 431-457.

Kim, R. 1993. A sensitive period for second language acquisition: A reaction-time grammaticality judgment task with Korean-English bilinguals. *Issues and Developments in English and Applied Linguistics,* (6): 15-27.

Kinsella, C. & Singleton, D. 2014. Much more than age. *Applied Linguistics,* 35(4): 441-462.

Kiss, C. & Nikolov, M. 2005. Developing, piloting, and validating an instrument to measure young learners' aptitude. *Language Learning,* 55(1): 99-150.

Kormos, J. 2006. *Speech Production and Second Language Acquisition.* London: Lawrence Erlbaum Associates.

Kormos, J. 2013. New conceptualizations of language aptitude in second language attainment. In G. Granena & M. Long (Eds.), *Sensitive Periods, Language Aptitude, and Ultimate L2 Attainment* (pp. 131-152). Amsterdam: John Benjamins.

Krashen, S. D. 1981. Aptitude and attitude in relation to second language acquisition and learning. In K. C. Diller (Ed.), *Individual Differences and Universals in Language Learning Aptitude* (pp. 155-175). Rowley, MA: Newbury House.

Krashen, S. D., Long, M. A. & Scarcella, R. C. 1979. Age, rate and eventual attainment in second language acquisition. *TESOL Quarterly,* 13(4): 573-582.

Larsen-Freeman, D. 2009. Adjusting expectations: The study of complexity, accuracy and fluency in second language acquisition. *Applied Linguistics,* 30(4): 579-589.

Larsen-Freeman, D. & Cameron, L. 2008. *Complex Systems and Applied Linguistics.* Oxford: Oxford University Press.

Larson-Hall, J. 2008. Weighing the benefits of studying a foreign language at a younger starting age in a minimal input situation. *Second Language Research,* 241(24): 35-63.

Lasagabaster, D. & Doiz, A. 2003. Maturational constraints on foreign-language written production. In M. P. García Mayo & M. L. García Lecumberri (Eds.), *Age and the Acquisition of English as a Foreign Language (pp.* 136-160). Clevedon: Multilingual Matters.

Laudan, L. 1977. *Progress and Its Problems: Towards a Theory of Scientific Growth.* Berkeley, CA: University of California Press.

Laufer, B. 1992. How much lexis is necessary for reading comprehension? In P. J. L. Arnaud & H. Bejoint (Eds.), *Vocabulary and Applied Linguistics* (pp. 126-132). London: Palgrave Macmillan.

Laufer, B. 1997. What's in a word that makes it hard or easy? Intralexical factors affecting the difficulty of vocabulary acquisition. In N. Schmitt & M. McCarthy (Eds.), *Vocabulary Description, Acquisition and Pedagogy* (pp. 140–155). Cambridge: Cambridge University Press.

Laufer, B. & Nation, I. S. P. 1999. A vocabulary-size test of controlled productive ability. *Language Testing*, 16(1): 31-51.

Laufer, B. & Nation, I. S. P. 2012. Vocabulary. In S. M. Gass & A. Mackey (Eds.), *The Routledge Handbook of Second Language Acquisition* (pp. 163-176). London: Routledge.

Laufer, B. & Paribakht, T. S. 1998. The relationship between passive and active vocabularies: Effects of language learning context. *Language learning*, 48(3): 365-391.

Laufer, B. & Waldman, T. 2011. Verb-noun collocations in second language writing: A corpus analysis of learners' English. *Language Learning*, 61(2): 647-672.

Lenneberg, E. H. 1967. *Biological Foundations of Language*. New York, NY: Wiley.

Levelt, W. J. M. 1989. *Speaking: From Intention to Articulation*. Cambridge, Mass: The MIT Press.

Li, H. & Macwhinney, B. 2011. Semantic competitor priming within and across languages: The interplay of vocabulary knowledge, learning experience and working memory capacity. *Bilingualism: Language and Cognition*, 14(4): 433-443.

Li, H., Zhang, L. & Zhou, L. 2016. L1 influence on the learning of English lexical stress patterns: Evidence from Chinese's early and late EFL learners. In L. M. Yu & T. Odlin (Eds.), *New Perspectives on Transfer in Second Language Learning* (pp. 171-186). Bristol: Multilingual Matters.

Li, L. & Luo, S. 2019. Development and preliminary validation of a foreign language aptitude test for Chinese learners of Foreign Languages. In Z. S. Wen, P. Skehan, A. Biedron, et al. (Eds.), *Language Aptitude: Advancing Theory, Testing, Research and Practice* (pp. 33-55). New York and London: Routledge.

Li, S. F. 2010. The effectiveness of corrective feedback in SLA: A meta-analysis. *Language Learning*, 60(2): 309-365.

Li, S. F. 2015. The associations between language aptitude and second language grammar acquisition: A meta-analytic review of five decades of research. *Applied Linguistics*, 36(3): 385-408.

Li, S. F. 2016. The construct validity of language aptitude: A meta-analysis. *Studies in Second Language Acquisition*, 38(4): 801-842.

Liang, E. L. 2014. Pronunciation of English consonants, vowels and diphthongs of Mandarin Chinese speakers. *Studies in Literature and Language*, 8(1): 62-65.

Lin, H. L., Chang, H. W. & Cheung, H. 2004. The effects of early English learning on auditory perception of English minimal pairs by Taiwan university students. *Journal of Psycholinguistic Research*, 33(1): 25-49.

Linck, J. A., Hughes, M. M., Campbell, S. G., et al. 2013. Hi-LAB: A new measure of aptitude for high-level language proficiency. *Language Learning*, 63(3): 530-566.

Lipsey, M. W. & Wilson, D. B. 2001. *Practical Meta-Analysis*. London: Sage Publications, Inc.

Liu, Q. 2011. Factors influencing pronunciation accuracy: L1 negative transfer, task variables and individual aptitude. *English Language Teaching*, 4(4): 115-120.

Loewen, S. 2009. Grammaticality judgment tests and the measurement of implicit and explicit L2 knowledge. In R. Ellis, S. Loewen, C. Elder, et al. (Eds.), *Implicit and Explicit Knowledge in Second Language Learning, Testing and Teaching* (pp. 94-112). Bristol: Multilingual Matters.

Long, M. H. 1990. Maturational constraints on language development. *Studies in Second Language Acquisition*, 12(3): 251-285.

Long, M. H. 2005. Problems with supposed counter-evidence to the critical period hypothesis. *International Review of Applied Linguistics in Language Teaching*, 43(4): 287-317.

Long, M. H. 2007. *Problems in SLA: Second Language Acquisition Research Series*. Mahwah, NJ: Lawrence Erlbaum Associates.

Long, M. H. 2013a. Some implications of research findings on sensitive periods in language learning for educational policy and practice. In G. Granena & M. H. Long (Eds.), *Sensitive Periods, Language Aptitude, and Ultimate L2 Attainment* (pp. 259-271). Amsterdam: John Benjamins.

Long, M. H. 2013b. Maturational constraints on child and adult SLA. In G. Granena & M. H. Long (Eds.), *Sensitive Periods, Language Aptitude, andUltimate L2 Attainment* (pp. 3-42). Amsterdam: John Benjamins.

Long, M. H. & Richards, J. C. 2007. Series editors' preface. In H. Daller, J. Milton & J. Treffers-Daller (Eds.), *Modelling and Assessing Vocabulary Knowledge* (pp. xii-xiv). Cambridge: Cambridge University Press.

Mack, M. 2003. The phonetic systems of bilinguals. In M. T. Banich & M. Mack (Eds.), *Mind, Brain, and Language: Multidisciplinary Perspectives* (pp. 309-349). Mahwah, NJ: Lawrence Erlbaum Associates.

MacKay, I. R. A. & Fullana, N. 2007. Starting age and exposure effects on EFL learners' sound production in a formal learning context. *New Sounds 2007: Proceedings of the Fifth International Symposium on the Acquisition of Second Language Speech* (pp. 324-335). Florianópolis: Federal University of Santa Catarina.

MacWhinney, B. 2005. A unified model of language acquisition. In J. F. Kroll & A. M. B. de Groot (Eds.), *Handbook of Bilingualism: Psycholinguistic Approaches* (pp. 49-67). New York: Oxford University Press.

MacWhinney, B. 2006. Emergent fossilization. In Z. H. Han & T. Odlin (Eds.), *Studies of Fossilization in Second Language Acquisition (pp.* 134-156). Clevedon: Multilingual Matters Ltd.

Malvern, D. D. & Richards, B. J. 1997. A new measure of lexical diversity. In A. Ryan & A. Wray (Eds.), *Evolving Models of Language* (pp. 58-71). Clevedon: Multilingual Matters.

Malvern, D. & Richards, B. J. 2002. Investigating accommodation in language proficiency interviews using a new measure of lexical diversity. *Acoustics, Speech, and Signal Processing Newsletter, IEEE,* 19(1): 85-104.

Malvern, D., Richards, B. J., Chipere, N., et al. 2004. *Lexical Diversity and Language Development: Quantification and Assessment.* New York: Palgrave MacMillan.

Marinova-Todd, S. H. 2003. *Comprehensive Analysis of Ultimate Attainment in Adult Second Language Acquisition* (Unpublished doctoral dissertation). Harvard University, Cambridge, MA.

Masgoret, A.-M & Gardner, R. C. 2003. Attitudes, motivation, and second language learning: A meta-analysis of studies conducted by Gardner and associates. *Language Learning*, 53(S1): 167-210.

Master, P. 1997. The English article system: Acquisition, function, and pedagogy. *System*, 25(2): 215-232.

Mayberry, R. I. 1993. First-language acquisition after childhood differs from second-language acquisition: The case of American sign language. *Journal of Speech* and *Hearing Research*, 36(6): 1258-1270.

Mayberry, R. I. & Kluender, R. 2018. Rethinking the critical period for language: New insights into an old question from American sign language. *Bilingualism: Language and Cognition*, 21(5): 1-20.

Mayo, M. D. P. G. 2003. Age, length of exposure and grammaticality judgments in the acquisition of English as a foreign language. In M. D. P. G. Mayo & M. L. G. Lecumberri (Eds.), *Age and the Acquisition of English as a Foreign Language* (pp. 94-114). Clevedon: Multilingual Matters.

McDonald, J. L. 2000. Grammaticality judgments in a second language: Influences of age of acquisition and native language. *Applied Psycholinguistics,* 21(3): 395-423.

McNamara, D. S., Graesser, A. C., McCarthy, P. M., et al. 2014. *Automated Evaluation of Text and Discourse with Coh-Metrix.* Cambridge: Cambridge University Press.

Meara, P. 1980. Vocabulary acquisition: A neglected aspect of language learning. *Language Teaching,*

13(3-4): 221-246.

Meara, P. 1996a. The dimensions of lexical competence. In G. Brown, K. Malmkjaer & J. Williams (Eds.), *Competence and Performance in Language Learning* (pp. 35-53). Cambridge: Cambridge University Press.

Meara, P. 1996b. The vocabulary knowledge framework. https://www.lognostics.co.uk/vlibrary/meara1996c.pdf [2020-04-20].

Meara, P. 1996c. The third dimension of lexical competence (Paper presented at the AILA Congress).

Meara, P. 2005. *LLAMA Language Aptitude Tests: The Manual*. Swansea, UK: Lognostics.

Meisel, J. M. 2007. The weaker language in early child bilingualism: Acquiring a first language as a second language? *Applied Psycholinguistics*, 28(3): 495-514.

Meisel, J. M. 2009. Second language acquisition in early childhood. *Zeitschrift Für Sprachwissenschaft*, 28(1): 5-34.

Meisel, J. M. 2011. *First and Second Language Acquisition: Parallels and Differences*. Cambridge: Cambridge University Press.

Miller, G. A. 1956. The magical number seven, plus or minus two: Some limits on our capacity for processing information. *The Psychological Review*, 63(2): 81-97.

Milton, J. 2009. *Measuring Second Language Vocabulary Acquisition*. Bristol, Blue Ridge Summit: Multilingual Matters.

Milton, J. & Donzelli, G. 2013. The lexicon. In J. Herschensohn & M. Young-Scholten (Eds.), *The Cambridge Handbook of Second Language Acquisition* (pp. 441-461). Cambridge: Cambridge University Press.

Miralpeix, I. 2006. Age and vocabulary acquisition in English as a foreign language (EFL). In C. Muñoz (Ed.), *Age and the Rate of Foreign Language Learning* (pp. 89-106). Bristol: Multilingual Matters Ltd.

Miralpeix, I. 2007. Lexical knowledge in instructed language learning: The effects of age and exposure. *International Journal of English Studies*, 7(2): 61-83.

Miralpeix, I. 2008. *The Influence of Age on Vocabulary Acquisition in English as a Foreign Language* (Unpublished doctoral dissertation). Universitat de Barcelona, Barcelona.

Mizrahi, E. & Laufer, B. 2010. Lexical competence of highly advanced L2 users: Is their collocation knowledge as good as their productive vocabulary size? (Paper presented at EUROSLA 2010). Reggio Emilia, Italy.

Montrul, S. 2010. Current issues in heritage language acquisition. *Annual Review of Applied*

Linguistics, (30): 3-23.

Montrul, S. 2011. Morphological errors in Spanish second language learners and heritage speakers. *Studies in Second Language Acquisition,* 33(2): 163-192.

Mora, J. C. & Valls-Ferrer, M. 2012. Oral fluency, accuracy, and complexity in formal instruction and study abroad learning contexts. *TESOL Quarterly,* 46(4): 610-641.

Moyer, A. 1999. Ultimate attainment in L2 phonology: The critical factors of age, motivation and instruction. *Studies in Second Language Acquisition,* 21(1): 81-108.

Moyer, A. 2004. *Age, Accent, and Experience in Second Language Acquisition: An Integrated Approach to Critical Period Inquiry.* Clevedon: Multilingual Matters Ltd.

Moyer, A. 2007. Do language attitudes determine accent? A study of bilinguals in the USA. *Journal of Multilingual and Multicultural Development,* 28(6): 502-518.

Moyer, A. 2014a. What's age got to do with it? Accounting for individual factors in second language accent. *Studies in Second Language Learning and Teaching,* 4(3): 443-464.

Moyer, A. 2014b. Exceptional outcomes in L2 phonology: The critical factors of learner engagement and self-regulation. *Applied Linguistics,* 35(4): 418-440.

Moyer, A. 2018. An advantage for age? Self-concept and self-regulation as teachable foundations in second language accent. *The CATESOL Journal,* 30(1): 95-112.

Mulder, K. & Hulstijn, J. H. 2011. Linguistic skills of adult native speakers, as a function of age and level of education. *Applied Linguistics,* 32(5): 475-494.

Muñoz, C. 2006. *Age and the Rate of Foreign Language Learning.* Bristol: Multilingual Matters.

Muñoz, C. 2008. Symmetries and asymmetries of age effects in naturalistic and instructed L2 learning. *Applied Linguistics,* 29(4): 578-596.

Muñoz, C. 2011. Input and long-term effects of starting age in foreign language learning. *International Review of Applied Linguistics in Language Teaching,* 49(2): 113-133.

Muñoz, C. 2014a. Complexities and Interactions of age effects in L2 learning: Broadening the research agenda. *Applied Linguistics,* 35(4): 369-373.

Muñoz, C. 2014b. Contrasting effects of starting age and input on the oral performance of foreign language learners. *Applied Linguistics,* 35(4): 463-482.

Muñoz, C. 2014c. Starting age and other influential factors: Insights from learner interviews. *Studies in Second Language Learning and Teaching,* 4(3): 465-484.

Muñoz, C. & Singleton, D. 2011. A critical review of age-related research on L2 ultimate attainment. *Language Teaching,* 44(1): 1-35.

Munro, M. & Mann, V. 2005. Age of immersion as a predictor of foreign accent. *Applied Psycholinguistics*, 26(3): 311-341.

Nation, I. S. P. 1983. Testing and teaching vocabulary. *Guidelines*, 5(1): 12-25.

Nation, I. S. P. 1990. *Teaching and Learning Vocabulary*. Boston: Heinle & Heinle Publishers.

Nation, I. S. P. 1993. Vocabulary size, growth and use. In R. Schreuder & B. Weltens (Eds.), *The Bilingual Lexicon* (pp. 115-134). Amsterdam: John Benjamins.

Nation, I. S. P. 2001. *Learning Vocabulary in Another Language*. Cambridge: Cambridge University Press.

Navés, T., Torras, M. R. & Celaya, M. L. 2003. Long-term effects of an earlier start: An analysis of EFL written production. *EUROSLA Yearbook*, 3: 103-129.

Nesselhauf, N. 2005. *Collocations in a Learner Corpus*. Amsterdam: John Benjamins.

Newport, E. L. 1990. Maturational constraints on language learning. *Cognitive Science*, 14(1): 11-28.

Nikolov, M. & Djigunović, J. M. 2006. Recent research on age, second language acquisition, and early foreign language learning. *Annual Review of Applied Linguistics*, (26): 234-260.

Nishikawa, T. 2014. Nonnativeness in near-native child L2 starters of Japanese: Age and the acquisition of relative clauses. *Applied Linguistics*, 35(4): 504-529.

Nissen, M. J. & Bullemer, P. 1987. Attentional requirements of learning: Evidence from performance measures. *Cognitive Psychology*, 19(1): 1-32.

Norris, J. M. & Ortega, L. 2000. Effectiveness of L2 instruction: A research synthesis and quantitative meta-analysis. *Language Learning*, 50(3): 417-528.

Norris, J. M. & Ortega, L. 2006. The value and practice of research synthesis for language learning and teaching. In J. M. Norris & L. Ortega (Eds.), *Synthesizing Research on Language Learning and Teaching* (pp. 1-50). Amsterdam: John Benjamins.

Norris, J. M. & Ortega, L. 2009. Towards an organic approach to investigating CAF in instructed SLA: The case of complexity. *Applied Linguistics*, 30(4): 555-578.

Oller, J. W. Jr. & Nagato, N. 1974. The long-term effect of FLES: An experiment. *The Modern Language Journal*, 58(1/2): 15-19.

Oswald, F. L. & Plonsky, L. 2010. Meta-analysis in second language research: Choices and challenges. *Annual Review of Applied Linguistics*, (30): 85-110.

Oyama, S. 1976. A sensitive period for the acquisition of nonnative phonological system. *Journal of Psycholinguistic Research*, 5(3): 261-283.

Oyama, S. 1979. The concept of the sensitive period in developmental studies. *Merrill-Palmer*

Quarterly, 25(2): 83-103.

Pallier, C., Bosch, L. & Sebastián-Gallés, N. 1997. A limit on behavioral plasticity in speech perception. *Cognition*, 64(3): B9-B17.

Papagno, C. & Vallar, G. 1992. Phonological short-term memory and the learning of novel words: The effect of phonological similarity and item length. *The Quarterly Journal of Experimental Psychology*, 44(1): 47-67.

Papagno, C., Valentine, T. & Baddeley, A. 1991. Phonological short-term memory and foreign-language vocabulary learning. *Journal of Memory and Language*, 30(3): 331-347.

Paradis, J., Tulpar, Y. & Arppe, A. 2016. Chinese L1 children's English L2 verb morphology over time: Individual variation in long-term outcomes. *Journal of Child Language*, 43(3): 553-580.

Paradis, M. 2004. *A Neurolinguistic Theory of Bilingualism*. Amsterdam: John Benjamins.

Park, S. & Goldner, D. K. 2005. A sensitive period for the acquisition of English syntax by Korean learners of English. *Korean Journal of Applied Linguistics*, 21(1): 37-67.

Patel, A. D. 2011. Why would musical training benefit the neural encoding of speech? The OPERA hypothesis. *Frontiers in Psychology*, 2(142): 142.Patkowski, M. S. 1980. The sensitive period for the acquisition of syntax in a second language. *Language Learning*, 30(2): 449-468.

Penfield, W. & Roberts, L. 1959. *Speech and Brain Mechanisms*. Princeton, NJ: Princeton University Press.

Perdue, C. 1993. *Adult Language Acquisition: Cross-linguistic Perspectives*. Cambridge: Cambridge University Press.

Peters, E. 2018. The effect of out-of-class exposure to English language media on learners' vocabulary knowledge. *International Journal of Applied Linguistics*, 169(1): 142-168.

Pfenninger, S. E. 2017. Not so individual after all: An ecological approach to age as an individual difference variable in a classroom. *Studies in Second language Learning and Teaching*, 7(1): 19-46.

Pfenninger, S. E. & Singleton, D. 2016. Affect trumps age: A person-in-context relational view of age and motivation in SLA. *Second Language Research*, 32(3): 311-345.

Pfenninger, S. E. & Singleton, D. 2017. *Beyond Age Effects in Instructional L2 Learning: Revisiting the Age Factor*. Bristol: Multilingual Matters.

Pfenninger, S. E. & Singleton, D. 2019. Starting age overshadowed: The primacy of differential environmental and family support effects on second language attainment in an instructional context. *Language Learning*, 69(S1): 207-234.

Plonsky, L. 2015. Statistical power, *p* values, descriptive statistics, and effect sizes: A "back-to-basic" approach to advancing quantitative methods in L2 research. In L. Plonsky (Ed.), *Quantitative Methods in Second Language Research* (pp. 23-45). New York: Routledge Taylor & Francis Group.

Plonsky, L. & Brown, D. 2015. Domain definition and search techniques in meta-analyses of L2 research (or why 18 meta-analyses of feedback have different results). *Second Language Research*, 31(2): 267-278.

Plonsky, L. & Oswald, F. L. 2012. How to do a meta-analysis. In A. Mackey & S. M. Gass (Eds.), *Research Methods in Second Language Acquisition: A Practical Guide* (pp. 275-295). London: Wiley-Blackwell.

Plonsky, L. & Oswald, F. L. 2014. How big is "big"? Interpreting effect sizes in L2 research. *Language Learning*, 64(4): 878-912.

Qureshi, M. A. 2016. A meta-analysis: Age and second language grammar acquisition. *System*, (60): 147-160.

Read, J. 1993. The development of a new measure of L2 vocabulary knowledge. *Language Testing*, 10(3): 355-371.

Read, J. 2000. *Assessing Vocabulary*. Cambridge: Cambridge University Press.

Reichle, R. V. 2010. Judgments of information structure in L2 French: Nativelike performance and the Critical Period Hypothesis. *International Review of Applied Linguistics in Language Teaching*, 48(1): 53-85.

Revier, R. L. 2014. *Testing Knowledge of Whole English Collocations Available for Use in Written Production: Developing Tests for Use with Intermediate and Advanced Danish Learners* (Unpublished doctoral dissertation). Aarhus University, Aarhus.

Revier, R. L. & Henriksen, B. 2006. Teaching collocations: Pedagogical implications based on cross-sectional study of Danish EFL learners' written production of English collocations. In M. Bendtsen, M. Björklund, & L. Forman (Eds.), *Språk, lärande och utvildning i sikte*: Rapport fra Pedagogiska fakulteten Abo Akademi. (pp. 196-206). Vasa Universitetet: Pedagogiskafakulteten vid åbo Akademi.

Richards, J. C. 1976. The role of vocabulary teaching. *TESOL Quarterly*, 10(1): 77-89.

Richter, K. 2018. Factors affecting the pronunciation abilities of adult learners of English: A longitudinal case study. In S. M. Reiterer (Ed.), *Exploring Language Aptitude: Views from Psychology, the Language Sciences, and Cognitive Neuroscience* (pp. 339-361). Cham, Switzerland: Springer International Publishing.

Rizvanović, N. 2018. Motivation and personality in language aptitude. In S. M. Reiterer (Ed.),

Exploring Language Aptitude: Views from Psychology, the Language Sciences, and Cognitive Neuroscience (pp. 101-116). Cham, Switzerland: Springer International Publishing .

Robertson, E. M. 2007. The serial reaction time task: Implicit motor skill learning? *Journal of Neuroscience,* 27(38): 10073-10075.

Robinson, P. 1996. Learning simple and complex second language rules under implicit, incidental, rule-search, and instructed conditions. *Studies in Second Language Acquisition,* 18(1): 27-67.

Robinson, P. 1997. Individual differences and the fundamental similarity of implicit and explicit adult second language learning. *Language Learning,* 47(1): 45-99.

Robinson, P. 2001. Individual differences, cognitive abilities, aptitude complexes, and learning conditions in SLA. *Second Language Research,* 17(4): 368-392.

Robinson, P. 2005. Aptitude and second language acquisition. *Annual Review of Applied Linguistics,* (25): 46-73.

Robinson, P. 2007. Aptitudes, abilities, contexts and practice. In R. DeKeyser (Ed.), *Practice in a Second Language: Perspectives from Applied Linguistics and Cognitive Psychology* (pp. 256-286). Cambridge: Cambridge University Press.

Robinson, P. 2012. Individual differences, aptitude complexes, SLA processes, and aptitude test development. In M. Pawlak (Ed.), *New Perspectives on Individual Differences in Language Learning and Teaching* (pp. 57-75). Berlin: Springer Berlin Heidelberg.

Rogers, V., Meara, P., Barnett-Legh, T., et al. 2017. Examining the LLAMA aptitude tests. *Journal of the European Second Language Association,* 1(1): 49-60.

Ross, S. 1998. Self-assessment in second language testing: A meta-analysis and analysis of experiential factors. *Language Testing,* 15(1): 1-20.

Ruben, R. J. 1997. A time frame of critical/sensitive periods of language development. *Indian Journal of Otolaryngology and Head & Neck Surgery,* 51(3): 85-89.

Saito, K. 2013. Age effects on late bilingualism: The production development of /r/ by high-proficiency Japanese learners of English. *Journal of Memory and Language,* 69(4): 546-562.

Saito, K. 2015. Experience effects on the development of late second language learners' oral proficiency. *Language Learning,* 65(3): 563-595.

Saito, K. 2017. Effects of sound, vocabulary, and grammar learning aptitude on adult second language speech attainment in foreign language classrooms. *Language Learning,* 67(3): 665-693.

Saito, K., Dewaele, J. M., Abe, M., et al. 2018. Motivation, emotion, learning experience, and second language comprehensibility development in classroom settings: A cross sectional and longitudinal study. *Language Learning*, 68(3): 709-743.

Saito, K., Sun, H. & Tierney, A. 2018. Explicit and implicit aptitude effects on second language speech learning: Scrutinizing segmental and suprasegmental sensitivity and performance via behavioural and neurophysiological measures. *Bilingualism: Language and Cognition*, 22(5): 1123-1140.

Saito, K., Suzukida, Y. & Sun, H. 2019. Aptitude, experience, and second language pronunciation proficiency development in classroom settings: A longitudinal study. *Studies in Second Language Acquisition*, 41(1): 201-225.

Saito, K., Webb, S., Trofimovich, P., et al. 2016. Lexical profiles of comprehensible second language speech: The role of appropriateness, fluency, variation, sophistication, abstractness and sense relations. *Studies in Second Language Acquisition*, 38(4): 677-701.

Schmid, M. S. 2011. *Language Attrition*. Cambridge: Cambridge University Press.

Schmid, M. S., Gilbers, S. & Nota, A. 2014. Ultimate attainment in late second language acquisition: Phonetic and grammatical challenges in advanced Dutch-English bilingualism. *Second Language Research*, 30(2): 129-157.

Schmitt, N. 1998. Measuring collocational knowledge: Key issues and an experimental assessment procedure. *ITL-International Journal of Applied Linguistics*, 119(1): 27-47.

Schmitt, N., Schmitt, D. & Clapham, C. 2001. Developing and exploring the behavior of two new versions of the Vocabulary Levels Test. *Language Testing*, 18(1): 55-88.

Schumann, J. H., Crowell, S. E., Jones, N. E., et al. 2004. *The Neurobiology of Learning: Perspectives from Second Language Acquisition*. Mahwah, NJ: Lawrence Erlbaum Associates.

Scovel, T. 1988. *A Time to Speak: A Psycholinguistic Inquiry into the Critical Period for Human Speech*. Rowley, MA: Newbury House.

Seol, H. 2005. The critical period in the acquisition of L2 syntax: A partial replication of Johnson and Newport (1989). *Teachers College, Columbia University Working Papers in TESOL & Applied Linguistics*, 5(2): 1-30.

Serafini, E. J. 2017. Exploring the dynamic long-term interaction between cognitive and psychosocial resources in adult second language development at varying proficiency. *The Modern Language Journal*, 101(2): 369-390.

Serafini, E. J. & Sanz, C. 2016. Evidence for the decreasing impact of cognitive ability on second language development as proficiency increases. *Studies in Second Language Acquisition*, 38(4): 607-646.

Serrano, R. & Llanes, A. 2012. Examining L2 gains in three learning contexts: Study abroad, summer camp and intensive English courses (Paper presented at the Association Espanola de Linguistica Aplicada (AESLA) 30th Conference). Universitat de Lleida, Lleida, Spain.

Shanks, D. R. & Johnstone, T. 1999. Evaluating the relationship between explicit and implicit knowledge in a sequential reaction time task. *Journal of Experimental Psychology: Learning, Memory* and *Cognition*, 25(6): 1435-1451.

Shanks, D. R. & Perruchet, P. 2002. Dissociation between priming and recognition in the expression of sequential knowledge. *Psychonomic Bulletin & Review*, 9(2): 362-367.

Shanks, D. R., Wilkinson, L. & Channon, S. 2003. Relationship between priming and recognition in deterministic and probabilistic sequence learning. *Journal of Experimental Psychology: Learning, Memory, and Cognition*, 29(2): 248-261.

Sheen, Y. 2007. The effect of focused written corrective feedback and language aptitude on ESL learners' acquisition of articles. *TESOL Quarterly*, 41(2): 255-283.

Sheppard, C., Hayashi, C. & Ohmori, A. 2007. Factors accounting for attainment in foreign language phonological competence. In J. Trouvain & W. J. Barry (Eds.), *Proceedings of 16th International Congress of Phonetic Sciences* (pp. 1597-1600). Saarbrücken, Germay: Universität des Saarlandes.

Shim, R. J. 1993. Sensitive period for second language acquisition: A reaction time study of Korean-English bilinguals. *Ideas and Developments in English and Applied Linguistics*, (6): 43-64.

Shojamanesh, V., Hua, T. K. & Salehuddin, K. 2014. Role of formal input exposure and onset age in grammaticality judgment. *3L: The Southeast Asian Journal of English Language Studies*, 20(3): 177-190.

Singleton, D. 1995. Introduction: A critical look at the critical period hypothesis in second language acquisition research. In D. Singleton & Z. Lengyel (Eds.), *The Age Factor in Second Language Acquisition: A Critical Look at the Critical Period Hypothesis* (pp. 1-29). Clevedon, Philadelphia, Adelaide: Multilingual Matters.

Singleton, D. 2005. The Critical Period Hypothesis: A coat of many colours. *IRAL-International Review of Applied Linguistics in Language Teaching*, 43(4): 269-285.

Singleton, D. 2007. The critical period hypothesis: Some problems. *Interlingüística*, (17): 48-56.

Skehan, P. 1986. Cluster analysis and the identification of learner types. In V. Cook (Ed.), *Experimental Approaches to Second Language Acquisition* (pp. 81-94). Oxford: Pergamon.

Skehan, P. 1989. *Individual Differences in Second Language Learning*. London: Arnold.

Skehan, P. 1998. *A Cognitive Approach to Language Learning*. Oxford: Oxford University Press.

Skehan, P. 2002. Theorizing and updating aptitude. In P. Robinson (Ed.), *Individual Differences and Instructed Language Learning* (pp. 69-93). Amsterdam: John Benjamins.

Skehan, P. 2012. Language aptitude. In S. M. Gass & A. Mackey (Eds.), *The Routledge Handbook of Second Language Acquisition* (pp. 381-395). London: Routledge.

Skehan, P. 2015. Foreign language aptitude and its relationship with grammar: A critical overview. *Applied Linguistics*, 36(3): 367-384.

Smith, N. & Tsimpli, I. M. 1995. *The Mind of a Savant: Language, Learning and Modularity*. Oxford: Blackwell Publishers.

Snow, R. E. 1987. Aptitude complexes. In R. E. Snow & M. J. Farr (Eds.), *Aptitude, Learning and Instruction, Vol. 3: Conative and Affective Process Analysis* (pp. 11-34). Hillsdale, NJ: Erlbaum.

Snow, R. E. 1992. Aptitude theory: Yesterday, today, and tomorrow. *Educational Psychologist*, 27(1): 5-28.

Snow, R. E. 1994. Abilities in academic tasks. In R. J. Sternberg & R. K. Wagner (Eds.), *Mind in Context: Interactionist Perspectives on Human Intelligence* (pp. 3-37). New York: Cambridge University Press.

Sorace, A. 1993. Incomplete vs. divergent representations of unaccusativity in non-native grammars of Italian. *Second Language Research*, 9(1): 22-47.

Spada, N. & Tomita, Y. 2010. Interactions between type of instruction and type of language feature: A meta-analysis. *Language Learning*, 60(2): 263-308.

Spadaro, K. 1996. *Maturational Constraints on Lexical Acquisition in a Second Language* (Unpublished doctoral dissertation). University of Western Australia, Perth.

Spadaro, K. 2013. Maturational constraints on lexical acquisition in a second language. In G. Granena & M. Long (Eds.), *Sensitive Periods, Language Aptitude, and Ultimate L2 Attainment* (pp. 43-68). Amsterdam: John Benjamins.

Stansfield, C. W. & Winke, P. M. 2008. Testing aptitude for second language learning. In E. Shohamy & N. H. Hornberger (Eds.), *Encyclopedia of Language and Education 2nd Edition. Vol. 7: Language Testing and Assessment* (pp. 81-94). New York: Springer.

Stölten, K., Abrahamsson, N. & Hyltenstam, K. 2015. Effects of age and speaking rate on voice onset time: The production of voiceless stops by near-native L2 speakers. *Studies in Second Language Acquisition*, 37(1): 71-100.

Suzuki, Y. & DeKeyser, R. 2017. The interface of explicit and implicit knowledge in a second language: Insights from individual differences in cognitive aptitudes. *Language Learning*, 67(4): 747-790.

Sweet, H. 1964. *The Practical Study of Languages: A Guide for Teachers and Learners*. Oxford: Oxford University Press.

Taguchi, T., Magid, M. & Papi, M. 2009. The L2 motivational self system among Japanese, Chinese and Iranian learners of English: A comparative study. In Z. Dörnyei & E. Ushioda (Eds.), *Motivation, Language Identity and the L2 Self* (pp. 66-97). Bristol: Multilingual Matters Ltd.

Thompson, I. 1991. Foreign accents revisited: The English pronunciation of Russian immigrants. *Language Learning*, 41(2): 177-204.

Torras, M. R. & Celaya, M. L. 2001. Age-related differences in the development of written production: An empirical study of EFL school learners. *International Journal of English Studies*, 1(2): 103-126.

Towell, R. J. 2012. Complexity, accuracy and fluency from the perspective of psycholinguistic second language acquisition research. In A. Housen, F. Kuiken & I. Vedder (Eds.), *Dimensions of L2 Performance and Proficiency: Complexity, Accuracy and Fluency in SLA* (pp. 47-70). Amsterdam: John Benjamins.

Tremblay, A. 2005. Theoretical and methodological perspectives on the use of grammaticality judgment tasks in linguistic theory. *Second Language Studies*, 24(1): 129-167.

Trofimovich, P. & Isaacs, T. 2012. Disentangling accent from comprehensibility. *Bilingualism: Language and Cognition*, 15(4): 905-916.

Turker, S., Reiterer, S. M., Schneider, P., et al. 2018. The neuroanatomical correlates of foreign language aptitude. In S. M. Reiterer (Ed.), *Exploring Language Aptitude: Views from Psychology, the Language Sciences, and Cognitive Neuroscience* (pp. 119-148). Cham, Switzerland: Springer International Publishing .

Ullman, M. T. 2001. The declarative/procedural model of lexicon and grammar. *Journal of Psycholinguistic Research*, 30(1): 37-69.

Ullman, M. T. 2004. Contributions of memory circuits to language: The declarative/procedural model. *Cognition*, 92(1-2): 231-270.

Ullman, M. T. 2005. A cognitive neuroscience perspective on second language acquisition: The declarative/procedural model. In C. Sanz (Ed.), *Mind and Context in Adult Second Language Acquisition: Methods, Theory, and Practice* (pp. 141-178). Washington, DC: Georgetown University Press.

Ullman, M. T., Corkin, S., Coppola, M., et al. 1997. A neural dissociation within language: Evidence that the mental dictionary is part of declarative memory, and that grammatical rules are processed by the procedural system. *Journal of Cognitive Neuroscience*, 9(2): 266-276.

Vanhove, J. 2013. The critical period hypothesis in second language acquisition: A statistical critique and a reanalysis. *PloS ONE,* 8(7): e69172.

VanPatten, B. & Borst, S. 2012a. The roles of explicit information and grammatical sensitivity in processing instruction: Nominative-accusative case marking and word order in German L2. *Foreign Language Annals,* 45(1): 92-109.

VanPatten, B. & Borst, S. 2012b. The roles of explicit information and grammatical sensitivity in the processing of clitic direct object pronouns and word order in Spanish L2. *Hispania,* 95(2): 270-284.

Veríssimo, J. 2018. Sensitive periods in both L1 and L2: Some conceptual and methodological suggestions. *Bilingualism: Language and Cognition,* 21(5): 932-933.

Vermeer, A. 2001. Breadth and depth of vocabulary in relation to L1/L2 acquisition and frequency of input. *Applied Psycholinguistics,* 22(2): 217-234.

Walley, A. C. & Flege, J. E. 1999. Effect of lexical status on children's and adults' perception of native and non-native vowels. *Journal of Phonetics,* 27(3): 307-332.

Wen, Z., Biedroń, A. & Skehan, P. 2017. Foreign language aptitude theory: Yesterday, today and tomorrow. *Language Teaching,* 50(1): 1-31.

Wen, Z., Skehan, P., Biedron, A., et al. 2019. *Language Aptitude: Advancing Theory, Testing, Research and Practice.* New York and London: Routledge.

Wesche, M. B. 1981. Language aptitude measures in streaming, matching students with methods, and diagnosis of learning problems. In K. C. Diller (Ed.), *Individual Differences and Universals in Language Learning Aptitude* (pp. 119-154). Rowley, MA: Newbury House.

Wesche, M. B. & Paribakht, T. S. 1996. Assessing second language vocabulary knowledge: Depth versus breadth. *Canadian Modern Language Review,* 53(1): 13-40.

White, L. 2018. Nonconvergence on the native speaker grammar: Defining L2 success. *Bilingualism: Language and Cognition,* 21(5): 934-935.

White, L. & Genesee, F. 1996. How native is near-native? The issue of ultimate attainment in adult second language acquisition. *Second Language Research,* 12(3): 233-265.

Wiley, E. W., Bialystok, E. & Hakuta, K. 2005. New approaches to using census data to test the critical-period hypothesis for second-language acquisition. *Psychological Science,* 16(4): 341-343.

Williams, J. N. 1999. Memory, attention, and inductive learning. *Studies in Second Language Acquisition,* 21(1): 1-48.

Willingham, D. B., Salidis, J. & Gabrieli, J. D. E. 2002. Direct comparison of neural systems mediating conscious and unconscious skill learning. *Journal of Neurophysiology*, 88(3): 1451-1460.

Winke, P. 2013. An investigation into second language aptitude for advanced Chinese language learning. *The Modern Language Journal*, 97(1): 109-130.

Yang, J., Gates, K. M., Molenaar, P., et al. 2015. Neural changes underlying successful second language word learning: An fMRI study. *Journal of Neurolinguistic*, (33): 29-49.

Yates, L. & Kozar, O. 2017. Expanding the horizons of age-related research: A response to the special issue 'Complexities and interactions of age in second language learning: Broadening the research agenda'. *Applied Linguistics*, 38(2): 258-262.

Yilmaz, Y. 2013. Relative effects of explicit and implicit feedback: The role of working memory capacity and language analytic ability. *Applied Linguistics*, 34(3): 344-368.

Yilmaz, Y. & Granena, G. 2016. The role of cognitive aptitudes for explicit language learning in the relative effects of explicit and implicit feedback. *Bilingualism: Language and Cognition*, 19(1): 147-161.

Zhang, R. H. 2015. Measuring university-level L2 learners' implicit and explicit linguistic knowledge. *Studies in Second Language Acquisition*, 37(3): 457-486.

附 录

附录 A1　国际重要二语研究期刊

1. *Applied Linguistics*
2. *Applied Psycholinguistics*
3. *Bilingualism: Language and Cognition*
4. *Foreign Language Annals*
5. *Journal of Memory and Language*
6. *Journal of Second Language Writing*
7. *Language Learning*
8. *Language Teaching Research*
9. *Modern Language Journal*
10. *Second Language Research*
11. *Studies in Second Language Acquisition*
12. *System*
13. *TESOL Quarterly*

附录 A2　国内外语类 CSSCI 来源期刊

1. 《外语教学与研究》
2. 《外语界》
3. 《外国语》
4. 《现代外语》
5. 《中国外语》
6. 《外语电化教学》
7. 《外语教学理论与实践》
8. 《外语与外语教学》
9. 《外语教学》
10. 《外语研究》

附录B 编码书

编码目录	编码项
文献信息	
1）作者	作者姓氏
2）出版时间	出版年
3）来源	1=期刊文章，2=博士学位论文，3=著作章节
4）题目	文献题目
研究环境	
5）语言环境	1=二语，2=外语
6）研究环境	1=实验，2=课堂
7）语言背景	母语，二语/外语
8）学习层次	0=未报告，1=学龄前，2=小学，3=中学，4=大学及更高
研究设计	
9）实验类型观察分类	1=横断面研究，2=历时研究
10）受试人数	总人数，早学组（1，2，3，…）人数，晚学组（1，2，3，…）人数
11）起始年龄	早学组（1，2，3，…），晚学组（1，2，3，…）
12）起始年龄跨度	早学组起始年龄跨度，晚学组起始年龄跨度
13）起始年龄均值	早学组起始年龄均值，晚学组起始年龄均值
14）早、晚学组年龄分界点	0=未报告，1=报告（具体分界点）
15）居住/学习时长	0=未报告，1=报告（年，月，小时）
16）居住/学习时长均值	各组居住/学习时长均值
17）测试时的年龄均值	0=未报告，1=报告（各组年龄均值）
测试构念	
18）类型	1=语法判断测试，2=完形填空，3=多项选择，4=讲述，5=访谈，6=其他语法测试
19）数量	题项数量（正确项数量，错误项数量）
20）种类	1=理解，2=产出
21）模态	1=听力，2=书面
22）条件	1=计时，2=不计时
23）信度	0=未报告，1=报告（具体值）
24）整体水平测试	0=未报告，1=报告（具体值）
实验结果	
25）分组对比	均值，标准差，百分比，其他统计值（t 值、F 值、p 值、d 值等）
26）相关分析	均值，标准差，其他统计值（r 值等）

附录 C 语言学习调查表

谢谢你参与我们的实验。我们设计本表是为了更好地了解你的语言学习背景。请你尽可能完整和清楚地回答下面的问题。

1. 你的性别？_____

2. 你的年龄？_____

3. 你几岁开始学习英语？_____

4. 你学习英语有多长的时间了？_____

5. 你的年级和专业？_____

6. 你的英语四/六级成绩？四级_____ 六级_____

7. 你是否有英语国家生活、工作或学习的经历？_____ 如果有，是多长时间？_____

8. 请阅读以下陈述，选择相应的数字代表同意或不同意的程度。

强烈不同意	不同意	不确定	同意	强烈同意
1	2	3	4	5

学好英语对我来说非常重要	1	2	3	4	5
我愿意花大量时间学习英语	1	2	3	4	5
我对英语国家的文化和艺术非常感兴趣	1	2	3	4	5
讲一口流利的英语使我感到很有成就感	1	2	3	4	5
英语课后我也会主动学习英语	1	2	3	4	5
即便学校不再开设英语课程，我也会继续学习英语	1	2	3	4	5
我希望能用英语和外国朋友交流	1	2	3	4	5
学习英语很重要，因为我以后的学习、工作要运用英语	1	2	3	4	5
我总会有意识地去提高自己的英语水平	1	2	3	4	5
我觉得学习英语非常有趣	1	2	3	4	5

9. 请标明你的英语水平（1=不熟练，10=非常熟练）。

	不熟练									非常熟练
阅读	1	2	3	4	5	6	7	8	9	10
写作	1	2	3	4	5	6	7	8	9	10
听力	1	2	3	4	5	6	7	8	9	10
口语	1	2	3	4	5	6	7	8	9	10

10. 请说明你目前使用英语的情况。

	从未使用	偶尔	经常	频繁	非常频繁
口语	1	2	3	4	5
写作	1	2	3	4	5
阅读	1	2	3	4	5
听英语广播	1	2	3	4	5
看英语电视	1	2	3	4	5
看英语报纸	1	2	3	4	5
与英语本族语者交流	1	2	3	4	5

非常感谢你的参与！

附录 D 英语语音产出任务

Task 1. Read the following paragraph at a normal rate. You have 5 minutes for preparation and can look up any word in a dictionary before reading. Read aloud and record your reading whenever you are ready. Please make sure you will not be disturbed while reading.

A mile above Oz, the Witch balanced on the wind's forward edge, as if she were a green fleck of the land itself, flung up and sent wheeling away by the turbulent air. White and purple summer thunderheads mounded around her. Below, the Yellow Brick Road looped back on itself, like a relaxed noose. Though winter storms and the crowbars of agitators had torn up the road, still it led, relentlessly, to the Emerald City. The Witch could see the companions trudging along, maneuvering around the buckled sections, skirting trenches, skipping when the way was clear. They seemed oblivious of their fate. But it was not up to the Witch to enlighten them.
（From *Wicked: The Life and Times of the Wicked Witch of the West*, by Gregory Maguire）

Task 2. You are going to see a 7-minute video clip from Charlie Chaplin's *Modern Times*. Try to retell and record what you see in the clip for at least 3 minutes.